高职高专"十二五"规划教材
教育部物流教学指导委员会立项课题资助项目
21世纪高职高专能力本位型系列规划教材·物流管理系列

国际危险货物运输实务

主编 王云

内 容 简 介

本书根据国内外危险货物运输的实际情况、各种运输方式的特点和相关的法律、法规,将内容分为两篇:上篇为基础知识,介绍危险货物的分类及特性、国内外相关组织和法规体系;下篇为工作流程,以危险货物运输的实际业务流程为顺序,依次介绍危险货物一览表的查询、危险货物的包装、危险货物的标识、危险货物的托运、危险货物的收运、储存与装卸以及危险货物的运输和应急 6 个工作过程。为保证知识结构的完整性,下篇每个工作过程均从基本概念入手,由浅入深,系统地介绍每个过程的业务范围及内容。本书结构严谨,内容实用性强,方便教师教学和学生学习。

本书可作为高职高专物流管理、报关与国际货运、港口与航运管理等相关专业的教材,也可作为国际货代和国际物流从业人员、相关行业人员的培训教材或参考资料。

图书在版编目(CIP)数据

国际危险货物运输实务/王云主编. —北京:北京大学出版社,2014.9
(21 世纪高职高专能力本位型系列规划教材·物流管理系列)
ISBN 978-7-301-24775-4

Ⅰ. ①国⋯ Ⅱ. ①王⋯ Ⅲ. ①国际货运—危险货物运输—高等职业教育—教材 Ⅳ. ①U

中国版本图书馆 CIP 数据核字(2014)第 208598 号

书　　　名:	国际危险货物运输实务
著作责任者:	王　云　主编
策划编辑:	蔡华兵
责任编辑:	陈颖颖
标准书号:	ISBN 978-7-301-24775-4/F·4041
出版发行:	北京大学出版社
地　　　址:	北京市海淀区成府路 205 号　100871
网　　　址:	http://www.pup.cn　新浪官方微博:@北京大学出版社
电子信箱:	pup_6@163.com
电　　　话:	邮购部 62752015　发行部 62750672　编辑部 62750667　出版部 62754962
印　刷　者:	三河市北燕印装有限公司
经　销　者:	新华书店
	787 毫米×1092 毫米　16 开本　15.75 印张　370 千字
	2014 年 9 月第 1 版　2014 年 9 月第 1 次印刷
定　　　价:	32.00 元

未经许可,不得以任何方式复制或抄袭本书之部分或全部内容。

版权所有,侵权必究

举报电话: 010-62752024　电子信箱: fd@pup.pku.edu.cn

前　　言

据有关资料统计，在种类繁多的工农业生产中，具有危险性或潜在危险性的货物有3万多种，其中日常运输的危险货物达3000多种。随着化工产业的快速发展，国内外危险货物的运量也逐年增长，且占据了货物运输总量的一定比例。危险货物种类繁多、性质各异，在运输、储存过程中稍有不慎就会导致严重事故，造成财产损失和人员伤害。

为了保障危险货物的运输安全，促使国际上各种运输方式的管理水平协调发展，联合国经济及社会理事会危险货物运输专家委员会组织编写了适用于所有运输形式的危险货物运输最低要求的《关于危险货物运输的建议书》（橙皮书）。目前，橙皮书中的运输要求基本上已经被各国危险货物的各种运输方式所采用。运输实践证明，只要掌握危险货物的性质和变化规律，并加以正确区分，合理包装、正确标记、妥善安排好各个工作流程，就可以减少甚至杜绝危险事故的发生，保证危险货物运输的安全。

关于本课程

由于危险货物的特殊性和危险性，国内外相关法规要求其从业相关人员必须参加专业培训并考核合格后才可获得上岗资格。危险货物运输是实操性和实效性都较强的课程，该课程的学习是物流管理专业、报关与国际货运、港口与航运管理等专业课程中不可缺少的一个环节。虽然目前许多高职高专院校都开设危险货物运输的相关课程，但适用的教材极度缺乏，严重制约了危险货物运输人才的培养。

南华工商学院报关与国际货运专业的教学团队对培养报关与国际货运行业人才一向不遗余力，在2012年7月，该专业还被广东省教育厅评为省级重点培育专业。本书得到了教育部物流教学指导委员会立项课题"基于工作过程的物流类专业交互式教学创新探索与实践"（JZW2011011）的资助，并将课题部分研究成果融入书中。编者希望此书不仅能够成为报关与国际货运专业的示范性课程体系教材，而且可以成为行业教育与培训的参考书。

关于本书

面对日新月异的危险货物运输业务，只有及时准确地传授最新知识，才能帮助学生学以致用。因此，在书中详尽地介绍当前最新内容和前瞻性知识，是编者在编写时力求达到的目标。此外，本书的编写十分注重使用者的特点，遵循高职高专学生学习应用型课程的心理规律，在结构编排上尽量给读者营造一个危险货物运输实际工作的仿真环境，让读者在获得危险货物运输知识的同时，在应用理念、实操水平、理解能力等方面能够得到全面提升。

本书编写队伍

本书由南华工商学院王云主编。作为一名多年从事国际货物运输教育的专业教师，编者有责任编写一本既有针对性又具备系统性的危险货物运输的专业教材，以便培养更多国际货运专业人才，适应行业的发展需求。

本书在编写过程中，得到了中国报关协会培训部主任白凤川，广州港务局工程师谢淑静，威时沛运货运有限公司总经理张珩、经理林伟健，南华工商学院李齐教授、杨鹏强副教授、刘钧炎等有关人士的帮助与支持，在此一并表示感谢！另外，本书在编写的过程中参考了大量的国内外文献资料，在书末参考文献中尽量列出，但难免挂一漏万，在此一并向所有列名文献及未列名文献的作者表示衷心的感谢！

由于编者水平有限，书中难免存在疏漏及不足之处，敬请广大读者与各位专家、老师批评指正。您的宝贵意见可发至邮箱 jackywang58@163.com。

编　者

2014 年 3 月

目 录

上篇 基础知识

第1章 危险货物的分类及特性 ……… 3
- 1.1 危险货物的概念与特性 ……… 4
  - 1.1.1 危险货物的概念 ……… 4
  - 1.1.2 危险货物的特性 ……… 4
- 1.2 危险货物的分类 ……… 5
- 1.3 第1类——爆炸品 ……… 6
  - 1.3.1 爆炸品的定义 ……… 6
  - 1.3.2 爆炸品的分类 ……… 6
  - 1.3.3 爆炸品的特性 ……… 8
  - 1.3.4 常运的爆炸品 ……… 10
- 1.4 第2类——气体 ……… 11
  - 1.4.1 气体的定义 ……… 11
  - 1.4.2 气体的分类 ……… 12
  - 1.4.3 气体的特性 ……… 15
  - 1.4.4 常运的气体 ……… 17
- 1.5 第3类——易燃液体 ……… 18
  - 1.5.1 易燃液体的定义 ……… 18
  - 1.5.2 易燃液体的分类 ……… 20
  - 1.5.3 易燃液体的特性 ……… 20
  - 1.5.4 常运的易燃液体 ……… 23
- 1.6 第4类——易燃固体、易自燃物质和遇水放出易燃气体的物质 ……… 24
  - 1.6.1 易燃固体 ……… 24
  - 1.6.2 易自燃物质 ……… 26
  - 1.6.3 遇水放出易燃气体的物质 ……… 28
  - 1.6.4 第4类危险货物的特性 ……… 29
- 1.7 第5类——氧化物质和有机过氧化物 ……… 29
  - 1.7.1 氧化物质 ……… 30
  - 1.7.2 有机过氧化物 ……… 30
  - 1.7.3 氧化物质和有机过氧化物的特性 ……… 31
  - 1.7.4 常运的氧化物质和有机过氧化物 ……… 32
- 1.8 第6类——有毒和感染性物质 ……… 33
  - 1.8.1 有毒的物质 ……… 33
  - 1.8.2 感染性物质 ……… 34
  - 1.8.3 常运的有毒和感染性物质 ……… 35
- 1.9 第7类——放射性物质 ……… 36
  - 1.9.1 放射性物质的定义 ……… 36
  - 1.9.2 放射性物质的分类 ……… 37
  - 1.9.3 放射性物质的特性 ……… 38
  - 1.9.4 量度放射性的物理量及单位 ……… 38
- 1.10 第8类——腐蚀品 ……… 39
  - 1.10.1 腐蚀品的定义 ……… 39
  - 1.10.2 腐蚀品的分类 ……… 40
  - 1.10.3 腐蚀品的特性 ……… 40
  - 1.10.4 常运的腐蚀品 ……… 41
- 1.11 第9类——杂类危险物质和物品 ……… 42
- 本章小结 ……… 43
- 课后练习 ……… 43

第2章 国内外相关组织和法规体系 ……… 45
- 2.1 国际危险货物运输相关组织和法规体系 ……… 46
  - 2.1.1 国际危险货物运输相关组织 ……… 46
  - 2.1.2 国际危险货物运输法规体系 ……… 48
  - 2.1.3 《关于危险货物运输的建议书》及其附件简介 ……… 50
  - 2.1.4 《国际海运危险货物规则》简介 ……… 51
  - 2.1.5 《危险物品安全航空运输技术细则》简介 ……… 52
  - 2.1.6 其他相关国际规则和公约 ……… 53
- 2.2 我国危险货物运输相关组织和法规体系 ……… 53
  - 2.2.1 我国危险货物运输相关组织 ……… 53

2.2.2 我国危险货物运输法规体系 …… 54
2.3 我国水路危险货物运输相关组织和法规体系 …… 56
  2.3.1 水路危险货物运输相关组织 …… 56
  2.3.2 水路危险货物运输法规体系 …… 57
  2.3.3 《水路危险货物运输规则》简介 …… 59
  2.3.4 《港口危险货物管理规定》简介 …… 60
  2.3.5 《船舶载运危险货物安全监督管理规定》简介 …… 60
2.4 我国民航危险货物运输相关组织和法规体系 …… 61
  2.4.1 民航危险货物运输相关组织 …… 61
  2.4.2 民航危险货物运输法规体系 …… 62
2.5 我国铁路危险货物运输相关组织和法规体系 …… 63
  2.5.1 铁路危险货物运输相关组织 …… 63
  2.5.2 铁路危险货物运输法规体系 …… 64
  2.5.3 《铁路危险货物运输管理规则》简介 …… 65
2.6 我国道路危险货物运输相关组织和法规体系 …… 66
  2.6.1 道路危险货物运输相关组织 …… 66
  2.6.2 道路危险货物运输法规体系 …… 66
  2.6.3 《道路危险货物运输管理规定》简介 …… 68
  2.6.4 《汽车运输危险货物规则》简介 …… 69
  2.6.5 《汽车运输、装卸危险货物作业规程》简介 …… 69
2.7 国内危险货物运输基础技术标准 …… 70
  2.7.1 危险货物分类标准 …… 70
  2.7.2 危险货物品名表 …… 71
  2.7.3 危险货物包装标准 …… 73
本章小结 …… 76
课后练习 …… 76

下篇 工作流程

第3章 危险货物一览表的查询 …… 81
3.1 危险货物一览表的作用 …… 82
3.2 危险货物一览表的索引和条目 …… 84
  3.2.1 危险货物一览表的索引 …… 84
  3.2.2 危险货物一览表的条目 …… 84
3.3 危险货物运输的限制和免除 …… 85
  3.3.1 危险货物运输的限制 …… 85
  3.3.2 危险货物运输适用《国际危规》的免除 …… 90
  3.3.3 危险货物国际运输适用《国际危规》时国家和经营人的特别限制 …… 92
3.4 危险货物一览表 …… 93
  3.4.1 联合国《规章范本》危险货物一览表 …… 93
  3.4.2 《国际危规》危险货物一览表 …… 94
  3.4.3 联合国《规章范本》与《国际危规》的协调 …… 97
  3.4.4 《危险品规则》危险品一览表 …… 99
本章小结 …… 101
课后练习 …… 101

第4章 危险货物的包装 …… 103
4.1 危险货物运输包装的作用及要求 …… 104
  4.1.1 危险货物运输包装的定义 …… 104
  4.1.2 危险货物运输包装的作用 …… 104
  4.1.3 危险货物运输包装的要求 …… 104
4.2 危险货物包装的分类 …… 105
  4.2.1 按危险货物种类分类 …… 105
  4.2.2 按包装材料分类 …… 106
4.3 危险货物包装的类型及代码 …… 107
  4.3.1 危险货物包装的类型 …… 107
  4.3.2 危险货物包装类型代码 …… 112

4.4 危险货物运输包装性能试验 ………… 113
 4.4.1 试验前的准备 …………… 114
 4.4.2 试验项目 …………… 114
 4.4.3 落体试验 …………… 115
 4.4.4 渗漏(防漏)试验 …………… 116
 4.4.5 液压(水压)试验 …………… 116
 4.4.6 堆积(堆码)试验 …………… 117
 4.4.7 制桶试验 …………… 117
 4.4.8 包装试验合格标志 …………… 117
4.5 中型散装容器 ……………………… 119
 4.5.1 中型散装容器概述 …………… 119
 4.5.2 中型散装容器的试验方法及其合格标准 …………… 119
4.6 危险货物运输组件 ……………… 124
 4.6.1 集装箱 …………… 124
 4.6.2 可移动罐柜 …………… 125
 4.6.3 公路罐车 …………… 126
 4.6.4 车辆 …………… 126
4.7 危险货物运输包装的使用和管理 …… 127
 4.7.1 包装的使用 …………… 127
 4.7.2 包装的管理 …………… 127
 4.7.3 进出口危险品包装检验证单 …………… 128
 4.7.4 航空危险货物包装检查 … 128
本章小结 ……………………………… 130
课后练习 ……………………………… 130

第5章 危险货物的标识 …………… 132

5.1 危险货物标记、标志和标牌的作用 ……………………………… 133
5.2 包件(包括中型散装容器)的标记 …… 133
 5.2.1 标记的内容 …………… 133
 5.2.2 标记的要求 …………… 133
 5.2.3 对于第7类危险品的特殊标记规定 …………… 134
 5.2.4 对于海洋污染物的特殊标记规定 …………… 135
5.3 包件(包括中型散装容器)的标志 …… 135
 5.3.1 标志的一般规定 …………… 135
 5.3.2 标志的特征 …………… 135
 5.3.3 标志的特殊规定 …………… 136
 5.3.4 标志的使用 …………… 137
5.4 货物运输组件的标牌 …………… 138
 5.4.1 标牌的含义 …………… 138
 5.4.2 标牌的特征 …………… 138
 5.4.3 对于第7类危险品标牌的特殊要求 …………… 138
 5.4.4 标牌的使用 …………… 139
5.5 货物运输组件的标记 …………… 139
 5.5.1 标记的一般要求 …………… 139
 5.5.2 标记的特殊要求 …………… 140
本章小结 ……………………………… 141
课后练习 ……………………………… 141

第6章 危险货物的托运 …………… 143

6.1 托运程序的一般规定 …………… 144
 6.1.1 集合包件和成组货物的规定 …………… 144
 6.1.2 未清洁的空包装或组件的规定 …………… 144
 6.1.3 对于第7类放射性物质的一般规定 …………… 145
6.2 危险货物运输单证 ……………… 147
 6.2.1 运输单证要求的信息 …… 147
 6.2.2 运输单证上要求信息的顺序 …………… 150
 6.2.3 运输单证的格式 …………… 150
6.3 港口危险货物集装箱作业申报 …… 150
 6.3.1 危险货物申报所需单证 … 150
 6.3.2 危险货物申报流程 ……… 151
 6.3.3 审核签证 …………… 153
 6.3.4 危险货物集装箱单证流程图 …………… 153
6.4 航空危险货物申报 ……………… 155
 6.4.1 危险品申报单的填写 …… 155
 6.4.2 危险品申报单填写实例 … 158
本章小结 ……………………………… 161
课后练习 ……………………………… 161

第7章 危险货物的收运、储存与装卸 … 164

7.1 危险货物运输的管理控制 ………… 165

7.1.1 运输设备 …………… 166
7.1.2 人员培训和管理 ………… 167
7.1.3 仓库和运输工具停驻场地 … 169
7.2 危险货物的收运 …………… 169
7.3 危险货物的储存 …………… 173
7.3.1 危险货物储存的场所 …… 173
7.3.2 危险货物储存的注意事项 … 178
7.4 危险货物的装卸 …………… 179
7.4.1 海运危险货物的积载与隔离 ……………………… 181
7.4.2 航空运输危险货物的装卸 … 190
7.4.3 道路运输危险货物的装卸 … 194
本章小结 …………………………… 201
课后练习 …………………………… 201

第 8 章 危险货物的运输和应急 ……… 203

8.1 危险货物的运输要求 ……… 204
8.1.1 海运危险货物的运输要求 … 204
8.1.2 集装箱运输危险货物的要求 ……………………… 205
8.1.3 航空运输危险货物的要求 … 211
8.1.4 道路运输危险货物的要求 … 213
8.2 危险货物洒漏处理 ………… 218
8.3 危险货物的应急 …………… 220
8.3.1 危险货物事件应急程序 … 220
8.3.2 海运危险货物应急 ……… 224
8.3.3 航空危险品事故的应急响应 ……………………… 226
8.3.4 危险货物火灾应急 ……… 228
本章小结 …………………………… 231
课后练习 …………………………… 231

附录

附录 1 危险货物标志 ……………… 235
附录 2 危险货物/污染危害性货物安全适运申报单 ……………… 238
附录 3 船舶载运危险货物申报单 …… 239
附录 4 危险货物技术说明书 ……… 240
附录 5 集装箱装运危险货物装箱证明书 ……………………… 241
附录 6 特种货物机长通知单 ……… 242

参考文献 ……………………………… 243

上篇 基础知识

◆ **本篇内容包括：**

- 第1章 危险货物的分类及特性
- 第2章 国内外相关组织和法规体系

第 1 章

危险货物的分类及特性

WEIXIAN HUOWU DE FENLEI JI TEXING

【学习目标】

- 掌握危险货物的概念和分类。
- 掌握危险货物的特性。
- 掌握每种危险货物的定义和特性。
- 熟悉每种危险货物中常运的货物。

【导入案例】

某集装箱船在大连港装载了"次氯酸钙",航行在地中海东部时起火并爆炸。英国海难救援队花了5天的时间才将大火扑灭。此次火灾对货物和船舶均造成极大的损失,船舶通过保赔协会提出了2亿美元的高额索赔。

事故原因:"次氯酸钙"属于危险货物中的5.1类——氧化物质,在运输过程中会放出氧气并产生大量的热,从而引起其他物质燃烧。

危险货物的运输与普通货物的运输相比,危险性高很多。因此,大家必须认真学习危险货物的特点及运输相关的法律、法规,并保证在运输中遵守这些法律、法规,才能保证运输的人员与货物的安全。

 1.1 危险货物的概念与特性

随着石油、化学工业的不断发展,危险货物的品种、数量也在不断地增加。据统计,通过各种方式运输和储存的货物中有50%以上是危险货物,常运的危险货物达3000多种。

1.1.1 危险货物的概念

危险货物是指凡是具有燃烧、爆炸、腐蚀、毒害、放射射线、污染等性质,在运输、装卸和储存过程中,容易造成人身伤亡和财产毁损及对海洋有污染而需要特别防护的货物。

根据《船舶载运外贸危险货物申报规定》中第三条的规定:危险货物系指1974年SOLAS公约第7章和MARPOL 73/78公约附则1、附则2、附则3,以及我国加入的其他国际公约与规则中规定的危险有害物质与物品,包括包装危险货物、散装油类、散装液态危险化学品、散装液化气体和散装固体危险货物。

1.1.2 危险货物的特性

危险货物的特性包括:燃烧性、爆炸性、毒害性、腐蚀性、放射性和污染性。

1. 燃烧性

燃烧是发光、发热的剧烈化学变化过程,燃烧的三要素包括:可燃物质、热量和助燃物质;燃烧形式包括:扩散燃烧、蒸发燃烧、分解燃烧和表面燃烧。

2. 爆炸性

爆炸是物质发生急剧的化学或物理变化,并在极短的时间内放出大量能量的一种现象。它的特点是产生大量热量、时间极短和生成大量气体产物。如硝化甘油爆炸产生热量约 6.28×10^6 J/kg,完成时间 0.000 01 秒左右;无烟煤燃烧产生热量约 9.21×10^6 J/kg,完成时间几分钟。

爆炸的种类包括:物理爆炸、化学爆炸、爆炸性物质的爆炸、可燃性混合气体的爆炸、可燃性粉尘的爆炸和核爆炸。

3. 毒害性

毒害性是指少量物质侵入机体后，与体液及组织发生作用，破坏机体的正常机能，使某些器官和组织发生暂时或永久性的病变。毒害品的有害作用是由改变细胞的功能引起的。确定毒性大小的指标为半数致死剂量 LD_{50}、半数致死浓度 LC_{50}。

4. 腐蚀性

腐蚀性物质是指化学性质比较活泼，能与很多金属、有机物及动植物等发生化学反应，并使其遭到破坏的物质。

衡量腐蚀作用的大小采用两个指标：一是根据在规定的时间内看其与受试动物皮肤接触后出现可见的坏死现象；二是让其与规定类型的钢或铝的表面接触，由其年腐蚀率的大小来判断。

5. 放射性

放射性是指凡物质能自发地（即不受外界温度、压力等影响）、不断地向外界放射出穿透力很强、人的感觉器官不能察觉到的射线。具有放射性的元素叫放射性元素，含有放射性元素的物品叫放射性物品。放射性物品放射的射线对人体辐射超过一定的剂量会造成人体各种疾病或造成遗传复发，甚至死亡。

6. 污染性

污染性是指对海洋的污染性。这种物质进入海洋后，可能危害人类健康、伤害生物资源和海洋生物，损害环境优美或妨碍海洋的其他合法利用。

1.2 危险货物的分类

（1）根据运输形式的不同分为以下两类。
① 包装危险货物。
② 散装危险货物。
（2）根据联合国《关于危险货物运输的建议书规章范本》（后文简称"联合国《规章范本》"），将危险货物分为以下 9 类。

第 1 类　爆炸品（Explosives）；

第 2 类　气体（Gases）；

第 3 类　易燃液体（Flammable Liquids）；

第 4 类　易燃固体、易自燃物质和遇水放出易燃气体的物质（Flammable Solids, Spontaneously Combustible and Substances which in Contact with Water Emit Flammable Gases）；

第 5 类　氧化物质和有机过氧化物（Oxidizing Substances and Organic Peroxide）；

第 6 类　有毒和感染性物质（Toxic Substances and Infectious Substances）；

第 7 类　放射性物质（Radioactive）；

第 8 类　腐蚀品（Corrosives）；

第 9 类　杂类危险物质和物品（Miscellaneous Dangerous Substances and Articles）。

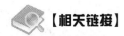

联合国《规章范本》

为了保障危险货物运输安全,并使各国和国际上对各种运输方式的管理规定能够统一发展,联合国经济及社会理事会危险货物运输专家委员会,组织编写了适用于所有运输形式的危险货物运输最低要求的《关于危险货物运输的建议书》,于 1956 年正式出版。为了反映技术的发展和使用者不断变化的需要,每半年组织专家对其内容进行修改,每两年出一个新的版本。从第十修订版起,定名为《关于危险货物运输的建议书规章范本》。

1.3 第 1 类——爆炸品

1.3.1 爆炸品的定义

第 1 类包括爆炸性物质、烟火物质和爆炸性物品。该类的具体定义为:

(1) 爆炸性物质系指固体或液体物质(或几种物质的混合物),能通过本身的化学反应产生气体,其温度、压力和速度会对周围环境造成破坏,甚至包括不放出气体的烟火物质。

(2) 烟火物质系指一种或几种物质的混合物,通过产生热、光、声、气体或所有这一切的结合达到一种效果,这些效果是通过非爆燃性的、自续的放热等一些化学反应产生的。

(3) 爆炸性物品系指含有一种或多种爆炸性物质的物品。

1.3.2 爆炸品的分类

1. 按危险性分类

按爆炸品产生的危险性,爆炸品可分为以下几类:

第 1.1 类 有整体爆炸危险的物质和物品。

第 1.2 类 有迸射危险,但无整体爆炸危险的物质和物品。

第 1.3 类 有燃烧危险和较小爆炸或较小迸射危险之一或兼有两者的,但无整体爆炸危险的物质和物品。

第 1.4 类 无重大危险的物质和物品,见表 1-1。

表 1-1 无重大危险的物质和物品

危险性标签	名称/项别/代码	危险性描述	应急措施
	爆炸品 1.4S RXS	不存在显著危险性的爆炸品。即使发生爆炸也可以将影响限制在包装件之内	通知火警,防止火势蔓延

例如：手枪子弹，如图 1.1 所示；信号弹如图 1.2 所示。

图 1.1　手枪子弹

图 1.2　信号弹

第 1.5 类　极不敏感的物质，但有整体爆炸危险。
第 1.6 类　无整体爆炸危险的极不敏感的物品。

2. 按配装类分类

第 1 类爆炸品由于性质上的差异，考虑到如果彼此在一起能安全积载或运输而不会明显地增加事故的概率或在一定量的情况下不会明显提高事故后果的等级，可视为"相容的"或"可配装的"。根据这一原则，爆炸品被分成若干配装类（用英文字母 A～L，不包括 I，再加上 N 和 S 表示），见表 1-2 配装类和类别符号。

表 1-2　配装类和类别符号

物质和物品的分组说明	配装组	符　　号
初级爆炸物质	A	1.1A
含初级爆炸物质的物品，且不含两个或两个以上的有效保护装置	B	1.1B、1.2B、1.4B
迸射爆炸物质或其他燃烧物质或含有这些物质的物品	C	1.1C、1.2C、1.3C、1.4C
初级爆炸物质、黑火药或含有次级爆炸物质的物品，无引发装置和发射装药，或含有初级爆炸物质和两个或两个以上的有效保护装置	D	1.1D、1.2D、1.4D、1.5D
含有次级爆炸物质的物品，无引发装置，有发射装药（含易燃液体或胶体或自燃液体除外）	E	1.1E、1.2E、1.4E
含有次级爆炸物质的物品，自带引发装置，有或无推进装药（含易燃液体或胶体或自燃液体除外）	F	1.1F、1.2F、1.3F、1.4F
自燃物质或含自燃物质的物品，或同时含一种爆炸物质和一种照明、燃烧、催泪或发烟物质的物品	G	1.1G、1.2G、1.3G、1.4G
同时含一种爆炸物质和白磷的物品	H	1.2H、1.3H
同时含一种爆炸物质和一种易燃液体或胶体的物品	J	1.1J、1.2J、1.3J
同时含一种爆炸物质和一种有毒化学剂的物品	K	1.2K、1.3K
爆炸物质或含一种爆炸物质的物品，呈现出特殊危险，需要彼此隔离的物品	L	1.1L、1.2L、1.3L

续表

物质和物品的分组说明	配装组	符号
只含极不敏感爆炸物质的物品	N	1.6N
经如此包装或设计的物质或物品,因事故引起的危险作用仅限于包件内部,当包件被烧坏时,一切爆炸或迸射效应不会严重影响在包件附近救火或采取其他措施	S	1.4S

3. 按用途分类

爆炸品按用途分为起爆药、猛炸药、火药、烟火剂。

4. 按作用分类

爆炸品按作用分为点火器材、起爆器材、炸药及爆炸品、其他爆炸品。

5. 按爆燃速度和敏感度分类

爆炸品按爆燃速度和敏感度分为烈性炸药或起爆炸药、低爆炸药或爆燃炸药。

6. 按化学上分类

爆炸品按化学上分为自氧化还原化合物、氧化剂和还原剂的混合物。

1.3.3 爆炸品的特性

1. 爆炸性

爆炸性是爆炸品的主要危险特性。爆炸是物质发生急剧的物理、化学变化的现象。爆炸品的爆炸属于化学爆炸中的爆炸性物质的爆炸。

炸药爆炸的整个过程,首先是外界给予一定的能量引起爆炸物质的化学反应,由于反应放出大量热量,一部分热量促使反应继续进行,一部分热量用来加热所产生的气体。由于反应速度极快,所产生的气体来不及扩散,所放出的热量集中在炸药原来占有的容积内,维持很高的能量密度,因此形成了高温、高压气体,使炸药爆炸具有巨大的功率和强烈的破坏作用。

衡量爆炸性的理化性能指标有敏感度、爆轰速度、威力和猛度、爆热和爆温、安定性和殉爆等。

1) 敏感度

炸药的敏感度(简称感度)是指炸药在外界作用下,发生爆炸反应的难易程度,也就是指炸药对外界起爆能的敏感程度。感度高低通常以引起炸药爆炸所需要的最小外界能量表示(又叫初始能或起爆冲能),引起爆炸所耗费的外能越小,则起感度就越高。

常见的初始冲能有机械能、热能、电能、光能和爆炸能。所以炸药的感度也随起爆能形式的不同而有不同的感度,如冲击感度、摩擦感度、热感度和爆轰感度等。

(1) 冲击感度:是指爆炸物质在机械冲击的外力作用下对冲击能量的敏感程度。

目前普遍采用的是爆炸百分数法。即在一定锤重和一定落高下撞击爆炸物质,以发生爆炸次数的百分数表示。把10kg落锤、25cm落高、爆发率2%以上作为爆炸品分类的标准。在装卸过程中，可能受到冲击、磕、碰、摔等，冲击感度高即对外界能量的敏感程度高的爆炸品就可能因此而引起爆炸。因此，冲击感度是爆炸品安全运输和分类的重要指标之一。

（2）摩擦感度：是指爆炸品受到短暂而强烈的摩擦作用后的起爆程度。

我国一般采用摩擦感度仪或摩擦摆来测定，以爆炸的百分数表示。极敏感的引爆药，摩擦感度也高。运输中必须严格避免强烈摩擦的可能。

（3）热感度：是指爆炸物质因受热引起爆炸的敏感程度。一般用"爆发点"表示。

爆发点是指爆炸物质在一定的延滞期内发生爆炸的最低温度。延滞期是指从开始对爆炸物质加热到发生爆炸所需要的时间。同一爆炸物质，延滞期越短，爆发点越高；延滞期越长，爆发点越低。例如：TNT 5s（475℃）；1min（320℃）；5min（285℃）；10min（270℃）。把爆发点低于350℃（延滞期5s）作为确认爆炸品的一个参数。

（4）爆轰感度：是指爆炸物质对起爆物质产生的爆轰波能量的敏感程度。通常以"极限起爆药量"来表示。

极限起爆药量是指起爆物质爆炸时，能引起所实验的爆炸物质完全爆轰所需要的最少起爆药量。

2）爆轰速度（爆速）

炸药爆炸时，爆轰波沿炸药内部传播的速度称为爆轰速度，简称爆速。

爆速一般以每秒传爆多少米的长度来表示，单位为 m/s。爆速可用实验方法测得，如图1.3表示。

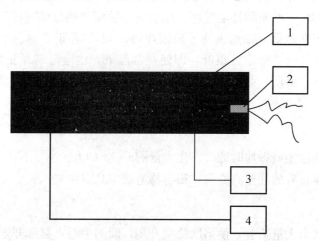

图1.3 探针法测爆速示意图

1—药柱；2—雷管；3—接计数器第一靶信号；4—接计数器第二靶信号

爆速主要是用计数器测定炸药柱中爆轰波从计数器第1靶信号位置传到计数器第2靶信号位置的时间 Δt，通过下述公式计算而得：$D = \Delta L / \Delta t$ (m/s)。其中，D 代表爆速，ΔL 代表计数器第1靶信号到计数器第2靶信号的距离。爆轰速度大于 3000m/s 也是确认爆炸品的又一个参考指标。

3）爆热和爆温

爆热是单位质量的炸药在爆炸反应时所释放出的热量。单位 kJ/kg、kJ/mol。爆温是炸药爆炸时所放出的热量将爆炸产物加热到的最高温度。

4）威力和猛度

（1）炸药的威力（或爆炸力）是指炸药爆炸时做功的能力，即炸药爆炸时，对周围介质的破坏能力。威力的大小取决于爆热的大小，爆炸后气体的生成量的多少，以及爆温的高低。通常用铅铸扩大法测定炸药的威力。以一定量（10g）的炸药，装于铅铸的圆柱形孔内爆炸，测量爆炸后圆柱形孔体积的变化，以其体积增量（mL）表示威力的大小。

（2）炸药的猛度，又称猛烈程度。系指炸药爆炸后，爆轰产物对周围物体破坏的猛烈程度，用来衡量炸药的局部破坏能力。猛度的大小取决于爆轰压力的大小和压力作用的时间。通常用铅柱压缩试验来测定炸药的猛度。将50g爆炸物质置于铅柱上，经爆炸后测量铅柱被压缩的情况，用长度单位（mm）表示。

5）殉爆

被动炸药包被相距一定距离有惰性介质隔离的主动药包引炸的现象叫殉爆。引起被动药包爆炸的最大距离叫殉爆距离；不能引起被动药包爆炸的最小距离叫安全距离。

6）安定性

爆炸品的安定性是指爆炸品在一定的储存期间内，不改变自身的理化性质和爆炸能力的性质，它分为物理安定性和化学安定性。

（1）物理安定性。物理安定性是指爆炸品的吸湿性、挥发性、可塑性、机械强度、结块老化、冻结和收缩变形等一系列物理性质不容易改变的性质。如黑火药、硝铵炸药等易吸湿受潮，严重时丧失爆炸能力。

（2）化学安定性。化学安定性是指爆炸品不容易发生分解而变质的性质。化学安定性取决于化学物质本身的化学性质和环境温度。化学安定性用"热分解速度"来表示。热分解速度越快，其化学安定性越低。如黑火药、硝铵炸药、TNT等正常储存条件下较稳定，不改变性能。而硝化甘油类化学稳定性很低，即使在常温下，也会分解；长期存放会加速分解，甚至发生自燃或爆炸。温度、湿度和日光会使其分解速度加快。所以，在仓库或船舱内都需加强通风。

2. 毒害性

许多炸药或爆炸性物质爆炸时通常产生大量的 CO、CO_2、N_2、N_2O、NO、NO_2 或 SO_2 等窒息性和有毒气体，有的甚至有剧毒，很容易造成窒息或中毒。

3. 燃烧性

爆炸品燃烧时放出大量热量，使温度急剧升高，瞬间中心点温度升至1500~4500℃，很容易使周围可燃物质燃烧，造成火灾。

1.3.4　常运的爆炸品

（1）火药（发射药）。火药是极易燃烧的固体物质，量大时或在密闭状态下也能够发生爆炸，但军事上主要利用其有规律燃烧的性质，用作火炮发射弹丸的能源。火药按其结构又分为以下几种：

① 单基药——主要成分为硝化纤维素。

② 双基药——主要成分是硝化纤维素、硝化甘油和硝化二乙醇。

③ 三基药——主要成分是硝化纤维素、硝化甘油与硝基胍。

④ 黑火药——主要成分是硝酸钾、硫黄、木炭的机械混合物，不同的成分配比具有不同的性能。

火药是以燃烧反应为主要化学变化形式的爆炸性物质，它具有规定的几何形状和尺寸、一定的密度和足够的机械强度。当采用适当的方式点火后，能够按照平行层规律燃烧，放出大量热和气体，对弹丸作发射功，或对火箭作推进功。常见火药的形式有带状、棍状、片状、长管状、七孔状、短管状和环状等。

（2）炸药（猛炸药）。炸药是相对稳定的物质，在一般情况下比较安定，能经受生产、储存、运输、加工和使用过程中的一般外力作用，只有在相当大的外力作用下才能引爆，通常是用装有起爆药的起爆装置来激发其爆炸反应。猛炸药按其组成情况可以分为以下几种：

① 单质炸药——如梯恩梯、黑索金、泰安等单质炸药。
② 混合炸药——如梯恩梯与黑索金或其他两种以上单质炸药的混合物。
③ 工程炸药——如硝酸铵类的混合爆炸。

炸药一旦起爆后就发生高速反应，生成大量气体和放出大量热量，因而发生猛烈的爆炸对周围环境造成破坏。一般炸药按不同的爆炸效应要求和不同的装药形状、条件填装于弹类的弹丸（战斗部），以达到爆炸后杀伤和破坏等作用。

（3）硝化棉。硝化棉是硝化纤维素的误称，由纤维素与硝酸—硫酸混合酸经酯化反应而制得，广泛用于火工、造漆等行业，摄影胶片、赛璐珞、乒乓球都用其作原料。

硝酸棉不仅易燃而且易分解。随着温度的升高，分解加速，超过40℃时，会自燃。由于硝化棉的这一特性会酿成恶性事故。

危险货物自燃、爆炸

日本东京都品川区海岸边物资仓库共20栋，主要存放硝化棉和某种有机过氧物。晚上9点56分，一声爆炸巨响，一个仓库炸得粉碎，冲天火柱腾空而起，照亮夜空，火灾蔓延至整个库区。事故造成19人死，48人伤。

事故原因：硝化棉在存放过程中逐渐干燥，发生分解，产生热量散发不出去，积至180℃，引起自燃和爆炸。

1.4 第2类——气体

1.4.1 气体的定义

气体是指在50℃时，其蒸气压大于300kPa；或在20℃、标准压力为101.3kPa时，完全为气态的物质。

本类物品包括压缩气体、液化气体、溶解气体、冷冻液化气体、一种或多种气体与其他种类的一种或多种物质的蒸气的混合物以及充注了气体的物品和烟雾剂。

根据气体的运输状态，可将气体分为4种类型。

（1）压缩气体：指气体在压力包装运载中，处于－50℃时，完全呈气态。本类包括临界温度低于或等于－50℃的所有气体。

（2）液化气体：气体在压力包装运载时，当温度高于－50℃，部分呈气态，按其特性可分为以下两类。

① 高压液化气体：临界温度在－50～65℃的气体。

② 低压液化气体：临界温度在65℃以上的气体。

（3）冷冻液化气体：在低温下，包装运输的气体部分是液体。

（4）压缩溶解气体：经压缩溶解在溶剂中的气体。

1.4.2 气体的分类

根据气体的危险性，第2类气体分为三小类：

第2.1类　易燃气体。

第2.2类　非易燃、无毒气体。

第2.3类　有毒气体。

1. 第2.1类　易燃气体

易燃气体见表1-3。

表1-3　易燃气体

危险性标签	名称/项别/代码	危险性描述	应急措施
![标签]	易燃气体 2.1 RFG	与空气混合后达到一定比例，能形成可燃性混合气体	按爆炸品要求处理，疏散货物，保留隔离区，保持25m安全距离

例如：氢气如图1.4所示；液化石油气如图1.5所示。

图1.4　氢气

图1.5　液化石油气

该气体在温度20℃、标准压力101.3kPa时，具有以下特点：

(1) 在与空气混合物中所占体积为 13% 或更低时可点燃。

(2) 不管最低燃烧极限是多少，与空气混合形成的燃烧范围（即燃烧上、下限之间）至少有 12 个百分点。典型的易燃气体有氢气、丁烷、乙炔等。

气体的爆炸极限（范围）是指易燃气体与空气混合到一定程度时，遇明火会发生燃烧或爆炸。这个用易燃气体在空气中的体积百分比所表示的浓度范围，称为燃烧范围或爆炸范围。这个范围由燃烧（爆炸）上限和燃烧（爆炸）下限所限定。在燃烧下限以下，由于易燃气体浓度低，不支持燃烧；在燃烧上限以上，由于缺少氧气，不能支持燃烧。很显然，爆炸下限越低、爆炸范围越宽的气体，其燃烧和爆炸的危险性越大。几种主要气体的自燃点与爆炸极限见表 1-4。

表 1-4　几种主要气体的自燃点与爆炸极限

可燃气体	自燃点/℃	爆炸极限/%	
		下限 X_1	上限 X_2
一氧化碳	651	12.5	74
乙炔	335	2.5	81
丙酮	538	3.0	11
乙醇	423	4.3	19
丙烷	467	2.2	9.5

2. 第 2.2 类　非易燃、无毒气体

非易燃、无毒气体见表 1-5。

表 1-5　非易燃、无毒气体

危险性标签	名称/项别/代码	危险性描述	应急措施
Non-flammable gas	非易燃无毒气体 2.2 RNG	不属于 2.1 项和 2.3 项，标准温度下压力超过 200kPa 的气体	按爆炸品要求处理，疏散货物，保留隔离区，保持 25m 安全距离

例如：氧气，如图 1.6 所示；液氮，如图 1.7 所示；深冷液化气，如图 1.8 所示。

图 1.6　氧气

图 1.7　液氮

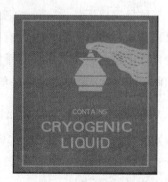
图 1.8　深冷液化气

该气体在20℃时,压力不低于280kPa。作为冷冻液体运输的气体,该气体具有以下特点:

(1) 窒息性——在大气中,该气体通常会冲淡或替代氧气。

(2) 氧化性——该气体通常以提供氧气的方式,可以比空气更易于造成或导致其他材料燃烧。

(3) 在其他类别里没有列入。例如:氮气、二氧化碳、氧气、空气等。

3. 第2.3类　有毒气体

有毒气体见表1-6。

表1-6　有毒气体

危险性标签	名称/项别/代码	危险性描述	应急措施
☠ Toxic 6	有毒气体 2.3 RPG	对人体有害和腐蚀作用的气体和已知对人体健康有威胁的气体	按爆炸品要求处理,疏散货物保留隔离区,保持25m安全距离

例如:芥子气,如图1.9所示;氯气,如图1.10所示。

图1.9　芥子气

图1.10　氯气

该气体具有以下特性:

(1) 被认为对人类有毒或者有腐蚀性,以至于危害健康。

(2) 被推定对人类有毒或有腐蚀性,通过试验得出气体的半致死浓度(LC_{50})值相当于或低于$5000mL/m^3$。例如:氨气、氯气、一氧化碳等。

4. 气体混合物分类

(1) 应该按照国际标准化组织通过的方法(见国际标准化组织 ISO 10156:1996)进行试验和计算来确定易燃性。当应用该测定方法得不到足够数据时,可以运用国家主管部门认可的类似方法进行测定。

(2) 对于毒性进行试验测定,可以应用下列公式计算确定,即

$$LC_{50}\text{有毒(混合物)} = \frac{1}{\sum_{i=1}^{n} \frac{f_i}{T_i}}$$

式中：f_i＝混合物物质第 i 种成分的摩尔份数；T_i＝混合物物质第 i 种成分的毒性指数（适当时，T_i 等于 LC_{50} 值）。

当 LC_{50} 值是未知数时，可以取类似物理、化学反应的物质的 LC_{50} 最低值来确定毒性指数，但如果仍不能确定，应通过试验。

(3) 气体分类顺序。对于含有多种危险性的气体和气体混合物，其危险性按以下顺序排列先后：

① 第 2.3 类优先于其他所有类别。
② 第 2.1 类优先于第 2.2 类。

1.4.3 气体的特性

1. 扩散性

气体是物质三态中分子之间距离最大的，相应地分子之间吸引力最小，其分子所具有的动能较大。所以，气体要用压力容器装载。而且万一容器破裂，气体就会扩散到环境中去。如果是易燃液体，会有燃烧和爆炸的危险；如是有毒气体就会有人员中毒的危险；即使是无毒不燃气体，也会因冲淡空气中的氧含量，造成窒息性的危害。

气体扩散及在环境中的分布与该气体相对于空气的质量有关，气体物质的相对密度是以空气为标准的。一般作为危险货物运输的各种气体中都包括有该气体相对于空气的密度，气体可按此分为以下几类：

(1) "较空气为轻"，其气体的密度小于(不小于 1/2)空气的密度。
(2) "远较空气为轻"，其气体的密度小于空气的密度 1/2。
(3) "较空气为重"，其气体的密度大于(不大于两倍)空气的密度。
(4) "远较空气为重"，其气体的密度大于空气的密度两倍。

2. 可压缩和液化性

与扩散性相反，气体也可以被压缩减小体积便于运输。处于压缩状态的气体称为压缩气体。气体被压缩，压力明显增大，而且随温度的升高压力会进一步上升。如果对气体压缩的同时降温，压缩了的气体会变成液体。气体转化为液体的过程称为液化。也就是说，液化气体是指在常温常压下的气体经过压缩和降温而成为液体的气体。临界温度和临界压力是了解气体压缩和液化的两个重要数据。

1) 临界温度

气体液化的必要条件。只有在某一特定温度之下，气体才能通过压缩的方法加以液化，这一温度界限称为临界温度(Critical Temperature)，也就是能使气体液化的所允许的最高温度。

2) 临界压力

在临界温度时，能使气体液化的最小压力称为临界压力(Critical Pressure)。

例如：氨的临界温度是132.5℃，在此温度下还需112.5个标准大气压（1标准大气压＝101.325千帕）才能使其液化。

(1) 当温度在临界温度以上时，无论施加多大压力都不能使气体液化，只能是压缩。当温度在临界温度以下时，气体才有可能液化。

(2) 在临界温度时，只要施加比临界压力略大的压力，就可以使气体液化。压力过大只能浪费动力、损坏机件和产生危险，对液化没有多大的帮助。

(3) 在沸点温度时，在常压下即能使气体液化。

(4) 在临界温度和沸点温度范围内，只需施加小于临界压力的压力即可使气体液化。

常见气体的临界数见表1-7。

表1-7　常见气体的临界数

气体	临界温度/℃	临界压力/标准大气压	沸点/℃
He	−267.9	2.3	
H_2	−239.9	12.8	−252.9
CO	−138.7	34.6	
O_2	−118.8	49.7	−182.9

3. 毒性和窒息性

有毒气体（包括腐蚀性气体）如果发生泄漏，主要会通过呼吸道进入人体，这是中毒最危险的途径。如：一氧化碳、氯甲烷、氯气、氯化氢和光气等都是剧毒气体。

衡量气体毒性的量度是半致死浓度。这一参数是通过对实验动物施毒所得到的结果来推断对人的毒性。对气态有毒或腐蚀性的物质的试验具体方法是：用雄性或雌性刚成熟的白鼠连续吸入该气体1h，在14天内使试验动物几乎半数死亡所施用的气体浓度。结果用每升空气中该气体的毫升数来表示。

另外，由于气体的扩散性，即使其非易燃、无毒，但因其在环境中会冲淡氧的浓度，同样会造成人员的伤害。

4. 氧化性（助燃性）

如氧气、一氧化碳、一氧化二氮等，它们本身不可燃，但有强烈的氧化作用，可以帮助燃烧，称为助燃气体。

5. 腐蚀性

一些物质遇水、遇潮湿空气或受热分解产生腐蚀性气体，对人体或金属具有一定的腐蚀作用。

6. 溶解性

许多气体能溶解在水中或某些溶剂中，有的甚至溶解量非常大。例如：氨可以大量地溶解在水中；乙炔可以大量地溶解在丙酮中。利用这一性质可以储运某些不易压缩和液化的气体。这种溶解在溶剂中的气体称为溶解气体。溶解气体和压缩气体、液化气体一样，当温度升高时，气体会大量逸出，从而引起容器压力升高。

1.4.4 常运的气体

1. 氧气

氧气是空气的重要组成部分。空气中氧气占21%,其余为氮(约占78%)。由于氮的性质不活泼,空气的许多化学性质,实际上是氧的性质的表现。当有压缩空气装在150kg以上高压钢瓶中运输时,应与氧气同样看待。

氧气无色、无味、微溶于水,氧的临界温度为－118.8℃,沸点为－183℃,临界压力为49.7个标准大气压,液氧为淡蓝色。氧几乎能与所有的元素化合。氧是生命的基础条件。氧气的浓度对它的化学性质有很大的影响。空气中氧的含量不大,棉花、酒精等在空气中只能比较平缓地燃烧,超过正常比例的氧气能使燃烧迅猛。铁在空气中与氧的反应是生锈,而在液氧中,虽是在－120℃以下也会燃烧。油脂在纯氧中的反应要比在空气中剧烈得多,当高压氧气(高压空气亦然)喷射在油脂上就会引起燃烧或爆炸,实质就是油脂与纯氧的反应,所以氧气瓶(包括空瓶)绝对禁油。储氧钢瓶不得与油脂配装,不得用油布覆盖;储运氧气钢瓶的仓间、车厢、集装箱等不得有残留的油脂;氧气瓶及其专用搬运工具严禁与油脂接触,阀门、轴承都不得用油脂润滑;操作人员不能穿戴沾有油污的工作服和手套。

2. 乙炔(溶于丙酮)

乙炔 C_2H_2 俗名电石气。电石受潮后放出的气体即是乙炔。

$$CaC_2 + 2H_2O = Ca(OH)_2 + C_2H_2 \uparrow$$

纯净的乙炔无色、无味,工业乙炔因含有杂质——磷化氢(PH_3)而具有特殊的刺激性气味。

乙炔非常易燃烧,也极易爆炸,其闪点为－17.8℃,爆炸极限为2.5%～81%,危险度为31.4,仅次于二硫化碳。当空气中含乙炔7%～13%或纯氧中含乙炔30%时,压力超过1.5个大气压,不需明火也会爆炸。未经净化的乙炔内可能含有0.03%～1.8%的磷化氢,100℃时会自燃,液态磷化氢的自燃点还低于100℃,因而在乙炔中含有空气、磷化氢等杂质时更容易燃烧爆炸。一般规定,乙炔中乙炔含量应在98%以上,磷化氢的含量不得超过0.2%,硫化氢含量不得超过0.10%。

乙炔与铜、银、汞等重金属或其盐类接触能生成乙炔铜、乙炔银等易爆炸物质,所以凡涉及乙炔用的器材都不能使用银和含铜量70%以上的铜合金。

乙炔能与氯气、次氯酸盐等化合成乙炔基氯,乙炔基氯极易爆炸。乙炔还能与氢气、氯化氢、硫酸等多种物质起反应,因而储运乙炔时,不能与其他化学物质在一起。

在讨论气体的溶解性时,讲到乙炔实际上是溶解气体。因为乙炔是在高压下具有爆炸性质的物质,它所受到压力越高,越容易引起爆炸。具有这种性质的气体还有二氧化氯、偶氮化氢、氧化氮、氰化氢、氧化亚氮等。所以考察乙炔的临界温度和临界压力是没有实际意义的。

乙炔在丙酮溶液中则能保持稳定。1体积丙酮在常压下可溶解25体积的乙炔,在12个大气压下可溶解300体积乙炔。乙炔钢瓶内填充有活性炭、木炭、石棉或硅藻土等多孔材料,再将丙酮注入,然后通入乙炔使之溶解于丙酮中,直至在15℃时达到15.5个标准大气压。国外曾有报道,因容器密封不良而漏气(乙炔),操作人员采取措施时,由于衣服与人体摩擦产生静电，因火花放电引起爆炸事故。所以，相比于其他气体，防止乙炔的泄漏显得更为重要。

3. 石油气

石油气是气态烃的混合物。烃类物质随着分子中含碳的数目的增加而沸点逐渐升高，一般含 5 个碳以上的为液体，所以石油气是含 1～5 个碳原子的烃类混合物。

其中，甲烷的临界温度为 -82.1℃，临界压力为 46.3 个标准大气压；乙烷的临界温度为 32.1℃，临界压力为 48.8 个标准大气压。所以甲烷是深冷液化气体，在常温下要使乙烷液化也需 50 个标准大气压。而从丙烷、丙烯开始，石油气的临界温度明显变高，见表 1-8。

表 1-8　气态烃的沸点和临界参数

名　称	沸点/℃	临界温度/℃	临界压强/标准大气压
丙烷	-42	96.7	41.9
丙烯	-47.8	91.6	45.5
正丁烷	-0.5	152	37.5
1-丁烯	-6.3	146.4	39.7
1-戊烯	36	203	36

从表 1-8 中可以推知，含 3～5 个碳原子的烃，在室温下虽为气体，但其临界温度高达 90℃ 以上，故在室温下只要 5～10 个标准大气压即能使之液化。

平常所称的液化石油气，主要是由丙烷、丙烯、丁烷、丁烯组成。其中也含有少量的戊烷戊烯，由于其沸点较高(27～36℃)，在常温下不易气化，称之为残液。

石油气的爆炸下限都很低，燃烧范围也不宽，所以从危险度考虑，石油气不能算最危险的气体。可是，由于石油气数量最多，使用面最广泛，接触的人也最庞杂，是给人们巨大财富和方便的气体，也是给人们造成麻烦最多、损失最大的气体。例如，1988 年 7 月 6 日英国北海油田阿尔发石油平台发生的大爆炸造成损失 5.3 亿英镑，163 人遇难身亡。该事故就是由于天然气(其中，含甲烷 50%～70%，乙烷 5%～10%，其余为丙烷和丁烷)压缩间发生大量漏气，偶遇明火引起的。

1.5　第 3 类——易燃液体

1.5.1　易燃液体的定义

该类别包括易燃液体和液态退敏的爆炸品。

易燃液体是在闭杯闪点试验 60℃（相当于开杯试验 65.6℃）或在 60℃ 以下时放出易燃蒸气的液体或液体混合物，或含有处于溶液中或悬浮状态的固体或液体(如油漆、清漆、真漆等，但不包括由于其他危险性已另列入其他类别中的物质)，上述温度通常指闪点。它还包括以下几种：

(1) 交付运输的液体在闪点温度或高于闪点温度。

(2) 交付运输的液体物质在加温条件下运输，这些物质在温度等于或低于最高运输温度时会放出易燃的蒸气。

易燃液体见表 1-9。

表 1-9 易燃液体

危险性标签	名称/类别/代码	危险性描述	应急措施
	易燃液体 3 RFL	在闭杯闪点试验中温度低于或等于 60℃ 的液体	按爆炸品处理，任何情况不可使用水灭火

例如：汽油，如图 1.11 所示；酒精，如图 1.12 所示；黏合剂，如图 1.13 所示。

图 1.11 汽油　　　图 1.12 酒精　　　图 1.13 黏合剂

易燃液体挥发出的蒸气和空气形成的混合物，与明火接触时，产生瞬间闪光的最低温度称为闪点，分为闭杯闪点(Closed Cup，简称 C.C)和开杯闪点(Open Cup，简称 O.C)。闪点是衡量易燃液体危险性的重要参数。各种易燃液体的闪点各不相同，闪点越低，易燃性越大，也越危险。

常见易燃液体的闪点见表 1-10。

表 1-10 常见易燃液体的闪点

品　　名	闭杯闪点/℃	品　　名	闭杯闪点/℃
乙醚	-40	甲酸戊酯	27
甲酸乙酯	-34	丁醇	29
二硫化碳	-30	吗啡啉	38
乙醛	-27	二氯乙醚	55
丙酮	-20	松香油	61
苯	-11	乙醇	13

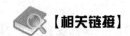

开杯闪点

用规定的开杯闪点测定器所测得的结果叫作开杯闪点。

按 GB/T 267—1988 标准方法测开杯闪点时,把试样装入内坩埚到规定的刻度线。首先迅速升高试样温度,然后缓慢升温,当接近闪点时,恒速升温,在规定的温度间隔,用一个小的点火器火焰按规定速度通过试样表面,以点火器的火焰使试样表面上的蒸气发生闪火的最低温度,作为开杯闪点。

闭杯闪点

用规定的闭杯闪点测定器所测得的结果叫作闭杯闪点。

按 GB/T 261—2008 标准方法测闭杯闪点时,将样品倒入试验杯中,在规定的速率下连续搅拌,并以恒定速率加热样品。以规定的温度间隔,在中断搅拌的情况下,将火源引入试验杯开口处,使样品蒸气发生瞬间闪火,且蔓延至液体表面的最低温度,此温度为环境大气压下的闪点,再用公式修正到标准大气压下的闪点。

液态退敏爆炸品是溶于或悬浮于水或其他液体物质,形成均一的液体混合物以抑制其爆炸特性的爆炸性物质。

1.5.2 易燃液体的分类

(1)《国际海运危险货物规则》(后文简称《国际危规》)不分小类,《水路危险货物运输规则》(后文简称《水路危规》)分为3小项。

第 3.1 项 闪点低于-18℃(C.C)的低闪点类液体。

第 3.2 项 闪点为-18~23℃(C.C)(不包括 23℃)的中闪点类液体。

第 3.3 项 闪点为 23~61℃(C.C)(包括 61℃)的高闪点类液体。

《水路危规》又把闪点在 23℃(C.C)以下(不包括 23℃)的易燃液体列为一级危险货物,闪点为 23~61℃(C.C)(包括 61℃)的易燃液体列为二级危险货物。

(2) 易燃液体的包装类分类,见表 1-11。

表 1-11 易燃液体的包装类分类表

包 装 类	闭杯闪点/℃	初沸点/℃
Ⅰ	—	≤35
Ⅱ	<23	>35
Ⅲ	≥23,≤61	>35

1.5.3 易燃液体的特性

1. 易挥发性

在自然界中普遍存在液态和气态的转化,从液态转变成气态的过程叫作气化。液体表面的气化现象叫蒸发,蒸发在任何温度下都能够进行。液体在低于沸点温度下的蒸发现象称为挥发。所有液体都能够蒸发，只是各种液体蒸发的快慢不同。液体蒸发的速度与温度、蒸发面积、分子间内聚力的大小、在相同温度下液体的饱和蒸气压等有关。在条件相同的情况下，易燃液体内聚力较其他可燃液体内聚力小，而饱和蒸气压大，沸点较低，所以易燃液体易于挥发。易燃液体的易挥发性一方面可能造成物质的减量，另一方面容易形成易燃、易爆、有毒的蒸气。

2. 易燃性

液体本身并不能燃烧，但其挥发的蒸气与空气的混合物一旦接触火种就易于着火燃烧。绝大部分液体的燃烧形式都是蒸发燃烧，由于易燃液体的沸点都较低，略高于常温，如乙醚（34.5℃）、二硫化碳（46℃）、丙酮（56.1℃），在常温下就易挥发，在液面上形成较高的蒸气压，液面附近的蒸气浓度很高，易于形成可燃性气体，且易燃液体闪点低、点燃所需的能量又极小，一般只需要 0.2mJ，因此，易燃液体具有高度的易燃性。

3. 蒸气的易爆性

易燃液体一般在常温下就能源源不断地挥发，液面附近蒸气浓度都很大，一旦从容器中泄漏出来，和空气混合达到一定的浓度，遇明火会发生爆炸。易燃液体的爆炸性也用爆炸范围（极限）来表示。易燃液体一般爆炸下限比较低，且爆炸范围比较宽。一些常见易燃液体的爆炸极限见表 1-12。

可燃气体或易燃液体的蒸气与空气的混合物，遇火花能引起爆炸的浓度范围称为爆炸极限，一般用该蒸气在混合物中体积的百分比来表示。能引起燃烧爆炸的最低浓度，称为爆炸下限；能引起燃烧爆炸的最高浓度，称为爆炸上限。

表 1-12 常见易燃液体的基本参数

品名	最低含氧量/%	最低空气含量/%	爆炸极限/%	不燃不爆区域/%	燃烧区域/%
汽油	14.4	68.8	1.2~7.2	0~1.2，31.2 以上	7.2~31.2
乙醇	15.0	71.7	3.3~18	0~3.3，28.3 以上	18~28.3
丙酮	13.0	62.1	2.6~12.8	0~2.6，37.9 以上	12.8~37.9
乙醚	12.0	57.3	1.85~36.5	0~1.85，42.7 以上	36.5~42.7

4. 具有较大的蒸气压

敞开的液体物质总是或快或慢地蒸发着，直到全部变成蒸气。如果把液体在一定温度下放在一个留有空间的密闭容器中，液体的蒸发不能无限地进行下去。当液体分子由液相进入气相的数量与由气相返回液相的数量一致时，达到了动态平衡，使液体上方的空间充满蒸气。如果温度不发生变化，这一平衡将一直维持下去。像这样在密闭容器中，一定的温度下处于平衡状态时液体蒸气所具有的压力叫作饱和蒸气压（简称蒸气压）。

易燃液体都是蒸气压较高的液体，而且随温度的升高急剧变高，因而储存于密闭容器中时，受热后很容易造成容器的胀裂，甚至发生物理爆炸。铁桶装的易燃液体在夏季受热后，出现的"胖桶"现象，主要就是因为蒸气压增大而造成的。所以对于易燃液体应禁止受热，远离热源、火源，夏季还要做好降温工作。

5. 热胀冷缩性

许多物质都有热胀冷缩的物理特性。易燃液体的受热膨胀系数都比较大,其受热膨胀性相当突出,再加上受热后蒸气压提高,其增值很大。因此,装满易燃液体的容器,往往会因受热造成容器胀裂,液体外溢或爆炸。

因此,凡是液体货物,不论用什么形式的包装容器,在充装时,在包装容器内必须留有一定的空余空间,以适应温度变化所造成的货物体积的膨胀。这个空余空间,就叫包装的膨胀余位。膨胀余位一般以体积的百分比计算。

液体物质的膨胀体积可以用下列公式计算,即

$$\Delta V = V_1 \times (T_2 - T_1) \times \beta \quad 或 \quad V_2 = V_1 + V_1(T_2 - T_1) \times \beta$$

式中　T_1——灌装时的温度;

　　　T_2——运输途中可能遇到的最高温度;

　　　V_1——T_1 时的体积;

　　　V_2——T_2 时的体积;

　　　β——膨胀系数;

　　　ΔV——膨胀体积。

膨胀余位　　　　　　　　$\alpha = \Delta V / V_1 = (T_2 - T_1) \times \beta$

《国际危规》规定,向包装充灌液体时,在 55℃时,不应将液体灌满包装。我国规定一般液体的膨胀余位应为 5%,对个别膨胀系数大的液体,或个别温差大的运程,要充分估计液体的膨胀体积,留足膨胀余位。

6. 高度流动性

易燃液体大都是黏度较小的液体,一旦溢漏,它们极易流动到低处。此外,液体物质能形成与重力方向垂直的水平面,当容器破损时,会迅速扩散。而且由于渗透、毛细管引力、浸润等作用而扩大其表面积,使蒸发速度加快,空气中的蒸气浓度很快提高,并向四周扩散,遇明火等即引起燃烧或爆炸。

7. 遇强酸及氧化剂等发生燃烧

易燃液体遇强酸及氧化剂等能发生剧烈反应而引起燃烧。如酒精遇到氧化剂铬酸会引起燃烧,又如松节油遇到发烟硝酸也会剧烈反应而燃烧。

8. 毒性

大多数易燃液体及其蒸气都有不同程度的毒性或麻醉性。液体可以通过不同途径,如吸入蒸气、皮肤接触或口摄入等方式使人中毒,产生致毒效应。有的毒性很大,如苯、二甲苯、二硫化碳等吸入较多会引起急性中毒,出现头痛、眩晕、麻醉、昏迷、休克等急性症状。如长时间吸入乙醚蒸气会引起麻醉,深度麻醉会引起死亡。因此,装载易燃液体的库房、货舱应经常保持良好的通风,开舱卸货前应先通风,以控制蒸气浓度。

9. 易积聚静电

大部分易燃液体的绝缘性能都很高,不管脂肪烃还是芳香烃,都具有 $10^{13}\Omega \cdot cm$ 左右

的非常高的电阻率，一般电阻率大于 $10^{12}\Omega\cdot cm$ 的液体能呈现带电现象，当它所处的电位发生急剧的变化时，即产生放电。由于易燃液体的着火能量又极小，所以在易燃液体的装卸、运输过程中易积聚静电，往往容易被静电火花点燃，引起可燃性蒸气混合物的燃烧爆炸。

10. 比重小

液体物质的比重是相对于水测定的，水的比重为1，比重比水小且不混溶于水的液体物质，就会浮于水上。大部分易燃液体的比重都小于1且不混溶于水。当这类物质发生火灾时，用水去灭火是无效的，不但起不到覆盖、降温作用，当液体不只限于某一容器时，还会由于水的流动性，而使火灾蔓延。但对于能溶于水的易燃液体如乙醇等则可以用大量的水灭火。比水重的二硫化碳也可用水灭火。

11. 蒸气相对密度较大

许多易燃液体的蒸气较空气为重，当它们从容器中挥发出来后，其蒸气不是向高空扩散，而往往是向低处扩散。因此，在存放和积载易燃液体的库房和货舱的较低处就可能有易燃液体蒸气聚集，容易产生一些潜在的危险。

1.5.4 常运的易燃液体

1. 乙醇(CH_3CH_2OH)

纯乙醇沸点为79℃，相对密度为0.79(20℃)，蒸气密度为1.59，闪点为13℃，爆炸极限为3.3%~19%。乙醇无限溶于水，随着水的含量不同，参数也有变化。30%的酒精水溶液，闪点为35.5℃。

白酒的酒精含量为50%~60%，闪点在22.5~25.5℃。为防止被盗，工业用酒精往往掺入有毒有异味物质，如甲醇、吡啶、樟脑或樟脑油等。这样，乙醇就有很多别称，例如：酒精、火酒、无水酒精、绝对酒精、药用酒精、食用酒精、乙醇水溶液、含水酒精、变性乙醇、变性酒精、改性酒精、工业用酒精、甲基化酒精等。所以，在签订运输合同时，托运单上的危险货物名称，一定要按《危险货物品名表》列名的运输专用名称填写。

2. 汽油

汽油系轻质石油产品中的一大类，主要成分是碳原子数为7~12的烃类混合物，是一种无色至淡黄色的易流动的油状液体。闪点在－45~－23℃，挥发性极强，不溶于水，相对密度小于1。作溶剂用的汽油没有添加其他物质，故毒性较小；作燃料用的汽油因加入四乙基铅等作抗爆剂，而大大增加了毒性。

3. 乙醚

俗称二乙醚，为无色透明液体。它极易挥发，有相当令人舒适的醚香味，蒸气浓度大时，能使人失去知觉甚至死亡。医药上用作麻醉剂。乙醚比水轻，相对密度为0.7135，沸点为34.5℃。因此，夏季在室温下就会出现沸腾现象。乙醚难溶于水，闪点为－40℃，极易着火，其蒸气与空气的混合物遇火星即爆炸，爆炸极限为1.85%~36.5%。

乙醚经过长期储存后，能自动氧化为过氧化物。这种过氧化物在受热或撞击时易于爆炸，特别是在日光照射的情况下，会加速这个过氧化物的生成。所以对乙醚必须尽可能储存于通风、阴凉、不被日光照射的场所。

乙醚的蒸气压随温度升高而增大，稍受热则会发生容器爆炸事故。所以，钢桶装运乙醚且气温超过28℃时，应以冷藏运输为宜。即使在冬季运输时，也应注意避免高温和明火。

乙醚极易挥发，其蒸气比空气重2.5倍，所以当泄漏时，其蒸气会贴近地面或聚积于低洼处，不易扩散开去，这在通风不良的情况下很容易造成事故。因此，存放乙醚的仓库，操作人员严禁穿着带有铁钉的工作鞋或易积聚静电的化纤工作服进入库内，以防产生火花。

4. 液态退敏的爆炸品

第1类中的某些物品是溶液或混合物，如下面几种：

(1) UN0144.CN 11034 硝化甘油乙醇溶液(含硝化甘油1%～10%)。

(2) UN0340.CN 11032 硝化纤维素(干的或含水(或乙醇)<25%)。

(3) UN0342.CN 13014 硝化纤维素(含乙醇≥25%)。

改变其比例，减少了爆炸性的溶质即增加非爆炸性的溶剂，抑制了爆炸性，就是液态退敏的爆炸品，列入第3类危险货物，如下面几种物质：

(1) UN1204.CN 32062 硝化甘油乙醇溶液(含硝化甘油≤5%)。

(2) UN2059.CN 32190 硝化纤维素溶液(含氮量≤12.6%，含硝化纤维素≤55%)。

在运输这些物品时，所有的单证文书的货物品名都应有《危险货物品名表》规定的比例。在运输过程中如果溶剂泄漏或挥发，即增加了其爆炸性溶质的含量，提高了其敏感性而成为爆炸品。

1.6 第4类——易燃固体、易自燃物质和遇水放出易燃气体的物质

物质燃烧必须具备3个条件，包括：可以煅烧的物质、助燃剂、火源，着火必须同时具备这3个条件。由于满足条件的途径不同，可以把本类物品分成3个分类：

4.1类 需明火点燃的固体物品，称易燃固体。

4.2类 不需外来明火点燃，也不需外部热源，而会自行发热燃烧的，称易自燃物质。

4.3类 遇水受潮以后分解放出易燃气体的，称遇水放出易燃气体的物质。

1.6.1 易燃固体

1. 易燃固体的定义

本类物质是在运输所经受条件下，易于燃烧或易于通过摩擦可能起火的固体；易于发生强烈热反应的自反应物质(固体或液体)；如没有充分稀释的情况下有可能爆炸的退敏爆炸品。

它包括易燃固体、自反应物质和固体退敏爆炸品。

易燃固体见表1-13。

表 1-13 易燃固体

危险性标签	名称/项别/代码	危险性描述	应急措施
	Division 4.1 RFS	任何易燃，或摩擦后容易引起燃烧的固体物质	按爆炸品处理，任何情况不可使用水灭火

1) 易燃固体

易燃固体是指易于燃烧和经摩擦可能起火的纤维状、粉末状、颗粒状或糊状的物质。这些物质与燃烧的火柴等火源短暂接触时易于点燃且火焰蔓延迅速。此外，本类的大部分物质（如赛璐珞）加热或卷入火灾会散发出有毒的气体产物。金属粉末尤其危险，一旦起火难以扑救，而且用二氧化碳或水会增加其危险。

2) 自反应物质

本类物质对热不稳定，即使没有氧气（空气）的参与也易产生强烈的放热分解，如有机叠氮化合物、重氮盐和芳族硫代酰肼等。自反应物质的分解可因加热、与催化性的杂质（酸、碱或重金属化合物）接触、摩擦或碰撞而发生。分解温度因物质而不同；分解速度随温度的升高而升高。物质的分解（尤其是在没着火的情况下）可能产生有毒气体或蒸气；还有些自反应物质在限定条件下有爆炸分解的特性。为此，此类物质应在控制温度下，加入退敏物质或用适当的包装运输。

根据其危险程度，自反应物质分为 A、B、C、D、E、F、G 共 7 种类型，对于 A 型自反应物质，即使包装通过了检验，也不允许在此类包装中运输；对于 G 类，则不作为自反应物质；对于 B~F 类自反应物质的划定与允许单位包件的最大重量有关。

(1) A 型：定为 A 型的自反应物质是在包装运输中能爆轰或迅速燃爆的物质，禁止以此种包装运输。

(2) B 型：定为 B 型的自反应物质是具有爆炸性，但在运输包装中既不爆轰也不迅速燃爆，只可能发生热爆炸的物质。单位包件内自反应物质的净重为 25kg 或以下。

(3) C 型：定为 C 型的自反应物质是具有爆炸性，但在运输包装中不爆轰、不迅速燃爆也不发生热爆炸。单位包件内自反应物质的净重最大为 50kg。

(4) D 型：定为 D 型的自反应物质是下述其一的物质：

① 部分引起爆炸，不迅速爆燃，在封闭条件下加热不会呈现任何强烈效应。

② 不会爆炸，只缓慢爆燃且在封闭条件下加热不呈现任何强烈效应。

③ 不会爆炸或爆燃，在封闭条件下加热呈现中等强度的效应。

在该包件内自反应物质的净重最大为 50kg。

(5) E 型：定为 E 型自反应物质的是既不爆炸也不会燃爆，在封闭条件下呈现低度或不呈现任何效应的物质。该包件内自反应物质的净重最大为 400kg/450L。

(6) F 型：定为 F 型自反应物质的是既不会在空化状态下爆炸也不会燃爆，在封闭条件下加热呈现微弱效应或不呈现效应，且爆炸性微弱或没有爆炸能力，可以采用中型散装容器运输。

(7) G型：定为G型自反应物质的是既不产生空化状态下的爆炸也不爆燃，在封闭条件下加热时不产生任何效应、无任何爆炸性，如果其是热稳定的（在50kg包件的自加速分解温度为60～75℃），不划为4.1类自反应物质；但如果不是热稳定的，或使用的稀释剂沸点在150℃以下，该物质定为F型自反应物质。

3) 固体退敏爆炸品

固体退敏爆炸品是指被水或酒精浸湿或被其他物质稀释后，形成均一的固体混合物来抑制其爆炸性的爆炸物质。

2. 常运易燃固体

(1) 赤磷（又名红磷）及磷的硫化物。赤磷与黄磷是磷的同素异形体，但两者性质相差极大。赤磷为紫红色无定型正方板状结晶或粉末，无毒、无味；相对密度为2.2，熔点为590℃（43个标准大气压），在416℃升华；不溶于水、二硫化碳和有机溶剂，略溶于无水酒精；着火点比黄磷高得多，易燃但不易自燃，燃点为200℃，自燃点为240℃。赤磷与氧化剂接触会爆炸。磷与硫能生成多种化合物（如P_4S_3、P_2S_5），都是易燃固体，所有这些磷化物都不太稳定，在遇水或受热时易分解，甚至发生燃烧。

(2) 硫黄。硫黄又称硫磺，是硫元素构成的单质，黄色晶体，性脆，很容易研成粉末。相对密度为2.07，熔点为114.5℃，自燃点约为250℃。在113～114.5℃时熔化为明亮的液体。继续加热到160～170℃时变稠变黑，形成新的无定型变体。继续加热到250℃时，又变成液体。加热到444.5℃时，硫开始沸腾，并产生橙黄色薰气。硫在空气中燃烧成SO_2。硫黄往往是散装运输。由于性脆，颗粒小，易粉碎成粉末散在空气中，有发生粉尘爆炸的危险。每升空气中含硫的粉尘达7mg以上遇到火源就会爆炸。这里，硫作为还原剂，被氧化。所以硫是易燃物品。

但是，硫对金属如铁、锌、铜等又有较强的氧化性。几乎所有金属都能与硫起氧化反应。反应开始需要加热，但一旦开始反应便产生氧化热，此时不需要外部热源，也能使反应加速进行，有起火和爆炸的危险。

硫与氧化剂如硝酸钾、氯酸钠混合，就形成爆炸性物质，敏感度很强。我国民间生产的爆竹、烟花等，以硫黄、氯酸钾以及炭粉等为主要原料。

1.6.2 易自燃物质

典型案例

危险货物自燃引起爆炸

"华顶山"集装箱船舶在厦门港，刚出港船舶发生冒烟，后发生爆炸，船舶沉没。

事故原因：有3个集装箱装有保险粉（连二亚硫酸钠）UN 1384，第4.2类，在空气中易于发热、自燃，并放出二氧化硫气体，受热190℃以上可发生爆炸。

1. 易自燃物质的定义

本类物质是在运输中遇到的正常条件下易于自发升温或易于遇空气升温，然后易于起火的液体或固体物质。

该类包括引火性物质和自热物质。

易自燃物质见表1-14。

表1-14 易自燃物质

危险性标签	名称/项别/代码	危险性描述	应急措施
![标签]	4.2 RSC	易于自发放热或与空气接触后升温而起火	按爆炸品处理,任何情况不可使用水灭火

例如:磷,如图1.14所示;镁,如图1.15所示。

图1.14 磷

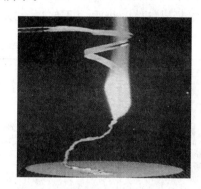
图1.15 镁

1) 引火性物质

引火性物质是指即使数量很少,与空气接触后5min内即可着火的物质(包括液体或固体混合物和溶液)。

2) 自热物质

自热物质是指除引火物质外,在不提供能量的情况下与空气接触易于自行发热的物质,这些物质只有当数量大(若干千克)、时间长(若干小时、若干天)的情况下才会着火。物质自热导致自燃,是由于物质与空气中氧的反应所产生的热量不能迅速充分地传导到周围环境中所引起的。当产热的速率超过散热的速率并且达到自燃温度时,物质就会自燃。

2. 常运易自燃物品

(1) 黄磷,又称白磷。黄磷是白色或淡黄色蜡状固体。相对密度为1.828,自燃点为30℃,熔点为44.1℃。黄磷性质极活泼,暴露在空气中即被氧化,加之自燃点低,因此只1~2min即自燃。所以,黄磷必须浸没在水中,如包装破损,水渗漏,黄磷露出水面,就会自燃。

(2) 油浸的麻、棉、纸等及其制品。纸、布、油脂都是可燃物,但在通常情况下不作为易燃品,更不会自燃。它们在空气中也会氧化,如纸发黄,油结成一层硬膜等。但过程慢,不聚热,不会自燃。然而,当把纸、布等经浸油处理后,油脂与空气的接触面积增加了无数倍,氧化放出的热量就增大,纸、布又有很好的保温作用,使生成的热量难于逸散。时间一长,热量积聚,温度不断升高,达到自燃点就会自燃。所以要用花格透笼箱包装这些物品,并保持良好的通风散热条件。同时，这些制品要充分干燥，才能装箱储运。因为油脂干后会形成树脂状的固体膜，固体膜不仅不被氧化，还能起到隔绝空气的作用，并使油纸、油布间的空隙加大，易于散热。在运输过程中，只要注意通风，一般不会自燃。因此，装运储存这些物品要慎防淋雨受潮。

1.6.3 遇水放出易燃气体的物质

1. 遇水放出易燃气体物质的定义

本类物质是指与水反应易自发地成为易燃物质或放出达到危险数量的易燃气体的液体或固体物质。

该类物质无论是固体还是液体，与水作用易于自燃或放出危险数量的易燃气体，放出的气体与空气混合将形成爆炸性混合物，很容易被普通的火源点燃。

遇水放出易燃气体的物质，见表1-15。

表1-15 遇水放出易燃气体的物质

危险性标签	名称/项别、代码	危险性描述	应急措施
	4.3 RFW	该物质与水接触后会放出可燃气体，自发燃烧	按爆炸品处理，任何情况不可使用水灭火

如：$2Na+2H_2O=2NaOH+H_2\uparrow+$热量

遇水放出易燃气体的物质主要有活泼金属及其合金类、金属氢化物类、硼氢类、碳的金属化合物和其他物质。

2. 常运遇水易燃物品

（1）钠、钾等碱金属。钠、钾都是银白色柔软轻金属。Na的相对密度是0.971，常温时为蜡状，熔点是97.5℃。K的相对密度是0.862，熔点是63℃。碱金属是化学性质最活泼的金属元素，暴露在空气中会与氧作用生成氧化二钠。

$$4Na+O_2=2Na_2O$$

它也会吸收空气中的水分，发生反应，置换出氢气。如放在水中，反应进行得迅速而剧烈，反应热会使放出的氢气爆炸，引起金属飞溅。

$$2K+2H_2O=2KOH+H_2\uparrow$$

二氧化碳不能作为碱金属火灾的灭火剂，因为二氧化碳能与金属钠、金属钾起反应。

$$4Na+CO_2=2Na_2O+C$$

干砂（SiO_2）也不能用于扑救碱金属的火灾。

由于这些金属不与煤油、石蜡反应，所以把钠、钾等浸没在这些矿物油中储存，使它们与空气中的氧和水蒸汽隔离。应当注意，用于存放活泼金属的矿物油必须经过除水处理。这些物品的包装如损漏，非常危险。

(2) 电石（CaC_2），学名碳化钙，灰色的不规则的块状物。电石相对密度为2.22。电石有强烈的吸湿性，能从空气中吸收水分而发生反应，放出乙炔（电石气），与水相遇反应更剧烈，放出的大量热量能很快达到乙炔的自燃点而起火燃烧，甚至爆炸。

$$CaC_2+2H_2O=Ca(OH)_2+C_2H_2\uparrow$$

1.6.4 第4类危险货物的特性

1. 燃烧性

易燃固体的燃点都很低，在遇空气（或氧化剂）、遇火、受热、摩擦或与酸类接触等都能引起剧烈的燃烧甚至爆炸。易自燃物质的自燃点较低，并易于被氧化分解，尤其是受潮、受热后放出热量，这些热量又加剧氧化反应，产生热量越来越多很容易达到自燃点引起自燃。遇水放出易燃气体的物质化学特性极其活泼，遇水（湿）、酸、氧化剂等能发生剧烈的化学反应，放出易燃性气体，并产生一定的热量，当产生的热量达到其自燃点时或遇到明火，立即引起燃烧甚至爆炸。

2. 爆炸性

本类物质的爆炸主要有以下几种情况：

（1）易燃固体中有许多物质都是粉末状的，飞散到空气中在一定条件下会引起粉尘爆炸。粉尘爆炸是指易燃或可燃性固体粉末均匀地分散在空气中，当它达到一定的浓度范围时，遇明火引起燃烧而产生爆炸。它是粉尘粒子燃烧的急剧传播，在瞬间完成整个燃烧过程的现象。

（2）有些物质与氧化剂混合会形成爆炸性混合物。

（3）因物质燃烧产生大量气体，使体积迅速膨胀引起爆炸。

（4）固体退敏爆炸品，当其浸湿液体低于规定含量或处于干燥状态时即为爆炸性物质，具有强烈的爆炸性。

（5）遇水放出易燃气体的物质，如放出的易燃气体与空气混合浓度达到爆炸极限，遇明火即引起混合气体的爆炸。

（6）遇湿放出易燃气体的物质，如与包装内残留的空气中的水汽反应生成气体，此气体如不能及时排泄，压力增大会发生爆炸。

3. 毒性和腐蚀性

本类中的一些物质本身有毒，如黄磷；还有一些物质在燃烧时会产生大量的有毒或腐蚀性气体，特别是硝基和氨基化合物燃烧时能产生毒性较大的氮氧化物，硫黄和含硫化合物燃烧时产生腐蚀性的硫氧化物；还有一些遇水放出易燃气体的物质有较强的吸水性，和水反应后生成强碱或有毒气体，使人的皮肤干裂、腐蚀，引起中毒。

1.7 第5类——氧化物质和有机过氧化物

本类所涉及的物质因在运输过程中会放出氧气并产生大量的热，从而引起其他物质燃烧。它分为以下两小类。

(1) 第5.1类　氧化物质。

(2) 第5.2类　有机过氧化物。

1.7.1　氧化物质

该类物质本身未必可燃，但通常因放出氧气能引起或促使其他物质燃烧，这些物质可能包含在一个物品中。

一般而言，氧化物质分子组成中含有高价态的原子或过氧基。高价态的原子具有极强的得电子能力，如 N^{+5}、N^{+3}、Mn^{+7}、Cr^{+6}、$X^{+1} \sim X^{+7}$；过氧基（—O—O—）能放出游离态的氧原子。

氧化物质，见表 1-16。

表 1-16　氧化物质

危险性标签	名称/项别/代码	危险性描述	应急措施
（Oxidizer 5.1）	5.1 ROX	极易放出氧，对其他材料起助燃作用	按爆炸品处理，任何情况不可使用水灭火

例如：高锰酸钾，如图 1.16 所示；漂白剂化学氧气发生器，如图 1.17 所示。

图 1.16　高锰酸钾　　　　　图 1.17　漂白剂化学氧气发生器

1.7.2　有机过氧化物

1. 有机过氧化物的定义

该类物质属于有机物，在分子结构上含有两价的—O—O—，所以极不稳定。除部分物质外，凡含有—O—O—的有机过氧化物都应划归为本类。

2. 有机过氧化物的分类

有机过氧化物分为 A~G 共 7 种类型，任何有机过氧化物经包装运输时，能引起爆轰或迅速燃爆，这种为 A 型，应禁止以那种包装形式按 5.2 类运输。能以 5.2 类运输的有机过氧化物分成 B、C、D、E、F 型，G 型可免除作为 5.2 类。不同的类型危险性不同，限定的包装净重不同，通过包装来达到降低危险的目的，副标志要求和稀释剂要求也有不同。

有机过氧化物，见表 1-17。

表 1-17 有机过氧化物

危险性标签	名称/项别/代码	危险性描述	应急措施
	5.2 ROP	极易被外部火焰点燃并加速燃烧的有机物质，可与其他物质发生危险反应，易爆炸，损伤眼睛	按爆炸品处理，任何情况不可使用水灭火

1.7.3 氧化物质和有机过氧化物的特性

（1）第 5.1 类氧化性物质本身未必可燃，但在遇酸、受热、受潮或接触有机物、还原剂会放出原子氧和热量，引起燃烧或形成爆炸性混合物的危险。其具体特点如下：

① 分子组成中含有高价态的原子或过氧基，具有极强的得电子能力，显示出强氧化性。无机化合物中含有 N^{+5}、N^{+3}、Mn^{+7}、$X^{+1} \sim X^{+7}$、Cr^{+6} 及 —O—O— 等结构的物质均为氧化剂。

② 热稳定性差，易于受热分解，放出氧气，促使易燃物质燃烧。

③ 化学性质活泼，能和其他物质发生缓慢的氧化反应，并因释放热量的聚积引起这些物质的自燃。

④ 大多数氧化剂和液体酸类接触发生剧烈反应，散发有毒气体，某些氧化剂遇火散发有毒气体。

⑤ 某些氧化剂具有毒性或腐蚀性，或对海洋环境有害。

⑥ 氧化物质若混有杂质，会增加对摩擦、撞击和温度的敏感性。

⑦ 某些氧化剂遇水会发生分解，特别是活泼金属的过氧化物，遇水分解放出氧气。

（2）大多数有机过氧化物本身是易燃的，表现出强烈的氧化性能，极不稳定，易分解，无论是固态、液态都可同其他物质发生危险反应，燃烧迅速，并对碰撞、摩擦敏感，危险性极强。主要特点有以下几点：

① 由于含有过氧基（—O—O—）极不稳定，受到震动、冲击、摩擦或热就能引发分解。

② 对杂质很敏感，特别是与酸类、重金属氧化物、胺类等接触即会引起剧烈的分解。

③ 过氧基断裂所需能量不大，使得其分解温度很低，有的甚至在常温下即能分解，所以许多有机过氧化物运输时需要控制温度；有些会发生爆炸性分解，特别是在封闭情况下，可通过加入稀释剂来抑制。

④ 许多有机过氧化物如与眼睛接触，即使是短暂的，也会对角膜造成严重的伤害；有的对皮肤也有腐蚀性；有的具有很强的毒性。

（3）有机过氧化物的温度。自加速分解温度（Self-accelerating Decomposition Temperature，SADT）是指用于运输包件中的自反应物质或有机过氧化物可能发生自加速分解的最低温度。控制温度是指有机过氧化物可以安全运输的最高温度。应急温度是指万一失去温度控制时，必须实施应急措施，应实施应急措施时的最高温度。

控制和应急温度的推算，见表1-18。

表1-18 控制和应急温度的推算

容器类型	SADT	控制温度	应急温度
单一包件和中型散装容器	≤20℃	比SADT低20℃	比SADT低10℃
	20~35℃	比SADT低15℃	比SADT低10℃
	>35℃	比SADT低10℃	比SADT低5℃
可移动罐柜	<50℃	比SADT低10℃	比SADT低5℃

为了使有机过氧化物能够安全运输，应对有机过氧化物进行温度控制。

① B和C型有机过氧化物，自加速分解温度≤50℃。

② D型有机过氧化物，在封闭条件下加热呈现出中等效应，自加速分解温度≤50℃，或在封闭条件下加热呈现微弱效应或没有任何效应，自加速分解温度≤45℃。

③ E型和F型有机过氧化物，自加速分解温度≤45℃。

(4) 有机过氧化物的退敏。为了保证运输安全，有机过氧化物在许多情况下可以用有机液体或固体、无机固体或水来退敏。退敏所使用的抑制剂数量（或浓度）应达到的效果是，万一泄漏或卷入火灾，有机过氧化物不会浓缩到危险程度。退敏剂或稀释剂的含量用质量百分数来表示。

① 常用的稀释剂有A型、B型和其他的稀释剂。A型稀释剂是与有机过氧化物相容的有机液体，其沸点不低于150℃。该稀释剂可对所有的有机过氧化物退敏。B型稀释剂也是与有机过氧化物相容的有机液体，其沸点在60~150℃，闪点不低于5℃。该稀释剂只用于需要控制温度的有机过氧化物的退敏，液体的沸点至少应比有机过氧化物的控制温度高50℃，A型稀释剂可代替B型稀释剂。

② 其他稀释剂。如惰性的固体和水，必须与有机过氧化物相容，并且不会影响其热稳定性和分类。水只可用来对有机过氧化物一览表中列明的或批准声明中列明是含水或水中稳定分散体的有机过氧化物进行退敏。

1.7.4 常运的氧化物质和有机过氧化物

(1) 硝酸钾(KNO_3)。又称钾硝石、火硝。无色透明晶体或粉末。相对密度为2.109，溶于水。遇热分解放出氧。

$$2KNO_3 = 2KNO_2 + O_2 \uparrow$$

当KNO_3与易燃物质混合后，受热甚至轻微的摩擦冲击都会迅速地燃烧或爆炸。黑火药就是根据这个原理配制的。

硝酸钾遇硫酸会发生反应，生成硝酸。

$$2KNO_3 + H_2SO_4 = K_2SO_4 + 2HNO_3$$

所以硝酸盐类不能与硫酸配载。

(2) 氯酸钾($KClO_3$)。白色晶体或粉末。味咸、有毒，相对密度2.32。在400℃时能分解放出氧。

$$2KClO_3 = 2KCl + 3O_2 \uparrow$$

因包装破损,氯酸钾撒漏在地后被践踏发生火灾的事故时有发生。

氯酸钾与硫、碳、磷或有机物(如糖、面粉)等混合后,经摩擦、撞击即爆炸。热敏感度和撞击感度都比黑火药灵敏得多。

$$2KClO_3 + 3S = 2KCl + 3SO_2 \uparrow$$

1.8 第6类——有毒和感染性物质

第6类可分为以下两小类。

(1) 第6.1类 有毒的物质。

(2) 第6.2类 感染性物质。

1.8.1 有毒的物质

1. 有毒物质的定义

有毒物质是指如吞咽、吸入或皮肤接触易于造成死亡、严重伤害或损害人体健康的物质。

有毒的物质,见表1-19。

表1-19 有毒的物质

危险性标签	名称/项别/代码	危险性描述	应急措施
	6.1 RPB	固体或液体物质,当口服、吸入或皮肤接触时对人体产生危害	保持25m安全距离,请求专业部门协助,不要接触

有毒物质的确认指标和包装类的分类,见表1-20。

表1-20 有毒物质的确认指标和包装类的分类

包装类		吞咽毒性 LD_{50}/(mg/kg)	皮肤接触毒性 LD_{50}/(mg/kg)	粉尘、烟雾吸入毒性 LC_{50}/(mg/L)
Ⅰ		(0, 5]	(0, 40]	(0, 0.5]
Ⅱ		(5, 50]	(40, 200]	(0.5, 2]
Ⅲ	固体	(50, 200]	(200, 1000]	(2, 10]
	液体	(50, 500]	(200, 1000]	(2, 10]

2. 衡量毒性大小的指标

(1) 半数致死剂量(LD_{50})指使试验动物一次染毒后,在14天内有半数试验动物死亡所施用的毒物剂量。单位用mg/kg表示。

(2) 半数致死浓度(LC_{50})指使试验动物一次染毒后(连续吸入1h),在14天内有半数试验动物死亡所施用的蒸气、烟雾或粉尘的浓度。单位用 mg/L 或 mL/L 表示。

(3) 最高容许浓度(MAC)指工作场所空气中有害物质规定的最高浓度限值。单位用 mg/m^3 或 mL/L 表示。

(4) 阈限值(TLV)指一个健康成人一整天内反复经受毒物浓度的上限。单位用 mg/m^3 表示。MAC 和 TLV 都表示人员在这一浓度下长期劳动也不至于引起急性或慢性中毒。这一浓度值是经代表性的多次采样测定得出的。

3. 毒性量度的指标含义

(1) 急性经口吞咽毒性 LD_{50}:系指在14天内,使雄性和雌性刚成熟的天竺鼠半数死亡所施用的物质剂量。其结果以 mg/kg 表示。

(2) 急性皮肤接触毒性 LD_{50}:系指在白兔裸露皮肤上连续接触24h,在14天内使受试验生物半数死亡所施用的物质剂量。其结果以 mg/kg 表示。

(3) 急性吸入毒性 LC_{50}:系指使雄性和雌性刚成熟的天竺鼠连续吸入1h,在14天内使试验生物死亡半数所施用的蒸气、烟雾或粉尘的浓度。其结果,粉尘和烟雾以 mg/L 表示;蒸气用 mL/L 表示。

1.8.2 感染性物质

1. 感染性物质的定义

本类物质具体包括感染性物质、生物制品、培养物(实验室原培养物)、基因重组的生物和微生物和医疗或临床废弃物。

感染性物质,见表 1-21。

表 1-21 感染性物质

危险性标签	名称/项别/代码	危险性描述	应急措施
	6.2 RIS	带有某些病原体能使人和动物染上疾病的物质	保持 25m 安全距离,请求专业部门协助,不要接触

(1) 感染性物质是指那些已知或有理由认为含有病原体的物质。病原体是指会使动物或人感染疾病的微生物(包括细菌、病毒、立克次氏体、寄生虫、真菌)和其他媒介,如病毒蛋白。

(2) 生物制品是从活生物体取得的,根据可能有特别许可证发放要求的国家政府当局的要求制造或发放的,并用于预防、治疗或诊断人或动物的疾病,或用于与此类活动有关的开发、试验或调查目的的产品。包括但不限于诸如疫苗和诊断制品等成品或半成品。

(3) 培养物(实验室原培养物)是为了提高病原体浓度而将其扩大成繁殖过程的产物,这样能提高接触该病原体的感染的危险性。本定义指的是为故意产生病原体而准备的培养物,并不包括用于诊断和临床的培养物。

(4) 基因重组的生物和微生物指的是这样一些微生物和生物,其遗传物质不是靠自然改变，而是通过遗传工程，有目的地进行了改变。

（5）医疗或临床废弃物指的是从人类或动物的医疗中或从生物研究中产生的废料。

2．感染性物质的分类

感染性物质划分为 A 类和 B 类。

A 类：以某种形式运输的感染性物质，当接触该物质时，可造成人或动物的永久性致残、生命危险或致命疾病。

B 类：不符合 A 类标准的感染性物质。

3．感染性物质的特性

1）毒害性

少量有毒物质进入人或动物的机体后，能与体液及组织发生作用，扰乱或破坏机体的正常生理功能，引起暂时性或永久性的病理状态，甚至危及生命安全。不同的物质其毒性大小各不相同，影响毒物毒性大小的主要因素有：毒物的化学组成和结构、溶解性（水溶性还是脂溶性）、溶解度、颗粒大小、沸点高低、蒸气密度、环境温度等。有毒物质的物理形态有固体和液体，或它们挥发出来的气体、蒸气、雾、烟雾和粉尘。有毒物质进入人体的途径有以下几种：

（1）呼吸道：整个呼吸道都能吸收毒物，其中以肺泡的吸收能力最大；其吸收毒物的速度取决于空气中毒物的浓度、毒物的理化性质、毒物在水中的溶解度和肺活量等。

（2）皮肤：许多毒物能通过皮肤吸收（通过表皮屏障，通过毛囊，极少数通过汗腺）进入皮下血管中，吸收的数量与毒物的溶解性、浓度、皮肤的温度和出汗等有关。

（3）消化道：经消化道吸收的毒物先经过肝脏，转化后进入血液中。

2）遇热、酸、水等分解性

几乎所有的有毒物质遇火或受热分解散发有毒气体。有些毒物遇酸会发生剧烈反应，产生剧毒气体，如氰化钠、氰化钾等。有些毒物遇水发生分解反应，产生剧毒、腐蚀性气体，如氟化砷、磷化铝等。此外，有些毒物遇碱类、与金属接触也会产生反应放出有毒气体。

3）有机毒品可燃性

毒害品中的有机物都是可燃的，其中还有不少液体是易燃的，它们遇火、高热或与氧化剂接触会燃烧甚至爆炸，并放出有毒气体，加大危害性。如氯甲酸甲酯，闪点为5℃；氯甲苯，闪点为52℃。

4）污染性

大部分有毒物质具有污染性。

5）腐蚀性

有不少毒害品对人体和金属有较强的腐蚀性，强烈刺激皮肤和黏膜，甚至发生溃疡加速毒物经皮肤的入侵。如苄基溴、苄基氰、溴化氰、氯甲酸乙酯等毒物都具有较强的腐蚀性。

6）感染性

第6.2类物质具有对人或动物发生感染性疾病的危害性。

1.8.3　常运的有毒和感染性物质

1．苯胺($C_6H_5NH_2$)

苯胺别名氨基苯或阿尼林。无色透明油状液体，室温下强烈挥发，有特殊气味，凝固

点为 $-6.2℃$，蒸气密度为 3.2。因极易挥发，往往包装的外表被污染；又因易溶于有机溶剂，所以很容易经皮肤和呼吸道吸收。同时，它有很强的污染性，不溶于水，经冲洗不易彻底清除。故苯胺中毒的事故时有发生，所幸毒性不大，大鼠口服 LD_{50} 是 442mg/kg，TLV 为 $5mg/m^3$。

苯胺中毒的早期症状为口唇、鼻尖、耳廓等呈蓝紫色，严重的会出现头痛、昏睡、呼吸困难、神志丧失。不迅速治疗会导致死亡或留下严重后遗症。上海某运输公司在装运苯胺时，其中一名装卸工因天热，途中坐在苯胺桶上，遭到苯胺蒸气的侵害，当天任务完成后，顿觉不适，嘴唇发现黑紫色，公司医务人员当即将其送往医院治疗，在治疗过程中，全身换了 3 次新鲜血液。虽然因抢救及时，保住了生命，但装卸工还是得了痴呆症。

2. 砷及其化合物

砷的俗名为砒，为元素砷（As）的单质。通常为灰色的金属状的晶体，还有黄及黑的两种同素异形体。灰色的金属特性较突出，但性脆。相对密度为 5.7，不溶于水。在空气中表面会很快被氧化而失去光泽。纯的未被氧化的砷是无毒的，口服后几乎不被吸收就排出体外。但因为砷易氧化，表面几乎都生成了剧毒砷的氧化物，所以砷也列为剧毒品。砷在自然界主要是以化合物存在，如硫化砷（雄黄）化学式为 AsS，三硫化二砷（雌黄）化学式为 As_2S_3 等。

砷主要有 3 价和 5 价两种化合物。5 价的砷毒性较弱，3 价的砷毒性极强。砷的 3 价氧化物（三氧化二砷，As_2O_3）又称亚砷酐。不纯的砷俗称砒霜，或白砒，有剧毒。

砷为非金属，故其氧化物为酸性氧化物。有两种氧化物：三氧化二砷（As_2O_3）及五氧化二砷（As_2O_5）。其对应的酸为亚砷酸（H_3AsO_3）和偏亚砷酸（$HAsO_2$）及砷酸（H_3AsO_4），皆为弱酸。其对应的盐则为亚砷酸盐和偏亚砷酸盐及砷酸盐。亚砷酸钠（$NaAsO_2$）及砷酸钾（KH_2AsO_4）皆为剧毒品。其他砷化物也大都具有毒性。

1.9 第7类——放射性物质

1.9.1 放射性物质的定义

放射性物质是指所托运的货物中放射性活性浓度和总活度都超过《国际危规》所规定的活度水平数值的任何含有放射性核素的物质。

放射性物质，见表 1-22。

表 1-22 放射性物质

危险性标签	名称/项别/代码	危险性描述	应急措施
	一级放射性物质 Ⅰ—WHITE Class7 RRW	放射性物质包装件表面辐射水平低。 运输指数=0	保持 25m 安全距离，请求专业部门协助，不要接触

续表

危险性标签	名称/项别/代码	危险性描述	应急措施
RADIOACTIVE II	二级放射性物质 Ⅱ—YELLOW Class7 RRY	辐射水平高于一级放射性物质。 0＜运输指数≤1	保持25m安全距离，请求专业部门协助，不要接触
RADIOACTIVE III	三级放射性物质 Ⅲ—YELLOW Class7 RRY	辐射水平高于二级放射性物质。 1＜运输指数≤10	

1.9.2 放射性物质的分类

第7类不分小类，《国际危规》中按放射性活度限值或安全程度分为：免除(例外)包件的物质或物品、低比活度放射性物质(LSA)、表面污染体(SCO)、A型包件的物质、B(U)型包件的物质、B(M)型包件的物质、C型包件的物质、可裂变物质、低弥散物质以及特殊安排的放射性物质。

1. 免除(例外)包件的物质或物品

该类放射性物质是总量不超过《国际危规》规定限量的非裂变物质。例外包件外部表面任一点上的辐射水平不应超过 $5\mu Sv/h$。

2. 低比活度放射性物质(LSA)

它是指本身的比活度有限的放射性物质，或评估平均比活度低于有关限值的放射性物质。在确定评估平均比活度时，不考虑 LSA 的外部屏蔽材料。LSA 分为3类：LSA—Ⅰ、LSA—Ⅱ、LSA—Ⅲ。

3. 表面污染体(SCO)

它是指本身不具有放射性，但其表面分布有放射性固体物质。

4. A型、B(U)型、B(M)型、C型包件的物质

A型包件内装放射性物质的活度不应大于《国际危规》规定的数值。

B(U)型包件内装放射性物质活度(包装设计和散热所必需的积载规定)不超过由单方主管机关批准的限制，且在批准证书中给出。单方批准是指只需设计的原产国主管机关批准。

B(M)型包件内装放射性物质活度(包装设计和散热所必需的积载规定)不超过由多方主管机关批准的限制，且在批准证书中给出。多方批准是指需设计的原产国或起运国以及托运货物途径或抵达的每个国家批准。

C型包件的物质。此项规定主要针对在多式联运过程中，空运C型包件，所载运的放射性物质数量可能超过 $3000A_1$ 或 $3000A_2$(海运这样数量的放射性物质使用B(U)或B(M)型包件就可以了，不需要使用C型包件)。由于有可能在海上转运此类包件，所以做出相应的规定。

5. 可裂变物质

它是指铀－233、铀－235、钚－239、钚－241或这些放射性核素的任何组合。

6. 低弥散物质

它是指不会弥散的固体放射性物质或装有放射性物质的密封盒（小密封容器）。密封盒的制造应做到只有将该盒毁坏才能打开，否则是打不开的。

7. 特殊安排的放射性物质

它是指可以在特殊安排下进行船舶运输的放射性物质。特殊安排是指经主管机关批准并提出相应的要求，以使那些不完全符合放射性物质适用规定的托运货物可以按照这些要求进行运输。

1.9.3 放射性物质的特性

1. 放射性

1) 定义

本类物质的主要危险性是放射性。放射性是指一些物质能自发地、不断地放出穿透力很强而人的感觉器官察觉不到的射线，这种射线对人体组织会造成伤害，使人体产生急性或慢性放射性疾病的性质。

放射性物质放射出的射线通常有3种：α射线，β射线和γ射线。此外，还有一种中子流，是原子核裂变的产物，不是原子核衰变的产物。

2) 辐射的防护

内照射是因摄入放射性物质，对人体或人体某些器官组织所造成的危害，应避免这类物质进入；外照射是人体处于辐射场空间所受到的危害，应通过缩短照射时间、增大与放射源的距离以及采取屏蔽射线（对放射性物质屏蔽或接触的人员穿防护服）的方法来防护。

2. 其他特性

放射性物质除了具有放射性特性外，有些还具有爆炸性、易燃性、腐蚀性和毒性等。如金属钍粉末遇热或火焰或氧化剂发生剧烈反应，引起燃烧或爆炸；氟化铀具有强腐蚀性和毒性。

1.9.4 量度放射性的物理量及单位

（1）放射性强度（活度）：是量度放射性物质的放射性的一种物理量，以每秒钟内发生的核衰变数目来表示。常用单位：居里（Ci）；国际单位：贝克勒尔（Bq）。

（2）放射性比强度（比活度）：是单位质量或体积所具有的放射性强度。常用单位：居里/克（Ci/g）、居里/立方厘米（Ci/cm^3）；国际单位：贝克勒尔/千克（Bq/kg）。

（3）吸收剂量：是指受辐射的物质或生物体单位质量（或体积）内所吸收射线的能量。常用单位：拉德（rad）；国际单位：焦耳/千克（J/kg）—戈瑞（Gy）。

（4）剂量当量：表示人体对一切射线所吸收能量的剂量单位。常用单位：雷姆（rem）；国际单位：焦耳/千克（J/kg）—希沃特（Sv）。

(5) 剂量当量率(辐射水平)：指单位时间内所受到的剂量当量。常用单位：mrem/h；国际单位：mSv/h。

(6) 运输指数 Transport Index(TI)。

① 定义：距放射性货物包件和其他运输单元外表面，或表面放射性污染物和无包装的低比活度放射性货物表面 1m 测得的辐射水平的最大值(Sv/h)。

② 临界安全指数(CSI)：是指用于对含有裂变物质的包件、集合包件或集装箱进行控制的累加数字。每批托运货物的临界安全指数应是该批货物所有包件的临界安全指数的总和。

放射性物质的包装分类，见表 1-23。

表 1-23 放射性物质的包装分类

条件		级别
运输指数(TI)	表面任何一点的最大辐射水平/(mSv/h)	
0①	最大辐射水平≤0.005	Ⅰ级——白色标志
0＜TI≤1	0.005＜最大辐射水平≤0.5	Ⅱ级——黄色标志
1＜TI≤10	0.5＜最大辐射水平≤2	Ⅲ级——黄色标志
TI＞10②	2＜最大辐射水平≤10	Ⅳ级——黄色标志

注：① 如果所测得的运输指数不大于 0.05，其值可视为 0。
② 还应以独家使用运输。"独家使用"是指由一个发货人独自使用一个运输工具或一个大的货物集装箱，有关起始、中途和最终的装卸作业全部按发货人或收货人的要求进行。

1.10 第 8 类——腐蚀品

1.10.1 腐蚀品的定义

腐蚀品通过化学反应能严重地伤害与之接触的生物组织，或从其包件中撒漏也能导致对船舶或其他货物的损坏。

腐蚀品，见表 1-24。

表 1-24 腐蚀品

危险性标签	名称/项别/代码	危险性描述	应急措施
CORROSIVE	腐蚀性物质 Class 8 RCM	固体或液体物质，能严重损伤与之接触的生物组织或其他货物和运输工具	不要皮肤接触。一旦接触，用大量清水冲洗

1.10.2 腐蚀品的分类

《国际危规》不分小类。《水路危规》分为如下3个小项：
第8.1项 酸性腐蚀品。
第8.2项 碱性腐蚀品。
第8.3项 其他腐蚀品。
按运输中的危险程度，将第8类分成以下3类包装类。

1. 包装类Ⅰ

它是指在3min或少于3min的暴露时间后开始直到60min的观察期内，能使动物完好的皮肤组织出现坏死现象的物质。

2. 包装类Ⅱ

它是指在3min至60min以内的暴露时间后开始直到14天的观察期内，能使动物完好的皮肤组织出现坏死现象的物质。

3. 包装类Ⅲ

它是指在60min以上直到4h以内的暴露时间后开始直到14天的观察期内，能使动物完好的皮肤组织出现坏死现象的物质。

1.10.3 腐蚀品的特性

1. 腐蚀性

1) 对人体的腐蚀

固体、液体和气体3种形态的腐蚀品都能对人体引起化学烧伤，可以对皮肤或器官的表面（如眼睛）甚至人体内部器官（如食道、肺）等引起烧伤或损害。

2) 对其他物品（金属和非金属）的腐蚀

腐蚀品中的酸能与大多数的金属反应，使金属溶解；酸还能和非金属发生作用。与酸相仿，强碱也能腐蚀金属和非金属。

2. 毒性

许多腐蚀品具有不同程度的毒性，如水合肼、五溴化磷、偏磷酸等；特别是具有挥发性的腐蚀品，能挥发出有毒的气体和蒸气，在腐蚀人体的同时还能引起中毒，如发烟硫酸、氢氟酸等。

3. 氧化性

腐蚀品中的含氧酸大多是强氧化剂，本身会分解放出氧气，或与其他物质反应时，夺取电子使其氧化，如硝酸暴露在空气中就会分解放出氧气。强氧化剂与可燃物接触时，即可引起燃烧，如硝酸、浓硫酸、高氯酸等，与松节油、食糖、纸张、炭粉等接触后，即可引起燃烧甚至爆炸。浓硫酸、浓硝酸可以氧化铜，同时放出有毒的二氧化硫或二氧化氮气体。"王水"是最强的氧化酸，能溶解金和铂。

4. 易燃性

有机腐蚀品具有可燃性，其中有些是易燃的，这是由于本身的化学组成所决定的。一些挥发性的有机腐蚀品闪点较低，接触明火会引起燃烧，如冰醋酸，闪点为40℃(C.C)；氯甲酸乙酯，闪点为29℃(C.C)。有些强酸强碱，在腐蚀金属的过程中放出易燃的氢气。当氢气在空气中占一定的比例时，遇高热、明火即燃烧，甚至引起爆炸。

5. 遇水反应性

腐蚀品中很多物品能与水发生反应生成烟雾，对眼睛和呼吸道有强烈的刺激作用。反应的同时放出大量的热。反应分为以下两种情况。

(1) 遇水分解：这类反应以氯化物为主，如氯磺酸水解发生强烈反应，生成盐酸和硫酸。

(2) 遇水化合：这类反应以各种酸酐为主，如三氧化硫遇水生成硫酸，反应的结果使腐蚀性明显增强。

6. 污染性

一些腐蚀品具有污染性，属于海洋污染物甚至是严重海洋污染物，如二氯苯基三氯硅烷、氯化铜等。

1.10.4　常运的腐蚀品

1. 硫酸(H_2SO_4)

一般认为，硫酸的消费量可以从某个角度衡量一个国家的经济状况和发展水平。硫酸是重要的工业原料，硫酸铝、盐酸、氢氟酸、磷酸钠和硫酸钙等，在制造时都要用硫酸。硫酸的运输量和储存量在整个酸性腐蚀品中占首位。

纯硫酸是无色的油状液体，常见的不纯的硫酸为淡棕色。硫酸在水中可以无限溶混。98%的硫酸水溶液的密度为1.84g/cm³，沸点为338℃，凝固点为10℃。SO_3溶于硫酸中所得产物俗称发烟硫酸，其化学式为$H_2S_2O_7$，称为焦硫酸。焦硫酸比硫酸还要危险。

稀硫酸具有酸的一切通性，能腐蚀金属，能中和碱，并能与金属氧化物和碳酸盐作用。

浓硫酸有以下的特性：

(1) 浓硫酸溶于水时，能释放出约20kcal/mol的高热量。故稀释浓硫酸时必须十分小心，应该把浓硫酸缓缓加入水中。否则，把水倒入浓硫酸中，开始时因为水较轻仍旧浮在酸层的上部，当水扩散入酸中时，即放出溶解热，可发生局部沸腾，会剧烈溅洒。

(2) 浓硫酸对水有极强的亲和性。当其暴露在空气中时，能吸收空气中的水蒸汽。浓硫酸甚至能使高氯酸脱水，生成七氧化二氯。

$$H_2SO_4 + 2HClO_4 = H_4SO_5 + Cl_2O_7$$

七氧化二氯很不稳定，几乎在生成的同时就爆炸性地分解成氯和氧。所以浓硫酸与高氯酸不能配载混储。

(3) 浓硫酸能与许多物质反应，生成一种或多种危险产物。含氯和氧的氧化剂能与浓硫酸反应生成氯的氧化物。氯的氧化物不稳定，化学性质异常活泼。氯酸钾混以浓硫酸会立即发生爆炸性反应，生成二氧化氯。

$$3KClO_3 + 3H_2SO_4 = HClO_4 + 2ClO_2 + 3KHSO_4 + H_2O$$

二氧化氯能自动分解成单质氯和氧,氧化能力极强。

浓硫酸也能分解成沸点较低的酸而生成盐。把盐与硫酸混合加热,即可分馏出更易挥发的产物。如:

$$2NaF + H_2SO_4 = Na_2SO_4 + 2HF$$

浓硫酸与硝酸盐、盐酸盐也会发生类似的反应,所以浓硫酸不宜与盐类混储配载。事实是浓硫酸不宜与任何其他物质配载。

(4) 浓硫酸还可起氧化剂的作用。例如:

$$C + 2H_2SO_4(浓) = CO_2 + 2SO_2\uparrow + 2H_2O$$

$$Pb + 3H_2SO_4(浓) = Pb(HSO_4)_2 + SO_2 + 2H_2O$$

这些反应的潜在危险性在于其产物 SO_2 为有毒气体。

2. 氢氧化钠(NaOH)

氢氧化钠是最常见的强碱,用途广泛。氢氧化钠和碳酸钠是"三酸二碱"中的二碱。纯氢氧化钠是白色的块状或片状固体,极易溶于水。氢氧化钠大多是以 30% 和 45% 的水溶液在市场出售和运输,其运输量很大。

固体氢氧化钠在空气中除极易吸收空气中的水汽外,还会吸收二氧化碳生成碳酸钠而变质。

$$2NaOH + CO_2 = Na_2CO_3 + H_2O$$

这是因为 NaOH 能与非金属氧化物反应生成盐和水。因此,在储存和运输固体氢氧化钠时,必须防止其与空气接触。

氢氧化钠的浓溶液能与活体组织作用,能溶解丝、毛和动物组织,会严重灼伤皮肤。

氢氧化钠与酸类反应剧烈;能腐蚀某些铝、锌、铅类金属和某些非金属,放出氢气;还能与玻璃的主要成分二氧化硅反应,生成易溶于水的硅酸钠,而使玻璃被腐蚀。

$$2NaOH + SiO_2 = Na_2SiO_3 + H_2O$$

但该反应速度缓慢。故长期存放氢氧化钠溶液(又称液碱)时,不宜使用玻璃或陶瓷器皿。

1.11 第9类——杂类危险物质和物品

《国际危规》指出:第9类杂类危险物质和物品是指在运输中呈现出未列入其他类别的危险物质和物品以及基因重组的微生物和生物。基因重组的微生物和基因重组生物是指所含的基因物质已经通过基因工程进行故意改变而不是自然发生的微生物和生物。具体包括以下几种:

(1) 未列入其他类别的物质和物品,根据已经表明或可以表明该物质或物品具有的危险特性须适用于经修订的《1974年国际海上人命安全公约》第七章A部分规定。

(2) 不适用于上述公约第七章A部分规定,但适用于《经1978年议定书修订的1973年国际防止船舶造成污染公约》(MARPOL 73/78)附则Ⅲ规定的有害物质(海洋污染物)。

(3) 在等于或高于100℃条件下运输或交付运输的液态物质,以及在等于或高于240℃

条件下运输或交付运输的固体。

（4）不符合第 6.2 类感染性物质定义的基因重组的微生物和生物，但能够改变动物、植物或微生物使其不同于正常的自然繁殖结果，须将其指定为 UN3245。原产国、途经国和目的地国主管机关批准使用的基因重组的微生物和重组生物不适用于本规则的规定。

海洋污染物是指由于其对海产品生物积累的潜在威胁或由于其对水生生物的严重毒性，而适用于 MARPOL73/78 附则Ⅲ的物质。国内《水路危规》第 9 类分类，9.1 项杂类、9.2 项另行规定的物质。

【本章小结】

本章主要介绍了危险货物的基础理论知识，首先明确了危险货物的定义、分类及特性；然后逐一详细介绍每类危险货物的定义、分类、特性及常运的货物，重点是第 1 类到第 8 类危险货物。

【课后练习】

一、判断题

1. 凡是会爆炸的物品，都是危险货物的爆炸品。（   ）
2. 引起爆炸品爆炸的起爆能量越小，则该爆炸品的敏感度越低，危险性越小。（   ）
3. 热敏感度指爆炸品在机械冲击下发生爆炸的难易程度。（   ）
4. 只要增加压强，就能使气体液化。（   ）
5. 气体的爆炸下限越大，易燃的危险性就越大。（   ）
6. 某易燃液体闪点 63℃，沸点 220℃，包装等级是Ⅲ级。（   ）

二、选择题

1. 危险货物的特性包括(   )。
   A. 燃烧性　　　　B. 爆炸性　　　　C. 毒害性　　　　D. 腐蚀性
   E. 放射性　　　　F. 污染性　　　　G. 破坏性
2. 在运输中，把爆发点低于(   )℃(延滞期 5s)作为衡量爆炸品的一个参数。
   A. 200　　　　　 B. 300　　　　　 C. 350　　　　　 D. 450
3. 氧气是(   )。
   A. 易燃气体　　　B. 不燃气体　　　C. 助燃气体
   D. 有毒气体　　　E. 有强氧化作用的气体
4. 乙炔是(   )。
   A. 液化气体　　　B. 溶解气体　　　C. 易燃气体
   D. 爆炸极限在 2.5%～81%　　　　 E. 爆炸极限在 4%～75%
5. 沸点为 32℃，闪点为 −15℃ 的液体的包装等级是(   )。
   A. Ⅰ　　　　　　B. Ⅱ　　　　　　C. Ⅲ　　　　　　D. 都不适用

6. 第 4 大类危险品分为(　　)。

A. 易燃固体，自身反应物质，减敏爆炸品

B. 易燃固体，自燃物质，减敏爆炸品

C. 易燃固体，自燃物质，遇湿易燃物质

D. 易燃固体，自身反应物质，遇湿易燃物质

三、思考题

2005 年 3 月 29 日晚 6 时许，京沪高速淮安段，一辆由山东开往上海方向的槽罐车与一辆迎面驶来的解放牌大货车相撞后翻倒在地，槽罐车上满载的约 32t 液态氯气快速泄漏。与事故发生地相距 300m 的地方，是一个村庄，住有约 1 万名村民。到 3 月 30 日下午 5 时，中毒死亡者达 27 人，送医院治疗 285 人。

请大家讨论该事故发生的原因，并提出自己的观点。

第 2 章

国内外相关组织和法规体系

GUONEIWAI XIANGGUAN ZUZHI HE FAGUI TIXI

【学习目标】

- 了解国际危险货物运输相关的组织和法规体系。
- 掌握国际危险货物运输联合国《规章范本》《国际危规》《危险物品安全航空运输技术细则》的主要内容及在我国执行的情况。
- 了解国内危险货物运输相关的组织和法规体系。
- 掌握国内水路、民航、铁路、道路危险货物运输相关法规以及国家行业标准。

【导入案例】

上海市化轻公司从南京通过内河驳船运输，将一批化工产品三盐基硫酸铅在当时的内河装卸一区卸货。在办理卸船提货手续时，作业区营业员问："是否危险品？"化轻公司业务员肯定地回答："不是危险品。"卸船作业完成后，发现有四名工人出现中毒症状：脸色及手部发紫，心悸、呕吐等。经医生诊治，确诊为"三盐基硫酸铅中毒"。为此，内河装卸一区的同志急忙找市化轻公司交涉。市化轻公司坚持认为：三盐基硫酸铅不作为危险品运输有据可查，并出示了铁道部门的文件。当时的铁道部确实有过这项通知：三盐基硫酸铅铁桶包装严密不漏，可作为普通货物办理。但该批货物却并非铁桶包装，而是木质纤维板制的桶装，起卸时已发现多起桶盖脱落，内包装也并不严密，三盐基硫酸铅在与空气接触后已产生化学反应。由于该物品无色无味，工人在操作时没有发现异状，殊不知已逐渐中毒。幸亏三盐基硫酸铅毒性不强，救治及时，中毒工人不久就恢复健康。

事故原因：由于包装不良造成危险货物与空气接触，致使人体受到伤害。问题在于，如何正确处理不同的运输管理部门对同一事物做出的不同判断。实际上铁道部的有关规定指的是"可作为普通货物办理"，其含义是指运输手续上的简化，例如可以不必提供危险货物包装鉴定证书之类，而不是指该货物不属危险货物。

在危险品运输中，不同运输方式的运输规则如何统一，是联合国经贸会及相关组织正在考虑的问题。全球经济一体化要求多种运输方式更为密切地协调、配合，形成一个有机的整体。

2.1 国际危险货物运输相关组织和法规体系

2.1.1 国际危险货物运输相关组织

1. 联合国危险货物运输专家分委会

联合国危险货物运输专家分委会是危险货物运输安全管理的最高层组织，由经过选举产生的 22 个成员国代表组成，这些政府组织包括中国、阿根廷、澳大利亚、奥地利、比利时、巴西、加拿大、芬兰、法国、德国、意大利、日本、肯尼亚、荷兰、挪威、波兰、俄罗斯、南非、西班牙、瑞典、英国和美国。

每年组织两次专家会议，讨论规章范本的修订问题。会议通常由政府组织和非政府组织的专家代表参加。政府组织包括中国在内的 22 个成员国、国际铁路运输多边组织等政府间组织，国际原子能机构、国际海事组织、国际民用航空组织等联合国专门机构也派出代表参加会议。

非政府组织有国际航空运输协会、国际化学品协会理事会、国际中型散装容器协会联盟、危险物品安全运输理事会、欧洲金属包装、欧洲气溶胶协会联盟、国际航空驾驶员协会联盟、爆炸品制造商学会、国际危险品和容器协会、国际船舶作业危险品协会、国际标准化组织、便携式可充电电池协会等。

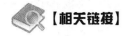
【相关链接】

联合国危险货物运输专家分委会会议议题

（1）爆炸品和相关事项。
（2）一览表、分类和包装。
（3）电能存储系统。
（4）电子数据交换（EDI）。
（5）对危险货物运输规章范本的一些补充建议。
（6）与国际原子能机构（IAEA）的放射性物质运输规则相协调的建议。
（7）GHS（全球化学品统一分类和标签制度）的相关议题。
（8）关于危险货物运输规则与联合国规章范本的协调。
（9）其他议题。

2. 国际海事组织

为了海上航行安全和防止海洋船舶造成污染，1948年2月在日内瓦召开的联合国国际航运会议上，各国决定成立政府间海事协商组织，通过了《政府间海事协商组织公约》，1959年1月在伦敦召开了第一次大会，正式成立了政府间海事协商组织（海协），总部设在伦敦。根据1975年通过的修正案，海协的名称于1982年5月22日正式改名为国际海事组织（IMO，International Maritime Organization）。国际海事组织的标志，如图2.1所示。国际海事组织的职责包括以下两部分：

（1）在与从事国际贸易航运技术问题有关的政府规章和惯例方面，为各国政府提供合作机构。

（2）在海上安全航行效率和防止以及控制船只对海上污染的问题上，鼓励各国普遍采用可行的最高标准，处理与本组织宗旨有关的行政与法律问题。

我国于1973年恢复在国际海事组织中的成员国地位，在该组织9～15届大会上当选为B类理事，并自1989年第16届大会起连续当选为A类理事。

3. 国际民用航空组织

1944年11月1日至12月7日，52个国家在芝加哥召开国际会议，签订了《国际民用航空公约》（通称《芝加哥公约》），按照公约规定成立了临时国际民航组织。1947年4月4日，《芝加哥公约》正式生效，国际民航组织（ICAO，International Civil Aviation Organization）正式成立。国际民航组织的标志如图2.2所示。国际民航组织成立的目的在于发展国际航行原则和技术，促进国际航空运输的规划和发展，其职责包括下面8条：

（1）保证全世界国际民用航空安全、有序地发展。
（2）鼓励为和平用途的航空应用的航路、机场和航行设施。
（3）满足世界人民对安全、正常、有效和经济的航空运输的需要。
（4）防止因不合理的竞争而造成经济上的浪费。
（5）保证缔约各国的权利受到尊重，每一缔约国均有争取国际空运企业的公平的机会。

(6) 避免缔约各国之间的差别待遇。

(7) 促进国际航行的飞行安全。

图 2.1　国际海事组织

图 2.2　国际民航组织

(8) 普遍促进国际民用航空在各方面的发展。

我国是国际民用航空组织的创始国之一，1971年，我国恢复在联合国的合法席位后，也恢复了在国际民用航空组织的合法权利，2004年10月2日在国际民用航空组织第35届大会上，我国当选为该组织第一类理事国。

2.1.2　国际危险货物运输法规体系

按照法规的性质，国际危险货物运输法规体系包括：公约、规则两大部分，如图2.3所示。

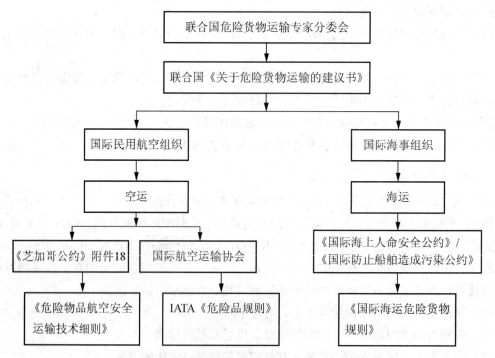

图 2.3　国际危险货物运输相关组织和法规体系

1. 国际公约

1)《1974年国际海上人命安全公约》

通常被简称为《SOLAS公约》,是处理船舶安全最重要的国际公约之一。1948年在联合国国际航运会议上,各国决定成立政府间海事协商组织(IMCO),通过了《政府间海事协商组织公约》。经过10年,在1958年公约生效的条件才得到满足。

1959年1月在伦敦召开了第一次会议,正式成立了政府间海事协商组织(简称海协)。根据1975年通过的修正案,海协的名称于1982年5月22日正式改名为国际海事组织(IMO)。国际海事组织(IMO)是联合国系统内主管海上运输安全和船舶防污染及其法律问题的专门机构,其总部设在英国伦敦。

IMO于1974年对《SOLAS公约》作了调整,制定一个新版的《1974年国际海上人命安全公约》。其中第七章"危险货物运输"不仅适用于公约所适应的一切船舶,而且也适用于500t以下的货船。我国政府于1979年11月7日加入SOLAS(1974),该公约于1980年5月25日生效。目前,已有100多个国家加入该公约,其拥有的船舶吨位几乎接近世界船舶总吨位的100%。

国际海事组织海上安全委员会对SOLAS(1974)进行了多次修正,其中1999年修正案修改后的第七章"危险货物运输"包括以下4部分:

A部分:包装或固体散装危险货物的装运。

B部分:散装运输危险液态化学品船舶的构造和设备。

C部分:散装运输液化气船舶的构造和设备。

D部分:船舶载运放射性物质的规定。

2)《经1978年议定书修订的1973年国际防止船舶造成污染公约》

该公约简称MARPOL73/78,是防止船舶操作性和事故性排放造成海洋污染的主要国际公约之一。1973年10月8日至11月2日IMO在伦敦讨论通过了《1973年国际防止船舶造成污染公约》,1978年做了修订。由IMO制定的《经1978年议定书修订的1973年国际防止船舶造成污染公约》共有6个附则。

附则Ⅰ——防止石油污染规则。

附则Ⅱ——控制散装有毒液体物质污染规则。

附则Ⅲ——防止海运包装有害物质造成污染规则。

附则Ⅳ——防止船舶生活污水污染规则。

附则Ⅴ——防止船舶垃圾污染规则。

附则Ⅵ——防止船舶造成大气污染规则。

MARPOL73/78中附则Ⅲ按1985年IMO的海上环保会的决定和同年经海安会批准,通过《国际危规》来实施。附则Ⅲ的内容已包含在《国际危规》的1989年25套修正案中,该修正案于1991年1月1日起得到实施。附则Ⅲ中的"有害物质"系指在《国际危规》中确定的"海洋污染物"。MARPOL73/78附则Ⅲ于1992年7月1日生效。我国于1994年9月13日参加,1994年12月13日对我国生效。

3)《国际民用航空公约》

因该公约在美国城市芝加哥签订,故又称其为《芝加哥公约》,是迄今为止最重要的有关国际航空的国际公约,是国际航空公法的基础和宪章性文件。其中《国际民用航空公约》附件18是为了满足各缔约国要求在国际上有统一的管理危险品安全航空运输的规定而制定的。

2. 国际危险货物运输规则

国际组织为了加强危险货物运输安全,制定了指导各种方式危险货物运输的系列国际规范和技术标准。按照适用范围,可以将国际规范分为以下几种类型:

1) 适用于所有运输方式的国际规范

主要指《关于危险货物运输的建议书》及其附件《规章范本》和《试验和标准手册》。这是一套适用于各种运输方式危险货物运输的基本规定,为各国政府、政府间组织和其他国际组织修改和制定规则提供了应遵守的原则,为各单项危险货物运输规则进行修订提供了一个总体框架。

2) 适用于单一方式的国际规范

这些规则都是以联合国《规章范本》为依据进行修编,包括国际海事组织制定的《国际海运危险货物规则》、国际民用航空组织制定的《危险物品安全航空运输技术细则》和国际航空运输协会的《危险品运输规则》等。

还有适用于地区性的国际规章,如欧洲铁路运输中心局(OCTI)制定的《国际铁路运输危险货物技术规则》、欧经会(ECE)制定的《国际公路运输危险货物协定》和《国际内河运输危险货物协定》等。

2.1.3 《关于危险货物运输的建议书》及其附件简介

为了保障危险货物运输安全,并使各国和国际上对各种运输方式的管理规定能够统一发展,联合国经济及社会理事会危险货物运输专家委员会,组织编写了适用于所有运输形式的危险货物运输最低要求的《关于危险货物运输的建议书》(以下简称《建议书》),于1956年正式出版。为了反映技术的发展和使用者不断变化的需要,每半年组织专家对其内容进行修改,每两年出一个新的版本。

从第十修订版起,定名为《关于危险货物运输的建议书规章范本》。随后出版了《试验和标准手册》,作为建议书及其附件《规章范本》的补充。

1. 《规章范本》的目的

《规章范本》的目的是提出一套基本规定,使各国和国际上对各种运输方式的管理规定能够统一发展;然而《规章范本》也保持了足够的灵活性,能够兼容可能满足的任何特殊要求。

2. 《规章范本》的效力范围

根据《规章范本》1.1.1节的规定,其适用范围主要包括以下几个方面。

(1)《规章范本》规定了适用于危险货物运输的详细要求。除了《规章范本》另有规定,危险货物运输未经适当的分类、包装、做标记、贴标签、挂揭示牌、在票据上进行说明和证明以及不符合《规章范本》要求的运输条件,任何人不得提交或接受运输这类危险货物。

(2)《规章范本》不适用于下列危险货物的运输:

① 运输工具推进所需的危险货物,或运输过程中其特殊设备(例如制冷装置)运转所需的

危险货物，或按照业务规则所需的危险货物（例如灭火器）。

② 个人携带供自用的零售包装的危险货物。

(3) 在《规章范本》中的某些条款，虽然规定了具体行动，但未明确地把采取该行动的责任划归任何特定的人。这项责任可以因不同国家的法律和习惯以及这些国家所参加的国际公约的不同而异。

3. 《建议书》的构成

1)《建议书》的组成要素

《建议书》主要包括《关于危险货物运输的建议书》《规章范本》《试验和标准手册》三大部分。

(1)《关于危险货物运输的建议书》：介绍了《规章范本》的目的、原理，《试验和标准手册》的内容以及分类、托运的目的，明确了当局在应急反应、遵章保证、放射性物质运输、意外和事故报告中的职责。

(2)《规章范本》：提出一套基本规定，使各国和国际上对各种运输方式的管理规定能够统一发展，由7部分组成。

(3)《试验和标准手册》：介绍了某些类型危险货物的分类方案，说明了最为有效的试验方法和程序，帮助主管当局对需要运输的物质和物品做出正确分类，掌握所需资料。

2)《规章范本》的内容构成

从对危险货物描述的具体程度看，建议书分为以下4个层次。

(1) 概述：描述建议书的性质、目的、意义、制定原则，明确定义、分类的目的和托运程序的重点，规定了应急反应、遵章保证、放射性物质运输、意外和事故的报告等方面主管部门职责。

(2) 通用基础技术部分：给出《规章范本》的适用范围、禁止运输的危险货物、规则中涉及的定义和度量单位，提出了危险货物的分类、分类程序和试验标准。

(3) 对危险货物运输包装、罐体的使用、托运程序、运输作业等主要环节作集中、详尽的规定，以每一个主要环节为层面，按9类危险货物分别展开，进而确定了盛装危险货物容器、中型散货集装箱（中型散货箱）、大型容器、便携式罐体、多元气体容器和散装货箱的制造和试验要求。

(4) 给出了最常见的危险货物一览表，明确了每一货种与运输有关的具体规定和限量。

2.1.4 《国际海运危险货物规则》简介

IMO 的海上安全委员会指派了一个由海上运输危险货物方面具有丰富经验的国家的专家组成的工作组。根据1960 SOLAS第七章的规定，该工作组与联合国危险货物运输专家委员会合作，并考虑到海运惯例和程序，从1961年5月召开的第一次会议直到1965年的第十次会议，产生了著名的《国际海运危险货物规则》，如图2.4所示。

图2.4 国际海运危险货物规则

1. 《国际危规》内容概述

《国际危规》是从事海运危险货物安全和防污染监督管理人员、承运人、托运人及其代理人、船公司管理人员、船舶检验人员、危险品制造商、危险货物包装检验人员、港口作业及管理人员必备的工具书。

2002年5月召开的第75次会议上，MSC确认了其早期的决定，通过发布第31套修正案使《国际危规》在国际法上成为强制性的。国际危规分为以下7大部分：

第1部分——总则、定义和培训。
第2部分——分类。
第3部分——危险货物一览表和限量内免除。
第4部分——包装和罐柜规定。
第5部分——托运程序。
第6部分——包装、中型散装容器、大宗包装、可移动罐柜、多单元气体容器和公路罐车的构造和试验。
第7部分——运输作业的有关规定。

2. 在我国执行情况

我国从1982年10月起，在国际航线上使用《国际危规》。我国相关法律法规对实施《国际危规》也做了规定，比如我国《船舶载运危险货物安全监督管理规定》第二十一条规定：国际航行船舶应当按照《国际海运危险货物规则》，国内航行船舶应当按照《水路危险货物运输规定》，对承载的危险货物进行正确分类和积载，保障危险货物在船上装载期间的安全。此外，我国原交通部制定《水路危险货物运输规则》第一部分——《包装危险货物运输规则》时，大部分内容是按照《国际危规》编写的。

2.1.5 《危险物品安全航空运输技术细则》简介

1. 《危险物品安全航空运输技术细则》(以下简称《技术细则》)内容概述

《技术细则》为正确准备危险物品的空运提供了所有必要规定，包括：概论、危险品分类、危险物品表、特殊规定和限制数量与例外数量、包装说明、托运人责任、包装术语、标记要求和试验、运营人责任、有关旅客和机组成员的规定等，内容分为以下4个层次。

(1) 相当于通用基础部分，描述《技术细则》适用范围、放射性物质运输、与附件18的关系、《技术细则》进行修订的要求、对航空器上危险物品的相关限制要求、规则中涉及的定义和度量单位以及培训和危险物品的保安。

(2) 按9类危险货物对其分类、运输包装、托运程序等主要环节做了集中、详尽的规定，明确了包装性能试验、气瓶、气溶胶喷雾器和小气瓶(气筒)的构造和试验要求以及第7类物质和包装件的制造、试验和批准要求。

(3) 给出了危险物品表，明确了每一个货种与运输有关的具体规定和限量。

(4) 对航空危险物品运营人的职责、旅客或机组成员携带危险物品做了具体的规定和要求。

2. 在我国执行情况

1974年4月，经我国政府批准，我国民航国际航线及其国内航段联运危险物品，均参照国际航空运输协会的统一规定承运。我国相关法律法规也对实施《技术细则》做了规定，比如我国《中国民用航空危险品运输管理规定》第276条和第277条规定，实施危险品航空运输应满足下列要求：国际民用航空组织发布的现行有效的《危险品航空安全运输技术细则》(Doc9284-AN/905)，包括经国际民用航空组织理事会批准和公布的补充材料和任何附录。

2.1.6 其他相关国际规则和公约

一些其他重要的与民航运输危险货物相关的国际规则和公约等，如《国际民用航空公约》附件18，《危险品的安全航空运输》《危险品规则》等，其与《技术细则》关系密切。

《国际民用航空公约》附件18是为了满足各缔约国要求在国际上有统一的管理危险物品安全航空运输的规定而制定的。为了力求能和其他危险物品运输方式适用的规定取得一致，附件的规定以联合国危险品运输专家委员会的建议以及国际原子能机构安全运输放射性物质的规定为基础。《国际民用航空公约》附件18包含了危险物品国际航空运输的总原则和正确处理危险物品的非常具体和必要的指导。本附件中概括性的规定，对《危险品安全航空运输技术细则》中的具体规定予以详细说明。

《危险品规则》由国际航协制定，为危险物品行业提供必要的信息和指导，以保证他们能安全完成操作和运输危险物品的任务，同时减少航空运输中危险物品可能带来的危害。《危险品规则》是在《技术细则》基础上根据航空公司的操作需要编排的，其内容完全来自于《技术细则》，更便于操作，个别规定更加严格。附件18及《技术细则》被认为是航空安全运输危险物品方面权威的合法资料来源。

2.2 我国危险货物运输相关组织和法规体系

我国从20世纪80年代起将《国际危规》以国家标准的形式逐步引入，现已初步形成体系。在20世纪80年代，我国将橙皮书中的"危险货物一览表"转化成《危险货物分类和品名编号》(GB 6944—1986)和《危险货物品名表》(GB 12268—1990)(目前这两个标准的现行版是2012年版)。2003—2004年全国危险化学品管理技术委员会审查了50余项强制性国家标准，都是依据《关于危险货物运输的建议书规章范本》主要技术内容转化的。2003—2004年度列入国家标准计划的40项强制性国家标准将《全球化学品分类及标签全球协调制度》中关于分类与标志的主要技术内容引入，完成这些标准后使我国第一次与国际危险化学品分类与标志制度同步。

2.2.1 我国危险货物运输相关组织

1. 国务院安全生产委员会

在国务院领导下，国务院安全生产委员会负责研究部署、指导协调全国安全生产工作；研究提出全国安全生产工作的重大方针政策；分析全国安全生产形势，研究解决安全生产工作中的重大问题；审定和下达年度安全生产控制考核指标。

2. 国家安全生产监督管理总局

它负责危险化学品安全监督管理综合工作，依法监督检查化工（含石油化工）、医药、危险化学品和烟花爆竹生产经营单位安全生产情况，承担相关安全生产和危险化学品经营准入管理工作，组织查处不具备安全生产条件的生产经营单位；承担危险化学品安全监督管理综合工作；组织指导危险化学品名录编制和国内危险化学品登记工作；指导非药品类易制毒化学品的生产、经营监督管理工作；组织相关大型建设工程项目安全设施的设计审查和竣工验收；指导和监督有关安全标准化工作；参与相关行业特别重大事故的调查处理和应急救援工作。

3. 公安部

它负责危险化学品的公共安全管理，负责发放易制毒化学品、剧毒化学品购买许可证、剧毒化学品道路运输通行证，负责民用爆炸物品公共安全管理和民用爆炸物品购买、运输、爆破作业的安全监督管理、监控民用爆炸物品流向；放射性物品道路运输的报批工作；麻醉药品和精神药品购买许可证、道路运输通行证的备案工作；对危险化学品道路运输安全实施监督，查处危险化学品运输车辆的交通违法行为。

4. 环境保护部

它负责核安全和辐射安全的监督管理。拟订有关政策、规划、标准，参与核事故应急处理，负责辐射环境事故应急处理工作；依法对危险废物和废弃危险化学品的收集、储存、利用和处理处置等进行监督管理；调查相关危险化学品环境污染事故和生态破坏事件，负责危险化学品事故现场的应急环境监测；负责危险化学品环境管理登记和新化学物质环境管理登记；负责放射性废物安全监管，对放射性物品运输的核与辐射安全实施监督管理。

5. 交通主管部门

它负责民航、水路、铁路危险货物运输安全管理，民航、水路、道路、铁路运输工具的安全管理、危险化学品道路、水路运输许可和水路、道路运输企业驾驶人员、船员、装卸管理人员和押运人员、申报人员的资质认定。

6. 质检总局

它负责烟花爆竹的质量监督，负责危险化学品及其包装物、容器生产许可证的核发管理和生产环节的质量监督，负责进出口烟花爆竹、进出口危险化学品及其包装物和容器的检验监督工作和进出口检验。

2.2.2 我国危险货物运输法规体系

危险货物运输法规体系包括国际公约、规则，国家法律、行政法规，部门规章和技术标准4个层面，如图2.5所示。

1. 国际公约、规则

国际公约、规则是制定国家标准、行业标准的基础。其中，联合国《规章范本》是我国

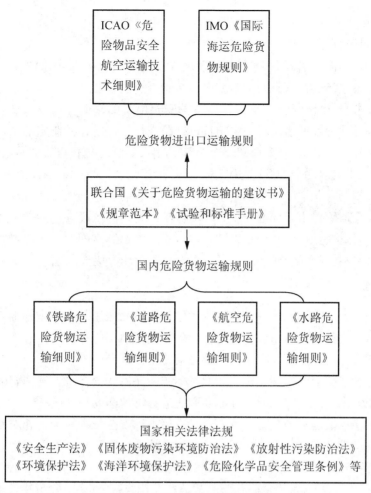

图 2.5 国内危险货物运输法规体系

铁路、道路危险货物运输方面的规章、标准制定的重要基础;而《国际海运危险货物规则》《危险物品安全航空运输技术细则》及其补篇则为海运、航空运输直接采用。

2. 国家法律和法规

国家法律是指全国人大及其常委会制定的规范性文件,是最高层次的规范。目前我国与危险化学品相关的法律包括《中华人民共和国安全生产法》(简称《安全生产法》)、《中华人民共和国行政许可法》(简称《行政许可法》)、《中华人民共和国治安管理处罚法》(简称《治安管理处罚法》)、《中华人民共和国放射性污染防治法》(简称《放射性污染防治法》)、《中华人民共和国突发事件应对法》等,其中最重要的是《安全生产法》,它是国家关于加强安全监督管理的一部重要法律,是编制安全生产相关法规总的纲领性文件。

国家行政法规,是国务院、地方人大及其常委会、民族自治机关和经济特区人大制定的规范性文件,是编制危险货物运输部门规章的重要法律依据。当前国家制定了一系列危险化学品方面的法律法规,其中《危险化学品安全管理条例》是编制危险化学品供应链各环节管理规章的最直接上位法。该法规确定了危险化学品行政许可的设定、市场准入的条件、行政处罚的种类和幅度等。

3. 部门规章

我国各部门针对危险化学品的进口、生产、储存、销售、使用、运输、废弃物、出口等环节都制定了各自的部门管理规章，这些管理规定是在贯彻落实国家法律法规基础上形成的。例如国家安全生产监督管理总局制定的《安全生产违法行为行政处罚办法》（安监总局令 2007 年第 15 号）对生产经营活动中违反有关安全生产的法律、行政法规、部门规章、国家标准、行业标准和规程的违法行为实施行政处罚进行了规定；其制定的《烟花爆竹生产企业安全生产许可证实施办法》（安监总局令 2004 年第 11 号）、《非药品类易制毒化学品生产、经营许可办法》（安监总局令 2006 年第 5 号），对生产经营许可凭证的发放做了具体的规定；商务部制定的《易制毒化学品进出口管理规定》（商务部令 2006 年第 7 号）对易制毒化学品进出口环节的安全监管提出了详细要求；环境保护部制定的《废弃危险化学品污染环境防治办法》（国家环境保护总局令 2005 年第 27 号），原卫生部制定的《医疗废物管理行政处罚办法》（国家环境保护总局令 2004 年第 21 号）等对危险化学品废弃问题做了相关的规定等。

4. 相关标准

危险化学品安全生产标准体系主要划分为危险化学品通用基础安全标准、安全技术标准和安全管理标准三大部分。通用基础安全标准包括安全通则标准、术语标准、化学品危险性分类和标识等相关标准；安全技术标准主要包括安全设计和建设标准、生产安全标准、运输安全标准、储存和包装安全标准、作业及检修标准和使用安全标准；安全管理标准主要包括危险化学品企业安全标准、应急救援标准和职业危害防护标准。

危险货物运输标准也可划分为三大部分：通用基础安全技术标准、相对专项运输安全技术标准和运输安全管理标准。其中，通用基础安全技术标准包括以下 4 部分：

（1）危险货物分类、分项、品名和品名编号的通用基础安全标准有《危险货物分类和品名编号》《危险货物品名表》《常用危险化学品的分类及标志》。其中危险货物危险程度依据国家标准《危险货物运输包装通用技术条件》，分为Ⅰ、Ⅱ、Ⅲ等级。特定种类的危险货物的分类标准有《剧毒化学品目录》。

（2）危险货物标志、标签和标牌方面的通用基础安全标准有《危险货物包装标志》和《包装储运图示标志》。

（3）一书一签包括《化学品安全技术说明书》和《化学品安全标签编写规定》。

（4）危险货物包装方面的通用基础安全标准有《放射性物质安全运输规程》《危险货物运输包装通用技术条件》。

2.3 我国水路危险货物运输相关组织和法规体系

2.3.1 水路危险货物运输相关组织

1. 港口危险货物运输管理机构

《港口危险货物管理规定》中指出交通部负责全国港口危险货物管理工作。省级和设区的市级人民政府交通(港口)主管部门根据地方人民政府确定的职权负责本行政区域内港口的危险货物管理工作。港口所在地人民政府设置的港口行政管理部门具体负责该港口的危险货物管理工作。其具体职责包括以下 8 部分：

(1) 审批港口设施的新建、改建、扩建。

(2) 审批港口危险货物作业。

(3) 对从事危险货物港口作业企业的资质进行审验。

(4) 港口经营人从事危险货物港口作业的资质认定，核发相应的危险货物港口作业认可证。

(5) 制定事故应急预案，当危险货物港口作业发生事故时，应当及时组织救助。

(6) 对危险货物包装进行抽查。

(7) 对从事危险货物港口作业的企业进行监督检查。

(8) 负责危险货物违规作业处罚。

2. 船舶危险货物运输管理机构及职责

《船舶载运危险货物安全监督管理规定》(交通部令 2003 年第 10 号)中指出船舶载运危险货物的管理体制：交通运输部主管全国船舶载运危险货物的安全管理工作。中华人民共和国海事局负责船舶载运危险货物的安全监督管理工作。交通运输部直属和地方人民政府交通主管部门所属的各级海事管理机构依照有关法律、法规和本规定，具体负责本辖区船舶载运危险货物的安全监督管理工作。其具体职责包括以下 9 部分：

(1) 负责颁发载运危险货物船舶的船员的适任证书和培训合格证。

(2) 对在中国管辖水域航行、停泊、作业的载运危险货物的船舶进行监督。

(3) 对载运危险货物的船舶实施监督检查，对违法的船舶、船员实施相应的行政强制措施。

(4) 负责疏导交通和进行交通管制。

(5) 负责船舶过驳作业的水域管理和审批。

(6) 对载运散装液体危险性货物的船舶在港口水域外从事海上危险货物过驳作业进行审批。

(7) 对从事港口水域外海上危险货物单航次过驳作业进行审批。

(8) 负责船舶载运危险货物进出港申报管理。

(9) 负责处罚载运危险货物的船舶的违规行为。

2.3.2 水路危险货物运输法规体系

水路危险货物运输进出口量大，因而主要遵循国际公约、《国际危规》、国家标准以及行业规章。

1. 国际公约、规则

海运具有线路长、气候环境变化无常和风险大等特点，而且跨国运输很多，为了安全、环保和协调，国际组织制定了许多关于海运的国际性条约、规章等。

在安全方面，《国际海上人命安全公约》(简称 SOLAS 公约)是关于船舶安全规定的最重要的一项国际条约，公约第Ⅶ章 A 部分，主要规定了包装危险货物运输的基本要求，其规定通过《国际海运危险货物运输规则》得以实施。此外还有《国际集装箱安全公约》等。

在环保方面,《经 1978 年议定书修订的 1973 年国际防止船舶造成污染公约》(简称《MARPOL73/78》)是一部重要的防止海洋污染协议,其附则Ⅲ是关于防止包装有害物质污染的规定,其规定通过《国际海运危险货物运输规则》得以实施。

国际海事组织制定的《国际海运危险货物运输规则》,是依据并为实施国际公约制定的关于海上包装危险货物运输的国际规则,涉及危险货物运输安全管理中的所有技术方面。

国际组织还制定了关于包装危险货物运输作业方面的相关规则,如《货物积载与系固规则》《危险货物安全运输和港区内相关活动建议书》等;对于散装危险货物制定了《散装固体货物安全操作规则》。另外,还制定了系列散装危险货物船舶构造和设备方面的规则,如《散装危险化学品船舶构造和设备规则》等。

当前,我国国际航行应当执行《国际海运危险货物规则》,国内航行则执行《水路危险货物运输规则》。

2. 国家法律和法规

水路的危险货物运输法规,涉及港口、船舶和货物几个方面,这些法规的制定,依据了许多国家的法律和行政法规。下面通过水路方面几个主要的法规条款,给出水路危险货物运输法规制定的法源。

(1) 港口。《港口危险货物管理规定》第一条指出:……根据《中华人民共和国港口法》(以下简称《港口法》)、《安全生产法》《危险化学品安全管理条例》等有关法律、行政法规,制定本规定。

(2) 船舶。《中华人民共和国船舶载运危险货物安全监督管理规定》第一条指出:……依据《中华人民共和国海上交通安全法》《中华人民共和国海洋环境保护法》《港口法》《中华人民共和国内河交通安全管理条例》《中华人民共和国危险化学品安全管理条例》和有关国际公约的规定,制定本规定。

3. 部门规章

水路方面关于危险货物安全管理方面的部门规章很多,这里分别介绍港口、船舶和集装箱方面主要的规章。

(1) 港口。港口危险货物安全管理主要部门规章是《港口危险货物管理规定》(交通部令 2003 年第 9 号)。

(2) 船舶。船舶危险货物运输方面的主要监督管理规章是《船舶载运危险货物安全监督管理规定》。

(3) 集装箱。由于水路大量采用集装箱运输,制定了《集装箱装运包装危险货物监督管理规定》。其目的是为了保障船舶、港口和人命财产的安全,便利运输生产。该项规定共计 16 条。

4. 相关标准

水路运输涉及的相关标准众多,既有关于包装危险货物运输的,还有关于散装危险货物运输系列标准。

1) 通用技术基础标准

（1）关于危险货物品名、分类、一书一签：既可遵循国家标准，也可执行国际标准。

（2）危险货物包装方面：国内航行的执行国内标准，国际航行执行国际标准和相关部门管理规定。

（3）标签和标牌方面：既可遵循国家标准，也可执行国际标准。

2) 水路运输安全相关标准

水路运输安全技术标准有《水路危险货物运输规则》（交通部，1996年）、《危险货物集装箱港口作业安全规程》（JT 397—2007）等。

综合上述分析，形成水路危险货物运输法规结构，如图 2.6 所示。

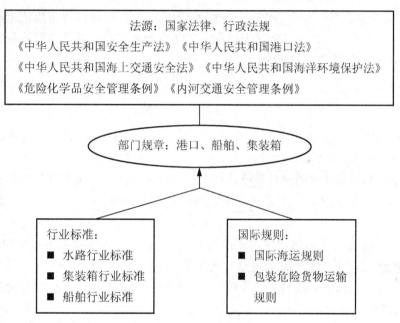

图 2.6　水路危险货物运输法规系统

2.3.3　《水路危险货物运输规则》简介

1. 目的

《水路危险货物运输规则》（简称《规则》）是水路危险货物运输最主要的标准之一。《规则》的第一章第一条指出：为加强水路危险货物运输管理，保障运输安全，防止事故发生，适应国民经济的发展，根据国家有关法律、法规，制定本规则。

2. 适用范围

《规则》第二条确定了其适用的业务范围，它指出：在中华人民共和国境内从事危险货物的船舶运输、港口装卸、储存等业务，除国际航线运输（包括港口装卸）、军运、散装危险货物另有规定外，均适用本规则。

而《规则》的第四条确定了适用人员，它指出：水路运输危险货物有关托运人、承运人、作业委托人、港口经营人以及其他各有关单位和人员，应严格执行本规则的各项规定。

3. 内容概述

《规则》确定了危险货物运输包装、托运、承运、装卸、储存和保管等各个环节的要求和规定，给出了包括危险货物品名表、包装、积载等技术标准。

2.3.4 《港口危险货物管理规定》简介

1. 目的

《港口危险货物管理规定》第一条指出：为加强港口危险货物管理，保障人民生命、财产安全，根据……制定本规定。

《港口危险货物管理规定》，对港口经营人实行危险货物港口作业资质认定制度，对船舶进出港口、港口经营人进行危险货物港口作业实施报告制度，加强港口危险货物管理；而通过要求企业制定安全管理制度和操作规程，编制应急预案加强危险货物港口作业的风险管理。

2. 适用范围

《港口危险货物管理规定》第二条指出：在港口装卸、过驳、储存、包装危险货物或者对危险货物集装箱进行装拆箱等项作业（以下简称"危险货物港口作业"）适用本规定。

用于危险货物港口作业的港口设施的建设和运营应当符合本规定的有关要求。

此条款确定了本规定的适用范围。而本规定的第三条则对管理的对象，给出了明确的定义。

本规定第三条指出：本规定所称"危险货物"，是指列入国家标准《危险货物品名表》和国际海事组织制定的《国际海运危险货物运输规则》，具有爆炸、易燃、毒害、腐蚀、放射性等特性，在水路运输、港口装卸和储存等过程中，容易造成人身伤亡和财产毁损而需要特别防护的货物。

本规定第五条指出：禁止在港口装卸、储存国家禁止通过水路运输的危险货物。

3. 内容概述

规定了在港口进行危险货物作业、危险货物集装箱装拆箱等项作业要求，以及危险货物港口作业的港口设施建设和运营规定，共计41条。

2.3.5 《船舶载运危险货物安全监督管理规定》简介

1. 目的

《船舶载运危险货物安全监督管理规定》第一条指出：为加强船舶载运危险货物监督管理，保障水上人命、财产安全，防止船舶污染环境，依据……制定本规定。

本规定通过以下4个方面的管理，达到安全监督的目的。

(1) 通航安全和防污染管理：确定了装载危险货物的船舶在通航中的系列规定。

(2) 船舶管理：确定了船舶构造、设备、性能等方面的技术要求，明确船舶运输作业的系列规范。

(3) 申报管理：确定了船舶进出港口作业进行申报管理制度。

（4）人员管理：确定了载运危险货物船舶的船员、从事原油洗舱作业的指挥人员实施培训证书制度。

2. 适用范围

本规定第二条指出：本规定适用于船舶在中华人民共和国管辖水域载运危险货物的活动。同时在规定的第五条，明确了禁止运输的危险货物。具体内容如下所示：

第五条禁止利用内河以及其他封闭水域等航运渠道运输剧毒化学品以及交通部规定禁止运输的其他危险化学品。

禁止在普通货物中夹带危险货物，不得将危险货物匿报或者报为普通货物。

禁止未取得危险货物适装证书的船舶以及超过交通部规定船龄的船舶载运危险货物。

3. 内容概述

此规定对通航、船舶、申报、人员安全管理进行了要求和规定，明确了载运危险货物船舶、船员，以及海事管理机构的工作人员的法律责任。其文本内容共计37条。

2.4 我国民航危险货物运输相关组织和法规体系

2.4.1 民航危险货物运输相关组织

2008年3月，国务院机构改革，撤销民航总局，组建国家民用航空局，由交通运输部管理，中国民用航空局下设7个中国民用航空地区管理局，负责对辖区内民用航空事务实施行业管理和监督。7个民航地区管理局根据安全管理和民用航空不同业务量的需要，共派出33个中国民用航空安全监督管理局，负责辖区内民用航空安全监督和市场管理。现行的各监管机构职责如下：

1. 中国民用航空局

中国民用航空局（以下简称民航局）对在我国境内登记的民用航空器及境内运行的外国民用航空器的危险物品航空运输活动实施监督管理，其在危险物品航空运输管理方面的职责主要有：拟定民航有关法律、法规草案，经批准后监督执行；制定保障民用航空安全的方针政策和规章制度，监督管理民航行业的飞行安全和地面安全；制定民用航空飞行标准及管理规章制度；对民用航空器运营人实施运行合格审定和持续监督检查，管理民用航空工作；制定航空运输、通用航空政策和规章制度，管理航空运输和通用航空市场对民航企业实行经营许可管理；组织协调重要运输任务；代表国家处理涉外民航事务，负责对外航空谈判、签约并监督实施和维护国家航空权益；参加国际民航组织活动及涉民航事务的政府间国际组织和多边活动；处理涉及香港特别行政区、澳门特别行政区以及中国台湾地区的民航事务。

2. 民航地区管理局

依照授权，民航地区管理局监督管理本辖区内的危险物品航空运输活动，包括地区危险物品航空运输的申请和许可、受理、审查、许可的变更与延续等。民航各地区管理局保证危险物品管理工作人员的配备，各地区管理局及监管局职能处室原则上在主管处室负责人之外至少配备 1 名危险物品专职监察员。

3. 航空技术中心

航空技术中心危险物品运输管理室是民航局危险物品管理工作支持单位,负责承办危险物品训练机构和鉴定的管理。

4. 民航局运输司

民航局运输司主要负责起草危险物品航空运输管理的相关法规、规章、政策、标准,并负责监督执行。

此外,各级监管机构还设立危险物品航空运输事故的报告电话/举报电话,并向社会公布。各机场建立了危险物品运输事故的应急处置机构/程序并配备危险物品专家,各航空承运人(包括其分、子公司)指定专门的危险物品运输管理机构及人员,负责危险物品运输的管理、手册的更新、组织培训、危险物品事件调查并向局方报告。

2.4.2　民航危险货物运输法规体系

由于民航危险货物进出口比例大,所以国内直接采用《国际危规》。下面具体分析国际规范、国家法律和行业规章,如图 2.7 所示。

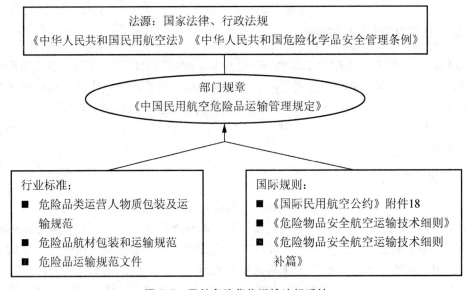

图 2.7　民航危险货物运输法规系统

1. 国际规范

危险物品安全航空运输的有关国际规范包括国际原子能机构《放射性物质安全运输条例》《国际民用航空公约》附件 18——《危险品的安全航空运输》、国际民航组织的《危险物品安全航空运输技术细则》《技术细则》补篇、国际航空运输协会的《危险品规则》等。

我国民用航空危险物品运输,技术标准方面则是直接采用了上述国际规章。

2. 国家法律和法规

民用航空的危险物品运输法规制定,依据了许多国家法律法规。

《中国民用航空危险品运输管理规定》第 276.1 条目的和依据中指出：……根据《中华人民共和国民用航空法》和《国务院对确需保留的行政审批项目设定行政许可的决定》（国务院令 2004 年第 412 号），制定本规定。

这些是制定规定的直接上位法。此外，该规定的制定还涉及国家的法律有《中华人民共和国传染病防治法》《中华人民共和国安全生产法》；相关的行政法规主要有《危险化学品安全管理条例》《民用爆炸物品安全管理条例》《放射性物质安全运输管理条例》等，这些法律、法规从不同方面对危险物品运输进行了规定。

3. 部门规章

在民用航空危险物品运输安全管理中，主要的规章是《中国民用航空危险品运输管理规定》。为了进一步补充规章，还发布通告、通知等，如《危险品训练机构管理办法》（咨询通告 AC－276－01）、《货物航空运输条件鉴定机构管理办法》（咨询通告 AC－276－02RI）、《危险品训练大纲编制和审定程序》。它们对我国有关危险物品安全管理的法律法规进行了有效补充，对开放危险物品航空运输市场和经济建设起到了促进作用。

4. 相关标准

近年来民航总局出台一些新的行业标准，这些标准与国际规则、国家标准一起，对民航危险物品运输生产作业规范化起到很大作用。

关于品名表，目前采用的标准是国际标准。

关于包装方面，除了采用国际规范外，还执行行业标准，如《危险品类营运人物资包装及运输规范》《危险品航材包装和运输规范》等。

另外，还有关于运输规范的行业标准，如《锂电池航空运输规范》（MH/T 1020－2007）、《感染性物质航空运输规范》《危险品类行李航空运输规范》等。

2.5 我国铁路危险货物运输相关组织和法规体系

2.5.1 铁路危险货物运输相关组织

铁路危险货物运输管理是在现有铁路高度集中、统一管理的体制下实行铁道部（现铁路总公司）、铁路局和站段三级管理，目前各级对危险货物运输均没有设立单独的管理机构，危险货物和普通货物统一管理。其中铁道部负责全面、统一监管全路危险货物运输；各路局主要负责局内危险货物运输监管工作；具体到站段则是操作层面的安全管理。各级机构的职责具体描述如下：

（1）铁路总公司（原铁道部）：承担国家铁路危险货物运输及有关安全监督管理工作。

（2）各铁路局：主要负责局内危险货物运输监管工作，在铁路危险货物运输方面的职能主要有以下 4 部分。

① 铁路危险货物运输法规、运输条件、运输限制和货物运价的日常管理。

② 装载加固、专用线、专用铁路和运输包装管理。

③ 铁路保价（保险）运输、货运事故处理和赔偿。

④ 集装箱、篷布和装卸日常管理。

(3) 站段：根据危险货物运输作业规程，分别由相关的职能部门负责安全管理，主要包括以下内容。

① 危险货物的受理：包括资质、货物、包装条件等的审核、相关单据的办理等。

② 危险货物的装车：包括车辆、货物的检查、装车、消防器材和安全防护用品的检查、标记的检查、装车后堆码及装载状态的检查等。

③ 危险货物的运输：按相关要求进行危险货物的调车作业、押运管理、单据审核、交接等。

④ 危险货物的卸车：包括车辆的检查、票据的核对，消防器材和安全防护用品的检查、车辆的清洗等。

⑤ 危险货物的交付：货物和单据的交接。

⑥ 危险货物运载车辆、容器的日常清洗和维护。

2.5.2 铁路危险货物运输法规体系

铁路法规体系包括具有法律渊源的国际规章、国家法律、行政法规、部门规章和相关标准。其中，国际公约、规则，国际法律，行政法规的体系与我国水路危险货物运输法规系统一样。本节主要介绍铁路部门规章和相关标准。

1. 部门规章

铁路危险货物运输主要部门规章是《铁路危险货物运输管理规则》。相关上位法对危险货物运输的规定和要求，已经贯彻落实到具体的条款中。

关于剧毒、易制毒、麻醉药品和精神药品等特定种类的危险货物的部门规章中的相关规定和要求，已经纳入《铁路危险货物运输管理规则》。规则还结合铁路自身的特点和管理体制，通过"第十七章剧毒品运输""第十八章放射性物质运输"确定了这两类危险货物的运输条件和组织管理办法。

依据相关部门制定的管理办法主要有以下 3 种：

(1)《剧毒化学品购买和公路运输许可证件管理办法》。

(2)《易制毒化学品购销和运输管理办法》。

(3)《麻醉药品和精神药品运输管理办法》。

2. 相关标准

铁路危险货物运输法规系统，依据国际、国家的标准，结合铁路自身的实际制定了行业标准。

对我国铁路危险货物运输相关标准的梳理表明，我国危险货物铁路运输规则标准涵盖了危险货物运输安全管理各个方面，初步形成了铁路危险货物运输标准体系，基本适应危险货物运输管理、生产作业要求。

(1) 危险货物分类、分项采用《铁路危险货物运输管理规则》中提出的分类方法，危险货物品名和品名编号则执行《铁路危险货物品名表》，这些行业标准、方法，是依据国家标准《危险货物分类与品名编号》和《危险货物品名表》，结合铁路运输实际情况编制而成的。

(2) 危险货物一书一签主要采用国家标准。

(3) 危险货物包装方面，采用铁路行业标准《铁路危险货物包装表》《铁路危险货物运输包装性能试验规定》《铁路危险货物运输包装性能试验要求和合格标准》等。

(4) 危险货物标志、标签和标牌方面，除了采用国家标准，还包括专用规定：《铁路危险货物运输管理规则》中对自备车的相关规定。

(5) 专用车辆和设备方面，主要采用《铁路危险货物运输管理规则》中的标准。

(6) 关于运输作业、培训、应急管理、劳动防护等方面的管理标准，主要都包括在《铁路危险货物运输管理规则》中。另外，还有《铁路危险货物运输办理站(专用线、专用铁路)办理规定》(2009年版)、《铁路危险货物技术咨询培训管理办法及导则》等。

2.5.3 《铁路危险货物运输管理规则》简介

1. 规则的目的

《铁路危险货物运输管理规则》第一条表明：为加强铁路危险货物运输管理，确保铁路运输安全……制定本规则。

(1) 通过抓源头管理，加强铁路危险货物运输安全。规则通过加强对托运人和承运人管理，对载运工具的管理，加强对源头管理。

规则对危险货物运输承运人、托运人实施资质认定制度，规则附录1和附录2分别给出了铁路危险货物运输承运人、托运人资质许可办法。没有资质不能进行相关业务。

规则通过第十四章确定了危险货物自备货车、自备集装箱技术审查程序；第十五章规定了危险货物自备货车运输，保障了运载工具符合危险货物运输安全的要求。

(2) 通过抓运输生产的中间过程，确保铁路运输安全。由于铁路负责运输企业生产管理，因此制定了托运、承运、装卸、洗刷、保管和交付等各个环节的操作规程、标准，作业签认制度，押运管理工作区段签认负责制等，建立了领导负责制、专业负责制、岗位负责制和逐级负责制等体系，促进铁路危险货物运输管理系列化、规范化和科学化。

规则通过实施铁路危险货物运输应急预案，建立应急管理制度；并强调事后分析、报告，建立起事故问责管理制度，确保安全。

2. 规则的适用范围

《铁路危险货物运输管理规则》第二条确定了本规则的适用范围：中华人民共和国境内铁路危险货物运输适用本规则……国际联运、军事运输另按有关规定办理。

本规则第一章第四条给出了危险货物的定义，确定了铁路危险货物运输对象。具体为：在铁路运输中，凡具有爆炸、易燃、毒害、感染、腐蚀、放射性等特性，在运输、装卸和储存保管过程中，容易造成人身伤亡和财产毁损而需要特别防护的货物，均属危险货物。

本规则第四章第三十四条，确定了禁止运输国家禁止生产的危险物品，以及禁止铁路运输规则未确定运输条件的过度敏感或能自发反映而引起危险的物品，如叠氮铵、无水雷汞、高氯酸(72%)、高锰酸铵、4-亚硝基苯酚等。

上述条款给出了适于铁路运输的危险货物类型。

3. 规则修订的指导思想和方针

本项规则的修订是在现代安全管理指导思想下进行的，规则第三条说明了铁路危险货物运输管理的 16 字方针：安全第一、以人为本、依法行政、预防为主。强调管理的科学性和完整性。

4. 内容概述

本规则在形式上由正文、附件两大部分组成。

本规则的正文包括铁路危险货物运输安全管理规定和运输技术条件两大部分：正文的第二章至第十二章，确定了从包装、托运、承运等运输各个环节的技术规定和要求，规定了托运人、承运人资质要求，明确了办理站和专用线类型、布局、职责和要求等；第十三章到第二十二章，确定了包括剧毒、放射性物质等特定种类危险货物，以及进出口运输的要求，规定了自备车、集装箱等运载工具的技术审查程序、运输要求等。

附件则包括附件、格式、附表和附录 4 种。附件和附录，是包括包装、运输条件、配装、编组隔离、洗刷等方面的技术标准；附表则是危险货物运输基础管理台账细目；格式列出了本规定中各种报表、单据、证明书、签认单的格式。

2.6 我国道路危险货物运输相关组织和法规体系

2.6.1 道路危险货物运输相关组织

（1）交通管理部门：负责危险货物道路运输企业的资质管理，核发道路运输经营许可证，核发危险化学品运输车辆道路运输证；负责营业性道路危险化学品运输驾驶员、押运员和装卸管理人员从业资格管理，核发营业性驾驶员从业资格证等；负责对专用车辆和设备的监督管理，监督运输企业对危险化学品运输车辆安装或喷涂危险化学品警示标志；定期、不定期地对被许可的企业进行督察，包括资质、资格、技术在运营中的状态等。

（2）质检部门：负责道路危险化学品及其包装物、容器生产许可证的发放；对道路危险化学品包装物、容器的产品质量实施监督，对危险化学品的包装物、容器的产品质量进行定期和不定期的检查。

（3）公安部门：负责剧毒化学品道路运输通行证的核发工作，对危险化学品道路运输安全实施监督；负责危险化学品运输车辆机动车行驶证和危险化学品运输车辆人机动车驾驶证的发放工作；负责在人口密集的地点设定禁止危险化学品运输车辆通行区域，设置、完善危险化学品禁止通行标志；负责监督检查运输企业在危险化学品运输车辆或者罐体的后部安装和喷涂安全警示标志；会同交通部门联合负责省际道路危险货物化学品运输的查验工作；会同交通、质监和安监部门对剧毒化学品运输车辆、驾驶人员遵守道路交通安全法律规定情况实施监督检查工作。

2.6.2 道路危险货物运输法规体系

由于我国道路危险货物运输范围主要限于国内，因而其法规系统主要包括国家法律、行政法规、部门规章和技术标准。下面主要分析部门规章和行业主要采用的技术标准。

1. 部门规章

道路危险货物运输主要部门规章是《道路危险货物运输管理规定》(原交通部令 2005 年第 9 号)，还有针对放射性物品的《放射性物品道路运输管理规定》(交通运输部，2010 年第 6 号)。

另外，针对剧毒、易制毒、麻醉药品和精神药品等特定种类的危险货物，为了防止这些货物被盗、被抢、丢失、流散，准确掌握这些货物流向，出台了系列管理办法，作为法规的补充。按照《道路危险货物运输管理规定》，在进行道路运输时需要遵守其规定。这些管理办法参见铁路部分。

2. 相关标准

《汽车运输危险货物规则》《汽车运输、装卸危险货物作业规程》中规定：下列文件的条款通过本标准的引用而成为本标准的条款。所以，道路危险货物运输法规系统，包括规则中引用的系列标准。

通过对引用系列标准的梳理，可以发现我国危险货物道路运输规则标准涵盖了危险货物运输安全管理各个方面，初步形成了道路危险货物运输标准系统，基本达到危险货物运输管理、生产作业的要求。

道路危险货物运输中，主要的专项管理标准是《汽车运输危险货物规则》，技术标准是《汽车运输、装卸危险货物作业规程》。同时，两项规则中，还直接引用了许多国家标准和行业标准。

从标准性质，总结出道路危险货物运输涉及的标准。

1) 通用基础技术标准

(1) 危险货物分类、分项、品名和品名编号、一书一签主要采用国家标准。

(2) 危险货物包装方面，除了执行国家标准外，还执行专项标准：《道路运输液体危险货物罐式车辆(第 1 部分)金属常压罐体技术要求》(GB 18564.1—2006)和《道路运输液体危险货物罐式车辆(第 2 部分)非金属常压罐体技术要求》(GB 18564.2—2008)。包装制造和试验方面，则采用行业标准《道路、公路危险货物运输包装基本要求和性能试验》。罐式集装箱应符合 GB/T 16563—1996 等国家标准。

(3) 危险货物标志、标签和标牌方面，采用国家标准。

2) 道路运输安全技术标准

(1) 危险货物标志、标签和标牌方面(包括专用车辆标志标准)：《道路运输危险货物车辆标志》。

(2) 专用设备方面，专用车辆技术性能采用国家标准《营运车辆综合性能要求和检测方法》(GB 18565—2001)，车辆外廓尺寸、轴荷和质量运用国家标准《道路车辆外廓尺寸、轴荷及质量限值》(GB 1589—2004)的要求，车辆技术等级要求达到行业标准《营运车辆技术等级划分和评定要求》(JT/T 198—2004)规定的一级技术等级；专用车辆的维护、检测、使用和管理按照《道路货物运输及站场管理规定》执行。对于爆炸品和剧毒化学品，车辆安全技术条件还应满足《道路运输爆炸品和剧毒化学品车辆安全技术条件》(GB 20300—2006)。

3) 道路安全管理标准

(1) 关于运输作业、培训、应急管理、劳动防护等方面的管理标准，运用《汽车运输危险货物规则》。

(2) 关于运输作业规程和设备设施要求,采用《汽车运输、装卸危险货物作业规程》。

(3) 关于特殊种类的危险货物安全管理的要求,如《放射性物质安全运输规定》(GB 11806—2004)。

2.6.3 《道路危险货物运输管理规定》简介

1. 目的

《道路危险货物运输管理规定》第一条指出:为规范道路危险货物运输市场秩序,保障人民生命财产安全,保护环境,维护道路危险货物运输各方当事人的合法权益……制定本规定。

(1) 规范道路危险货物运输市场秩序。该规定依据《中华人民共和国道路运输条例》,具体确定了危险货物道路准入制度,设定了相应的行政许可制度和准入条件。

(2) 保障人民生命财产安全,保护环境。安全问题是该规定着力要解决的问题。通过制订严格的准入条件,确定专用车辆的安全要求,规定运输企业和单位建立安全管理制度,明确运输行为要求等,达到保障安全、保护环境的目的。

(3) 维护道路危险货物运输各方当事人的合法权益。该项规定通过维护道路危险货物运输市场秩序,保障安全和保护环境,达到维护道路危险货物运输各方当事人合法权益的目的。

2. 适用范围

《道路危险货物运输管理规定》第二条指出:从事道路危险货物运输经营和使用自备车辆从事为本单位服务的非经营性道路危险货物运输的,应当遵守本规定。军事危险货物运输除外。

法律、行政法规对特定种类危险货物的道路运输另有规定的,从其规定。

此外,本规定第三条给出了危险货物定义:是指具有爆炸、易燃、毒害、腐蚀、放射性等特性,在运输、装卸和储存过程中,容易造成人身伤亡、财产毁损和环境污染而需要特别防护的货物。危险货物以列入国家标准《危险货物品名表》(GB 12268—2012)的为准,未列入《危险货物品名表》的,以有关法律、行政法规的规定或者国务院有关部门公布的结果为准。

本规定所称道路危险货物运输车辆(以下简称专用车辆),是指从事道路危险货物运输的载货汽车。

本规定所称道路危险货物运输,是指使用专用车辆,通过道路运输危险货物的作业全过程。

上述条款,确定了适于道路运输的危险货物类型和适用范围。

3. 规则修订的指导思想和方针

该项规则修订指导思想体现在以下3个方面:

(1) 依法设定有关职责。依据交通运输部的职责,确定道路危险货物运输管理工作主要是"三把关一监督",不错位,不越位。规定中的管理要求也是围绕这个指导思想展开的。

（2）符合行业发展客观需求。密切结合科技进步、经济和社会发展形势，使得修编的规定具有超前性、时代性，满足现代行业发展的需要。

（3）科学系统。定义了规定中的许多常用名词，便于统一守法者和执法者的认识。借鉴国际规则制定的先进经验，国家部委对各种方式运输危险货物的管理模式，保持规定的科学性、独立性和系统性。

4. 内容概述

规定主要确定当事人的权利、职责、行为模式和法律后果，制定了危险货物道路运输企业的许可制度，规定了危险货物运输车辆、设备的要求。

2.6.4 《汽车运输危险货物规则》简介

1. 目的

《汽车运输危险货物规则》（JT 617—2004）通过对汽车运输危险货物中的托运、承运、车辆和设备、运输、从业人员和劳动保护等方面提出具体要求，规范管理，保障安全。

2. 适用范围

《汽车运输危险货物规则》第一条指出：……本标准适用于汽车运输危险货物的安全管理。

3. 内容概述

《汽车运输危险货物规则》基本内容的框架包括对运输作业、设备和设施的规定，对从业人员的规定，对劳动保护要求以及对应急处理要求等。

2.6.5 《汽车运输、装卸危险货物作业规程》简介

《汽车运输、装卸危险货物作业规程》（JT 618—2004）是《汽车运输危险货物规则》的配套文件。

1. 目的

本规程通过规定汽车运输、装卸危险货物的基本要求和安全作业要求，规范汽车运输危险货物作业、装卸作业，保障安全，避免或减少事故的发生。

2. 适用范围

《汽车运输、装卸危险货物作业规程》第一条指出：本标准适用于爆炸品、压缩气体和液化气体、易燃液体、易燃固体自燃物品和遇湿易燃物品、氧化剂和有机过氧化物、毒害品和感染性物品、放射性物品、腐蚀品和杂类等危险货物的汽车运输和装卸。

3. 内容概述

该规则给出了其文本中常用的基本术语，明确了道路危险货物运输的一般规则，规定了包装、散装和集装箱，以及大宗危险货物运输、装卸作业基本要求和安全作业要求。

2.7 国内危险货物运输基础技术标准

目前，我国危险货物运输采用的基础技术标准有国际规则、国家标准和行业标准三套。由于《危险货物包装标志》（GB 190—2009）与联合国《规章范本》中标准一致，接下来以铁路运输为例，主要针对危险货物分类、品名表、包装，分析现行国家标准、铁路行业标准。

2.7.1 危险货物分类标准

危险货物的分类将确定危险货物的性质和包装，它是确定运输条件的基础。

1. 国家标准

2012 年国家颁布了《危险货物分类和品名编号》（GB 6944—2012），以代替 GB 6944—2005 的《危险货物分类和品名编号》。该标准适用于危险货物的运输、储存、生产、经营、使用和处置。

该标准按危险货物具有的危险性或最主要的危险性分为 9 个类别，有些类别再分成项别，类别和项别的号码顺序并不是危险程度的顺序。国家标准与联合国《规章范本》中分类标准是一致。

该项标准还确定了危险货物品编号采用联合国编号。

每一危险货物对应一个编号，但对性质基本相同，运输、存储条件和灭火、急救、处置方法相同的危险货物，也可使用同一编号。

2. 铁路行业标准

铁路行业依据国标《危险货物分类和品名编号》（GB 6944—2012)和《危险货物品名表》(GB 12268—2012)，结合铁路运输实际情况，铁路运输危险货物按其主要危险性和运输要求，形成铁路行业分类标准，具体的标准如下所示：

第 1 类——爆炸品

第 1.1 项——有整体爆炸危险的物质和物品；

第 1.2 项——有迸射危险，但无整体爆炸危险的物质和物品；

第 1.3 项——有燃烧危险并有局部爆炸危险或局部迸射危险或这两种危险都有，但无整体爆炸危险的物质和物品；

第 1.4 项——不呈现重大危险的物质和物品；

第 1.5 项——有整体爆炸危险的非常不敏感物质；

第 1.6 项——无整体爆炸危险的极端不敏感物品；

注：该项物品的危险仅限于单个物品的爆炸。

第 2 类——气体

第 2.1 项——易燃气体；

第 2.2 项——非易燃无毒气体；

第 2.3 项——毒性气体。

第 3 类——易燃液体

第3.1项——一级易燃液体；

第3.2项——二级易燃液体。

第4类——易燃固体、易于自燃的物质、遇水放出易燃气体的物质

第4.1项——易燃固体；

第4.2项——易于自燃的物质；

第4.3项——遇水放出易燃气体的物质。

第5类——氧化性物质和有机过氧化物

第5.1项——氧化性物质；

第5.2项——有机过氧化物。

第6类——毒性物质和感染性物质

第6.1项——毒性物质；

第6.2项——感染性物质。

第7类——放射性物质

第8类——腐蚀性物质

第8.1项——酸性腐蚀性物质；

第8.2项——碱性腐蚀性物质；

第8.3项——其他腐蚀性物质。

第9类——杂项危险物质和物品

第9.1项——危害环境的物质；

第9.2项——高温物质；

第9.3项——经过基因修改的微生物或组织，不属感染性物质，但能以非正常的天然繁殖结果的方式改变动物、植物或微生物物质。

2.7.2 危险货物品名表

危险货物一览表描述了危险货物的基本信息，确定了危险货物包装要求和基本运输条件，使得承托双方统一认识，避免歧义。它是危险货物运输安全的基本保障。

1. 国家标准

2012年国家质量监督检验检疫总局和国家标准化管理委员会发布了国家标准《危险货物品名表》（GB 12268—2012），并于同年实施。该版本标准是截至目前(2014.8)的最新版本。

《危险货物品名表》规定了危险货物一览表的一般规定和结构，以及危险货物的编号、名称和说明、英文名称、类别和项别、次要危险性及包装类别等内容。具体结构见表2-1。

表2-1 《危险货物品名表》结构

(1)	(2)	(3)	(4)	(5)	(6)	(7)
联合国编号	名称和说明	英文名称	类别或项别	次要危险性	包装类别	特殊规定

《危险货物品名表》共包括以下7栏：

第1栏："联合国编号"——采用联合国编号。

第2栏："名称和说明"——危险货物的中文正式名称，用黑体字加上构成名称一部分

的数字、希腊字母、"另"、"特"、间、正、邻、对等表示；也可附加中文说明，用宋体字表示[其中"％"符号代表：(a)如果是固体或液体混合物以及溶液和用液体湿润的固体，为根据混合物、溶液或湿润固体的总质量计算的质量分数，单位为 10^{-2}；(b)如果是压缩气体混合物，按压力装载时，用占气体混合物总体积的体积分数表示，单位为 10^{-2}。或按质量装载时，用占混合物总质量的质量分数表示，单位为 10^{-2}；(c)如果是液化气体混合物和加压溶解的气体，用占混合物总质量的质量分数表示，单位为 10^{-2}]。

第3栏："英文名称"——危险货物的英文正式名称，用大写字母表示；附加说明用小写字母表示。

第4栏："类别或项别"——危险货物的主要险性，按 GB 6944—2012 确定；其中第Ⅰ类危险货物还包括其所属的配装组，配装组的划分按附录 A 确定。

第5栏："次要危险性"——除主要危险性以外的其他危险性，按 GB 6944—2012 确定。

第6栏："包装类别"——按照联合国包装类别给危险货物划定的类别号码，用Ⅰ、Ⅱ、Ⅲ表示。

第7栏："特殊规定"——列出某种物品或物质的特殊规定。

2. 铁路行业标准

《铁路危险货物品名表》主要依据联合国《关于危险货物运输的建议书》《危险货物分类和品名编号》(GB 6944—2012)、《危险货物品名表》(GB 12268—2012)和《放射性物质安全运输规程》(GB 11806—2004)编制而成。该品名表原则上尽量与国际接轨，并保持与国家标准的一致性，同时也要结合多年来铁路危险货物运输实践，保留其成熟的部分内容，使之具有中国铁路危险货物运输特色。铁路危险货物品名表结构见表 2-2。

表 2-2 铁路危险货物品名表结构

(1)	(2)	(3)	(4)	(5)	(6)	(7)	(8)	(9)	(10)	(11)	(12)	(13)
铁危编号	品名	别名	信息化品名	主要特性	包装标志	包装类	包装方法	灭火方法	洗刷除污编号	急救措施	特殊规定	联合国及国标编号
11002	非电引爆雷管（爆破用）	爆破用非电雷管，工程非电雷管	非电雷管(11002)	与11001爆破用电雷管同	Ⅰ	Ⅱ	与11001电引爆雷管同	水，禁用砂土	1	—	3, 4	0029

《铁路危险货物品名表》从结构上分为13栏，见上表。

(1) 第1栏："铁危编号"——由五位阿拉伯数字及英文大写字母组成。

第1位数字表示该危险货物的类别。

第2位数字表示该危险货物的项别。

第3、4、5位数字表示该危险货物品名的顺序号。

铁危编号后的英文大写字母（如 A、B、C）表示同一品名编号具有不同运输条件的危险货物。

(2) 第 2 栏:"品名"——为危险货物的正式运输名称及附加条件。

(3) 第 3 栏:"别名"——为危险货物正式运输名称以外的其他名称。

(4) 第 4 栏:"信息化品名"——本版只对《铁路危险货物运输办理站(专用线、专用铁路)办理规定》中已列载的品名列有信息化品名,《办理规定》中未列载的品名,未列信息化品名。

(5) 第 5 栏:"主要特性"——为危险货物的主要物理、化学性质及危险性。

(6) 第 6 栏:"包装标志"——为危险货物包装标志(见《危规》附录3)。

(7) 第 7 栏:"包装类"——为按危险货物的危险程度划分的包装类。

(8) 第 8 栏:"包装方法"——为危险货物包装表的包装号(见《危规》附件3)及特定的包装方法。

(9) 第 9 栏:"灭火方法"——为推荐的灭火剂及灭火禁忌。

(10) 第 10 栏:"洗刷除污编号"——为洗刷除污方法编号(见《危规》附件8)及特殊洗刷除污方法。

(11) 第 11 栏:"急救措施"——为建议的临时急救措施。

(12) 第 12 栏:"特殊规定"——为有关该品名的特殊规定的顺序号(见《危规》附件1)。

(13) 第 13 栏:"联合国及国标编号"——国标编号是 GB 12268—2012 中的编号。

2.7.3 危险货物包装标准

危险货物包装物、容器(以下简称包装物、容器)是指根据危险货物的特性,按照有关法规、标准专门设计制造的,用于盛装危险化学品的桶、罐、瓶、箱、袋等包装物和容器,包括用于汽车、火车、船舶运输危险化学品的槽罐。

包装在危险货物运输过程中的作用主要体现在几个方面:①保护货物,减少和避免货物损失;②防止环境污染;③保障接触者人身安全;④便于堆放、存贮、装卸。

危险货物包装一般不增加危险货物的使用价值,但却入货物成本;有效提高危险货物包装的质量,能够减少危险货物储运中的质量事故。因此,对企业来说,既需要使用规范的包装,保证运输安全,又需要尽量降低包装成本。

危险货物在运输过程中会遇到各种各样的负载,最常见的是动力学负载和气候负载,它们可能会引起危险货物包装发生破损,从而导致危险货物发生泄露等事故。危险货物包装不但要保证在运输过程中不发生货物损失,而且要保证其不伤害运输工具、人类和环境。危险货物包装的性能如何,是否能保证其在运输过程中不发生破损,是否会对环境造成污染和危害,都必须采用一定的试验方法,对其包装容器和材料进行测试。危险货物包装试验合格后才能投入使用。

1. 国家标准

国家标准是国家标准委员会针对危险货物运输包装所制定的一系列标准。除了《危险货物运输包装通用技术条件》(GB 12463—2009)外,国家标准体系中主要按运输方式对危险货物包装进行了规范和要求。每种运输方式的包装规范都分为通则、性能检验和使用鉴定3个方面。其中,通则规定了包装的使用规范,性能检验和使用鉴定明确了包装的制造和试验要求,见表 2-3。

表2-3 危险货物运输包装国标体系主要文件

1. 针对不同运输方式的包装规范	GB 19269—2009 公路运输危险货物包装检验安全规范 GB 19270—2009 水路运输危险货物包装检验安全规范 GB 19359—2009 铁路运输危险货物包装检验安全规范 GB 19433—2009 空运危险货物包装检验安全规范 GB 18564.1—2006 道路运输液体危险货物罐式车辆 第1部分：金属常压罐体技术要求 GB 18564.2—2008 道路运输液体危险货物罐式车辆 第2部分：非金属常压罐体技术要求
2. 针对不同容器的包装规范	GB 19434—2009 危险货物中型散装容器检验安全规范 GB 19454—2009 危险货物便携式罐体检验安全规范 GB 19432—2009 危险货物大包装检验安全规范 GB 19521.14—2004 危险货物中小型压力容器检验安全规范 GB 19521.13—2004 危险货物小型气体容器检验安全规范 GB 19434.4—2004 危险货物柔性中型散装容器检验安全规范 性能检验 GB 19434.5—2004 危险货物金属中型散装容器检验安全规范 性能检验 GB 19434.6—2004 危险货物复合中型散装容器检验安全规范 性能检验 GB 19434.7—2004 危险货物纤维板中型散装容器检验安全规范 性能检验 GB 19434.8—2004 危险货物刚性塑料中型散装容器检验安全规范 性能检验
3. 针对不同货种的包装规范	GB 19453—2009 危险货物电石包装检验安全规范 GB 19457—2009 危险货物涂料包装检验安全规范 GB 19268—2003 固体氰化物包装 GB 19358—2003 黄磷包装安全规范 使用鉴定

根据国家标准，危险货物按包装结构强度和防护性能及内装物的危险程度，分为以下3个等级。

Ⅰ级包装：适用内装危险性极大的货物。
Ⅱ级包装：适用内装危险性中等的货物。
Ⅲ级包装：适用于内装危险性较小的货物。

对危险货物运输包装做出以下基本要求：

（1）危险货物运输包装应结构合理，具有一定强度，防护性能好。包装的材质、型式、规格、方法和单件质量，应与所装危险货物的性质和用途相适应，并便于装卸、运输和储存。

（2）包装应质量良好，其构造和封闭形式应能承受正常运输条件下的各种作业风险，不应因温度、湿度或压力的变化而发生任何渗（撒）漏，包装表面应清洁，不允许黏附有害的危险物质。

（3）包装与内装物直接接触部分，必要时应有内涂层或进行防护处理，包装材质不得与内装物发生化学反应而形成危险产物或导致削弱包装强度。

（4）内容器应予固定。如属易碎性的，应使用与内装物性质相适应的衬垫材料或吸附材料衬垫为妥。

（5）盛装液体的容器，应能经受在正常运输条件下产生的内部压力。灌装时必须留有足够的膨胀余量（预留容积），除另有规定外，并应保证在温度55℃时，内装液体不致完全充满容器。

（6）包装封口应根据内装物性质采用严密封口、液密封口或气密封口。

（7）盛装需浸湿或加有稳定剂的物质时，其容器封闭形式应能有效地保证内装液体（水、溶剂和稳定剂）的百分比，在贮运期间保持在规定的范围以内。

（8）有降压装置的包装，其排气孔设计和安装应能防止内装物泄漏和外界杂质进入，排出的气体量不得造成危险和污染环境。

（9）复合包装的内容器和外包装应紧密贴合，外包装不得有擦伤内容器的凸出物。

（10）盛装爆炸品包装的附加要求：盛装液体爆炸品容器的封闭形式，应具有防止渗漏的双重保护；除内包装能充分防止爆炸品与金属物接触外，铁钉和其他没有防护涂料的金属部件不得穿透外包装；双重卷边接合的钢桶、金属桶或以金属做衬里的包装箱，应能防止爆炸物进入隙缝；钢桶或铝桶的封闭装置必须有合适的垫圈；包装内的爆炸物质和物品，包括内容器，必须衬垫妥实，在运输中不得发生危险性移动；盛装有对外部电磁辐射敏感的电引发装置的爆炸物品，包装应具备防止所装物品受外部电磁辐射源影响的功能。

包装容器性能检验包括4个基本项目：跌落试验、密封性试验（也称渗漏试验）、内压（液压）试验和堆码试验，分别对应于危险货物包装所应具有的基本性能——缓冲、密封、耐内压和强度性能。按包装容器的种类不同，所要求的性能试验项目也不尽相同。

2. 行业标准

目前我国的情况是，各种运输方式都有自己的危险货物运输管理规定和相应的危险货物运输规则。与国家标准相比，这些行业标准更为详细，由主管部门颁布并要求实施。见表2-4。

表2-4 危险货物包装的行业标准

方式	颁发单位	规则	应用
铁路	原铁道部	铁路危险货物运输管理规则（铁运[2008]174号）	铁路危险货物运输
水运	原交通部	水路包装危险货物运输规则（交[1996]10号）	内河及沿海危险货物运输
空运	中国民用航空局	危险品航空安全运输技术细则（Doc 9284-AN/905）	与国际规则统一，应用于民航危险货物运输
道路	交通部	《汽车运输危险货物规则》（JT617—2004）	道路

其中，道路在具体执行中依然采用国家标准，水运和空运以国际标准为蓝本制定行业标准，铁路则制定了自己的行业标准。危险货物包装在品名表中占据了重要地位，而且各种品名表内的包装要求表达形式有较大区别，是危险货物运输中较为复杂的部分。以联合国《规章范本》《国际危规》和我国铁路行业品名表中的危险货物包装要求为例，在对乙醛运输包

装的要求上，就存在较大差别。联合国建议书属于指导性，其包装规范要求较宽；而空运细则是指令性的，专门针对某种危险货物，对包装规范进行了细化，使之更具备实际操作性。铁路危规也是指令性的，规定后使得可用包装的范围更为狭窄，也更具操作性。

道路运输没有自己的品名表，对包装的要求参照国家标准进行。

【本章小结】

本章主要介绍了国内外危险货物运输相关的组织和法规体系，首先介绍了国际危险货物运输相关组织和《关于危险货物运输的建议书》《国际海运危险货物规则》和《危险物品安全航空运输技术细则》的主要内容及在我国执行的情况；接着介绍了国内危险货物运输相关的组织和法规体系；重点掌握国内水路、民航、铁路、道路危险货物运输的相关法规。

【课后练习】

一、判断题

1. 我国是从1979年开始在国际航线上使用《国际危险货物运输规则》。（   ）
2. 《关于危险货物运输的建议书》及其附件《规章范本》和《试验和标准手册》是一套适用于各种运输方式危险货物运输的基本规定。（   ）
3. 各级海事管理机构依照有关法律、法规负责颁发载运危险货物船舶的船员的适任证书和培训合格证。（   ）
4. 质检总局是负责危险化学品环境管理登记和新化学物质环境管理登记的主管部门。（   ）
5. 国家标准《危险货物品名表》（GB 12268—2012）与《铁路危险货物品名表》结构是一样的。（   ）

二、选择题

1. 国际危险货物运输相关的组织包括（   ）。
   A. 联合国危险货物运输专家分委会   B. 国际海事组织
   C. 国际民用航空组织   D. 国际航空运输协会（IATA）
   E. 国务院安全生产委员会

2. 国际危险货物运输法规体系包括（   ）。
   A. 联合国关于危险货物运输建议书   B. 国际海上人命安全公约
   C. 国际防止船舶造成污染公约   D. 危险物品航空安全运输技术细则
   E. 国际海运危险货物规则

3. 国内危险货物运输相关的组织包括（   ）。
   A. 国务院安全生产委员会   B. 国家发展与改革委员会
   C. 公安部   D. 环境保护部
   E. 交通主管部门   F. 质检总局

4. 我国民航危险货物运输相关组织包括(   )。
   A. 中国民用航空局　　　　　　　　B. 民航地区管理局
   C. 航空技术中心　　　　　　　　　D. 民航局运输司
   E. 中国口岸协会
5. 危险化学品安全生产标准体系主要划分为(   )。
   A. 通用基础安全标准　　　　　　　B. 安全技术标准
   C. 运输储存安全标准　　　　　　　D. 特种货物运输安全标准
   E. 安全管理标准

三、简答题

1. 简述国际危险货物运输法规体系。
2. 简述国内危险货物运输法规体系。
3. 简述国内水路危险货物运输体系。

下篇 工作流程

❖ **本篇内容包括：**

- 第3章 危险货物一览表的查询
- 第4章 危险货物的包装
- 第5章 危险货物的标识
- 第6章 危险货物的托运
- 第7章 危险货物的收运、储存与装卸
- 第8章 危险货物的运输和应急

第3章

危险货物一览表的查询

WEIXIAN HUOWU YILANBIAO DE CHAXUN

【学习目标】

- 了解危险货物一览表的作用。
- 掌握危险货物运输的限制和免除。
- 掌握联合国《规章范本》危险货物一览表。
- 掌握《国际危规》危险货物一览表。
- 掌握《危险品规则》危险品一览表。

【导入案例】

中国籍 1.5 万吨级远洋轮"莲花城"在新加坡西锚地,当值班水手关闭照明灯时,第四货舱突然起火,随后第三、第二货舱相继起火、爆炸,虽经奋力施救,但因火势猛烈,最后被拖上浅滩搁浅而实施全面施救。据查第四货舱内载有"可发性聚苯乙烯珠体"。

事故原因:"可发性聚苯乙烯珠体"属于第 9 类危险货物,UN 联合国号:2211,包装组别:Ⅲ。

了解危险货物的分类,掌握国内外相关规定,是进行危险货物运输的前提。

 ## 3.1 危险货物一览表的作用

《危险货物一览表》是各种运输方式《危规》的重要组成部分,对承托双方都有法律效力,运输各方都必须严格遵守《一览表》的各项规定。《一览表》的作用如下:

(1) 限定了危险货物的范围。凡是《一览表》中列名的货物,均为危险货物,可以按《危规》要求进行运输。没有列名的货物有两种情况:一是已知的排除在危险货物以外的普通货物。这里容易混淆的是作为普通货物的化学物品与危险货物之间的界限,所以中国民航总局的《化学物品运输规定》也列出了危险物品的一览表。一般说来,将化学物品误作危险物品运输,包装要求严,运输费用高,为托运人所不为;二是化工新产品,不能确定是否为危险货物,或是哪一种类的危险货物,这就要求托运人对该货物作出鉴定,再按《危规》规定的程序决定适用哪一个品名,按哪一类别的危险货物条件和要求进行运输。

(2) 规定了危险货物的名称和译名以及运输专用名称和品名编号。为了避免托运和承运各方在适用一览表上的歧义,《危规》规定,必须按《危规一览表》上的学名或通用名称来制作各种运输单据和凭证。国际运输中,货物品名要按有关的国际《危规一览表》列载的运输专用名称来确定某货物的学名和译名,用运输专用名称制作各种运输单据与凭证。避免歧义的有效手段是品名编号,托承双方确认同一个品名编号就不会搞错。联合国危险货物品名编号前缀 UN 加 4 位数字。4 位数字是该货物被确认并编入联合国危险货物一览表的顺序。凭此编号世界各国都明确知道是指哪一个危险货物。

(3) 规定了危险货物进行运输的限制条件。某些危险货物只有在一定的限制条件下才能按照某一类别的危险货物进行运输。例如,有的要加充填剂稀释;有的要加钝感剂稳定;有的要防止聚合分裂;有的要限制有效成分等。例如:硝化甘油酯(含钝感剂)、硝化甘露醇(按质量含 40% 以上的水或酒精和水的混合物)、二乙烯基醚(抑制了的)、硫氢化钠(含结晶水 25% 以上)、氯丙酮(稳定了的)以及漂粉精(含有效氯 30% 以上)等。

(4) 规定了某危险货物的性质分类和应标贴的危险性能标志。大多数《危规一览表》是按危险货物的主性质分类编排的,货物编排在第几类,可直接看其《危规一览表》编号,即知道该货物的主性质。我国国内的各种《危规一览表》都是采用这种编排。如公路《危规一览表》的苯乙炔,其品名编号是"33545"。"3"是第 3 类货物即易燃液体类,第 2 位"3"说明该货物的闪点大于 23℃,是Ⅲ级包装易燃液体;末尾的三位数"545"是顺序号。同时对货物的特性作文字说明。

IATA《危规》的品名是按品名的英文字母顺序排列的,检索很方便,不必另排索引表。

这样必然不可能再按性能排列,所以 IATA 一览表在 B 栏(品名栏)后的 C、D、E 栏上标明了货物的主性质、副性质及相应的性能标志。

(5) 规定危险货物的包装等级,即表明该货物的危险程度。

(6) 规定危险货物必需的包装要求。托运人把某品名危险货物托运给某种运输方式承运,必须按照该运输方式《危险货物一览表》的规定对危险货物进行包装。

在国际贸易的进出口货物运输中,当进口或出口的危险货物的包装物和包装方法与国内《危险货物运输管理规则》规定的包装物和包装方法不相符合时,我国《铁路危险货物运输管理规则》做出了如下具体的规定:

① 托运的货物,在《国际海运危险货物规则》《国际铁路联运危险货物运送特定技术条件》等有关国际运输组织的规定中属危险货物,而我国铁路按非危险货物运输时,可继续按非危险货物运输,但包装和标志应符合上述有关国际运输组织的规定。托运人应在货物运单"托运人记载事项"栏内注明"转海运进(出)口"或"国际联运进(出)口"字样。

② 托运的货物,国内《铁路危险货物运输管理规则》规定为危险货物,而《国际海运危险货物规则》《国际铁路联运危险货物运送特定技术条件》等有关国际运输组织的规定中属非危险货物时,按我国《铁路危险货物运输规则》规定办理。

③ 同属危险货物但包装方法不同时,进口的货物,经托运人确认原包装完好,符合安全运输要求,并在运单"托运人记载事项"栏内注明"进口原包装"字样,经请示铁路分局同意后,可按原包装方法运输。出口的货物,托运人应按"改变包装"的程序办理。

国内外各种运输方式《危规一览表》在规定每一品名危险货物必须采取包装方法的技术处理时,是在《危规一览表》的栏目中设"包装方法"专栏。专栏中的"包装代号"(或称"包装导则")是每一品名危险货物应采用的包装方法的代号。一个品名危险货物可能用数种包装方法,就可能有数个"包装代号"。使用时,先按每一品名危险货物查到相应的"包装代号",再查包装表中该代号(导则)的具体表述。《铁路危规一览表》则采用"包装代号"和文字表述相结合的技术处理手段:代号表示的是多个品名危险货物都可采用的包装方法;对某些特殊包装方法的危险货物,如电石、双氧水、冰醋酸等则在《铁路危规一览表》包装方法栏中直接用文字表述。

IATA《危规一览表》的包装指令更细,分为客货机和仅限货机两种。G、H 栏是适用于限量包装的指令和相应的每件最大允许净重,限量包装是针对运输较少数量的危险货物采取的严格程度比联合国规格包装略低一些的包装(包装指令前 Y 做前缀)。I、J、K、L 栏是联合国规格包装的指令和每件最大允许净重,是针对普通数量的危险货物,对包装要求较严。

(7) 规定了适用于载运某些危险货物的中型散装容器的包装导则及其特殊规定。联合国《危险货物运输一览表》"包装导则"栏(第 8 栏)所示的号码是指危险货物用中型散装容器载运时所需包装的有关规范。"特殊规定"栏(第 9 栏)是指危险货物用中型散装容器载运时的特殊规定。若第 8 栏空白,则此危险货物不可以使用中型散装容器装载运输。

中型散装容器分为柔性和刚性两种,柔性中型散装容器只适用于固体危险货物;刚性中型散装容器适用于固体和液体危险货物,而且有塑料、木质、纤维板和金属等之分。使用金属中型散装容器载运Ⅰ级包装的固体危险货物,其容量不得超过 $3m^3$;使用柔性、塑料、复合、纤维板或木质中型散装容器载运Ⅰ级包装的固体危险货物,其容量不得超过 $1.5m^3$;使用中型散装容器载运Ⅱ级或Ⅲ级包装的固体或液体危险货物,其容量不得超过 $3m^3$(或 3000L)。

(8) 规定了哪些危险货物可以用可移动罐柜来载运以及相应的要求。联合国《危险货物运输一览表》第 10 栏内的 T1～T33 是指各种型号的可移动罐柜的技术规范，分别适用于第 3～9 类的液态和固态危险货物。第 11 栏内的 TP1～TP24 是指对可移动罐柜载运某种危险货物时的特殊规定。目的是为了补充可移动罐柜技术规范的要求。若第 10 栏空白，则此危险货物不允许使用可移动罐柜运输。

可移动罐柜系指容量为 450L 以上的罐柜，其壳体外部装有固定装置，可非永久性地系固在船、车等运输工具上。当可移动罐柜置于船、车等运输工具上时，不得进行装卸危险货物的作业。

以上是各种《危规》都具备的。此外，视运输方式的不同要求，各种《危规》还分别规定了特殊规定、消防方法、清洗消毒方法、应急措施、积载要求等。

3.2 危险货物一览表的索引和条目

3.2.1 危险货物一览表的索引

为了获得危险货物运输详细的技术资料，当我们已知一种物质、材料或物品名称后，可以通过中文名称索引或英文名称索引查到该物质、材料或物品的联合国编号（UN No.）。然后由联合国编号再查阅危险货物一览表，并获得相关的资料。

英文索引是按照危险品正确运输名称中开头字母在英文字母中的顺序进行排列的。名称前的阿拉伯数字、罗马数字I、II等、希腊字母 α、β、γ 等和英文前缀，虽然是名称不可缺少的组成部分，但在索引排序中不予考虑。在英文索引中列出 4 个栏目：物质、材料或物品名称；是否是海洋污染物；类别；联合国编号。例如联合国危险货物编号，见表 3-1。

表 3-1 联合国危险货物编号

英文名称	中文名称	类　　别	联合国编号
AMYLACETATES	乙酸戊酯	3	1104
AMYLAMINE	戊胺	3	1106
AMYLBUTYRATES	丁酸戊酯	3	2620

中文索引是将危规中所有的危险品条目以中文名称汉语拼音字母按英文字母顺序进行排列，名称中的阿拉伯数字、英文字母、希腊字母、罗马数字等，虽然是名称的组成部分，但不予考虑，只以汉字为准。在中文索引中只列出了两个栏目：物质、材料或物品；联合国编号。

3.2.2 危险货物一览表的条目

1. 4 种情况的条目

(1) 严格定义的物质或物品的单一条目。

例如：UN1090——丙酮；

　　　UN1194——亚硝酸乙酯溶液。

（2）严格定义的物质或物品类的通用条目。

例如：UN1133——胶合剂；

　　　UN1266——香水产品；

　　　UN3101——有机过氧化物，B型，液体的。

（3）未另列明的特定条目，包括具有特定化学或技术属性的物质或物品。

例如：UN1477——硝酸盐，无机的，未另列明的；

　　　UN1987——醇类，未另列明的。

（4）未另列明的通用条目，包括符合一类或多类标准的物质或物品。

例如：UN1325——易燃固体，有机的，未另列明的；

　　　UN1993——易燃液体，未另列明的。

2. 通用条目或未另列明条目

鉴于实际情况的限制，在危险货物一览表中不可能列出所有的危险货物名称，主要有以下两个原因：

（1）是为了减少危险货物的编号，防止文字和内容的重复，故在危险货物一览表中将理化特性、包装、标志、应急措施、积载与隔离等要求相似的货物归为一组，给予一个编号，以一个"通用条目"出现，使得《危规》显得精练紧凑。

（2）是随着时代的进步，科学技术的发展，新的化学品不断出现，任何一种危规的一览表虽然不断地进行修改增减，但均不可能在一个时间间隔内令所列出的物质或物品的名单详尽无遗。而这些新生产的化学品同样需要进行贸易，需要运输，这样，就有必要给它们提供一个参照运输的条款。在《危规》中设立了未另列明的(N.O.S, Not Otherwise Specified)条目，以用于这些危险货物的运输。

对于在危险货物一览表中没有列出的物质或物品，可以使用"通用条目"或"未另列明的条目"进行运输。每一条目都指定一个联合国编号。通用条目和未另列明条目应当以技术名称作补充。未另列明的(N.O.S)条目用技术名称对正确运输名称进行补充的事例说明如下：

UN2003 烷基金属，未另列明的(三甲基镓)。

UN2902 农药，液体的，有毒的，未另列明的(艾氏剂，19%)。

3.3 危险货物运输的限制和免除

3.3.1 危险货物运输的限制

危险货物运输需要各种特定的条件。某些危险货物在一定的限制条件下才能按照某一类别的危险货物进行运输。另外，从运输管理的角度而言，还有各种限制。主要是限制运输、限量运输和限量包装。而限量运输和限量包装又与适用《危规》的免除有密切的关系。

1. 限制运输

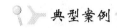

未添加减敏剂运输危险货物，发生 13 次爆炸

某货主申报托运据称为 DPT 发孔剂的危险品，作为第 4.1 类易燃固体运输。船舶开航后，在南中国海发生了 13 次爆炸。

事故原因：该物质的学名是"二硝基戊撑四胺"，不加减敏剂，属于第 1 类爆炸品；加入 18% 以上的"退敏剂"可作为 4.1 类易燃固体运输。该物质不允许用铁桶运输，而且应控制温度在 50℃ 以下。

货主是按 4.1 类危险货物申报，但是它不符合 4.1 类申报，按照 4.1 类危险货物运输要求进行积载、隔离，未对货物加减敏剂，又使用铁桶，船方未对货物控制温度，造成重大损失。

有些货物由于性能的特殊性，如无特别措施，不准运输。货物固有的不稳定性，会产生各种不同的危险。对于大多数危险性物质，这些危险的可能趋势能由于正确的包装、稀释、添加阻化剂、冷藏或采取其他特殊措施来控制。如果没有这些限制措施，这些货物在各种运输方式上都是被禁止运输的。例如，未加抑制的二乙烯基醚是禁运物品。

虽然对货物采取了各种限制预防措施，某些危险货物在一些运输方式中被允许运输，但有些货物仍是被禁止运输的。这种情况在民用航空运输中表现得特别明显。

在任何情况下都禁止航空运输危险物品如下：

（1）在温度为 75℃（167℉）的情况下，连续 48h 以内，能够自燃或分解的爆炸品。

（2）既含氯酸盐又含铵盐的爆炸品。

（3）含有氯酸盐与磷的混合物的爆炸品。

（4）对机械震动极为敏感的固体爆炸品。

（5）对机械震动比较敏感的液体爆炸品。

（6）在正常航空运输条件下，易产生危险的热量或气体的物品和物质。

（7）经测试证明，具有爆炸性的 4.1 类自反应物质和有机过氧化物，即按危险物品分类程序，要求其包装件使用爆炸品标志作为次要危险性标贴的 4.1 类自反应物质和有机过氧化合物。

（8）IATA《危险物品规则》2.1.A 表中列明的危险物品。

IATA《危险货物运输规则》在处理这些被禁止运输的物品时的技巧是把这些物品都收集在《危险货物一览表》中，再标明 Forbidden（被禁止运输的），其目的是避免这些被禁运的物品因不列在一览表中而被误认为是非危险货物。

在 IATA《危规》中，被禁运的危险货物又分为两种情况。其中一部分被禁运危险货物在一定条件又可以不被禁运，称为可豁免的禁运危险货物。即在有关国家（指发货国、中转国、飞越领空国、收货国和承运人注册国）主管当局预先批准且根据国际民用航空公约的有关规定提供安全运输方案的条件下才可空运的危险货物。不可豁免的禁运危险货物在任何情况下都被禁止航空运输。这两种被禁运以及可豁免的品种与条件在 IATA《危规》中都有明确的规定。Forbidden 标注在 IATA《危险货物一览表》的 C 栏和 D 栏，则该货物在任何情况下都被禁止航空运输；Forbidden 标注在 I 栏和 J 栏，则该货物禁止用客货机运输；Forbidden

标注在 I、J、K、L 栏，则该货物是可豁免的航空禁运危险货物。

以上是民航国际运输危险货物的限制。我国民航的国内运输，禁止运输各种危险货物。此外，国内其他运输方式在危险货物上各有具体规定。

水路运输，"禁止利用内河以及其他封闭水域等航运渠道运输剧毒化学品以及国务院交通部门规定禁止运输的其他危险化学品"。（《危险化学品安全管理条例》第 40 条）

公路运输危险货物的限制运输的规定，是针对某些特定的货物，需经特别批准。在批准限定的行车时间、行车路线、运输地点、运送数量等条件下进行运输。《汽车运输危险货物规则》第 9.11 条规定"运输爆炸物品，易燃易爆化学物品以及剧毒，放射性等危险物品，应事先报经当地公安部门批准，按指定路线、时间、速度行驶。"

未经批准，禁止运输。擅自通过公路运输，由公安部门责令改正，并对托运人处于 2 万元以上 10 万元以下的罚款，触犯刑律的依法追究刑事责任（《条例》第 67 条）。2005 年 5 月公安部公布全国统一剧毒化学品购买凭证、准购证和公路运输通行证的申领办法：对申领在道路上运输剧毒化学品、民用爆炸物品的单位，一律到运输目的地县级公安机关申领运输通行证。发证公安机关要严格审查所提交的证明文件。每次启运前，托运人（或委托人）必须持托运人、承运人、运输车辆、押运人员、驾驶人员资质证件和运输通行证到发货地县级公安机关办理签注手续。承办签注手续的公安机关，必须当场核对托运人、承运人、运输车辆、押运人员、驾驶人员资质和运输路线、装载质量、启运时间，确认后在运输通行证上签注意见、发还申请签注人；要对驾驶人员、押运人员进行剧毒化学品和民用爆炸物品公路运输的安全教育，要求其必须掌握所运载的剧毒化学品、民用爆炸物品有关常识、事故应急处置原则及自防自救方法；签注后，把批准的危险化学品运输路线、时间按规定程序向途经地公安机关通报。运输活动结束后，托运人（或委托人）在规定时限内将运输通行证交回原发证机关。

公路运输危险货物的限制运输的另一个重要考虑因素，是夏季高温期间的环境高温对某些危险货物事故的潜在诱发，应停止某些危险货物的运输装卸作业。夏令高温时限制运输的危险货物的具体品名，由各地政府决定颁布。《上海市危险化学品安全管理办法》第 44 条："每年 6 月 15 日到 10 月 15 日，禁止在上午 10 时至下午 4 时进行易燃易爆等危险化学品的道路运输。同时禁止在上午 8 时至下午 4 时装卸作业。"并公布《夏季高温时段禁止道路运输的危险化学品名录》，174 种危险货物列入其中。

2. 限量运输

限量运输是指一个运输工具在一次装载运送中的危险货物的最大允许载运量。规定限量运输有两层含义：一是某些危险货物危险性特强，在运输过程中不宜大量堆积在一起；二是某些危险货物危险性相对弱缓，在规定的包装和限量范围内可按普通货物运输。限量的品种和尺度应该由各运输方式的《危规》规定，各运输企业可以根据本企业的技术设备，管理训练能力，在执行《危规》的原则前提下，利用运载工具一次装载危险物品的最大数量。

汽车由于单件运输工具的核定载质量本身不大，所以汽车《危规》对因危险性特强而规定的限量运输的范围比较严格。例如：规定任何汽车的实际装载量都不得超过该车的核定载质量；一辆汽车一次装载的放射性货包的总指数不得超过 50，而且车厢屏蔽层外表面的辐射水平应小于 5uSv/h；易碎品包装的腐蚀品如其外包装没有封盖不得堆码；用金属容器做外包装的强氧化剂不得堆码；爆炸品和过氧化物中可以堆码的物品，其高度不可超过 1.5m，最高件超过车厢栏板的部分必须小于该包件的 1/2 等。

《汽车运输装卸危险货物作业规程》第 6.4.2.2 条："散装非冷冻液化气体装载后的罐体不得超过最大允许总重，并且不得超过所运各种气体的最大允许载量"。液氨、液氯、一甲胺都属非冷冻液化气体。按《作业规程》，一辆汽车罐车装载非冷冻液化气体的量，要同时受到 3 个档次的限制，即汽车运载能力的限制，罐体装载量的限制和装载货物危险性程度决定的最大允许载量的限制。3 个档次的限制数量不一致时从严执行。

美国政府规定运输危险货物时：20 英尺集装箱（1 英尺＝0.3048 米，容积 33m^3），最大允许装载量不得超过 38 000 磅（1 磅＝0.4536 千克）；40 英尺集装箱（容积 66m^3），最大允许装载量不得超过 42 000 磅。如果对包装件的总净重进行限量，那么散装件即集装箱槽罐的装载限量绝对不可超过此数，因为散装比包装危险。同时规定限量装载的吨位质量不足车辆载重吨位而造成的减载吨量的运输费用，由托运人承担。因为托运危险性强的货物，应当支付整车运费。

3. 限量包装

限量包装是指一单件包装的最大允许装载量。单件包装既可以是内包装，也可以是组合包装。在这种情况下，一般是规定两个量，即每小件内包装限装多少，每件外包装限装多少。限量包装主要的决定因素是危险货物的性质。一般地说，危险性越大的货物，适用的包装应越小。其次是包装的型式材质和强度。金属容器的包装限量要比木质材料的包装限量大。同是密封型木箱，直接装固体货物，包装限量可达 50kg；而如果作组合包装的外包装，则其包装的货物净重不得超过 20kg。再次是要考虑到不同运输方式的具体条件，海运的单件包装可以大一些，陆运的单件包装其次，空运的单件包装最小。放射性的 A 型货包就是限量包装，活度限值 A_1 和 A_2 具体落实到每一种放射性同位素。

因为限量包装的决定因素是货物的危险性，从保证危险货物运输安全的目的出发，各《危规》都明确规定了本规则的包装限量。IATA《危规》甚至在危险货物一览表里单独辟出"H""J"和"L"栏来规定每一危险货物的包装限量。按包装限量对货物进行包装是托运人的责任，超过限量的包装，承运人应拒绝受理承运。

危险货物品种繁杂，各种危险货物的危险程度强弱相距甚远。一部分危险性相对弱缓的危险货物，在包装限量达到一定小的程度时，可以作普通货物运输。《国际海运危险货物运输规则》第 18.1.1 条规定："盛装在非常小的容器中的危险货物，其容器规格符合各分类引言中所规定限量的，可以认为在运输中具有很小的危险性。因此，可不必按照本规则的规定装运"。《国际海运危规》包装危险货物豁免运输的包装限量，见表 3-2。

表 3-2 《国际海运危规》包装危险货物豁免运输的包装限量

类别	包装类	状 态	每一类包装的最大数量	备 注
2	—	气体	120mL（在金属、塑料或玻璃包装内的最大容量）或 1000mL（烟雾剂类）	不包括具有易燃、腐蚀、氧化或有毒危险的气体（联合国编号为 1950 的烟雾剂类除外）
3	Ⅱ	液体	1L 500mL（玻璃或塑料）	对严重海洋污染物来说为 500mL

续表

类别	包装类	状态	每一类包装的最大数量	备注
3	Ⅲ	液体	5L	—
4.1	Ⅱ	固体	0.5kg	—
4.1	Ⅲ	固体	3kg	不包括自反应和相关性质的物质以及退敏爆炸品
4.3	Ⅱ	液体或固体	0.5kg	—
4.3	Ⅲ	液体或固体	1kg	对严重海洋污染物来说为0.5kg
5.1	Ⅱ	液体或固体	0.5kg	—
5.1	Ⅲ	液体或固体	1kg	—
5.2	Ⅱ	固体	0.1kg	有机过氧化物应属于B型或C型,且不应要求控制温度
5.2	Ⅱ	液体	25mL	
5.2	Ⅱ	固体	0.5kg	有机过氧化物应属于D型、E型或F型,且不应要求控制温度
5.2	Ⅱ	液体	125mL	
6.1	Ⅱ	液体	100mL	—
6.1	Ⅱ	固体	0.5kg	—
6.1	Ⅲ	液体	1L	对严重海洋污染物来说为500mL
6.1	Ⅲ	固体	3kg	对严重海洋污染物来说为0.5kg
8	Ⅱ	液体	500mL	—
8	Ⅱ	固体	1kg	对严重海洋污染物来说为0.5kg

《国际海运危险货物运输规则》同时强调,不是所有的危险货物都适合限量内豁免运输。在《危险货物一览表》第7栏中的单词"无"指的是该物质或物品不允许按限量运输。概括起来主要有下列各类为不适合限量运输的危险货物:

(1) 第1类爆炸品。

(2) 具有易燃、毒害、氧化或腐蚀性危险的第2类气体(UN 1950的烟雾剂类除外)。

(3) 第3类液态退敏爆炸品(除 UN 1204外)。

(4) 第4.1类自反应物质以及退敏爆炸品。

(5) 第4.2类易自燃物质。

(6) 要求控制温度的第5.2类有机过氧化物。

(7) 第6.2类感染性物质。

(8) 第7类放射性物质。

(9) 规定使用包装类Ⅰ的危险货物。

(10) 第9类物质中,联合国编号为2212和2590的石棉、联合国编号为2315的多氯联苯类、联合国编号为3151的多卤联苯类和联合国编号为3152的多卤三联苯类等。

民用航空运输中,一般是客货同机。即使是专运货机,也是危险货物与普通货物混装一机,所以更需要对包装的限量做出明确的规定。其中有少数品种,在特别限定的限量包装条件下,被称为例外数量危险物品,可以作为普通货物运输。

3.3.2 危险货物运输适用《国际危规》的免除

有的货物其品名虽然列在《危险货物一览表》中,但在一定的条件下,使其危险性降低到相当的程度或控制在很小的范围内,而在运输过程中不致造成人身伤亡和财产损毁,从方便运输、方便托运人出发,可以作普通货物运输。这种情况,称为适用《危规》的免除或者免除适用《危规》。

免除适用《危规》的而又在《危险货物一览表》中列名的有如下货物:

(1) 货物的部分配件或部分材料属于危险物品,经发货人确认在运输中不致发生危险并在托运书中注明的。

(2) 含水量在50%以上的氧化剂或一个当量浓度以下的各种溶液。

(3) 放射性物品的豁免型货包。

(4) 经托运人确认并在托运书里注明,已经过洗净消毒,消除危险的盛装过危险货物的空容器,空容器外表原有的危险性能标志应除去。

盛装过危险货物的空容器,器内往往残留有危险品,加之空容器可能密封不严,残留物会撒漏造成一定的危险,而易燃液体的空容器其残留液挥发与空气形成爆炸性混合气,其危险性甚至比满桶更大。所以,各种《危规》都规定盛装过危险货物的空容器的运输,应与原装物品的条件相同,按《危规》货物运输。

免除的货物种类及其条件,或者是否设置免除条款,各《危规》都有明确的规定。各运输企业也可规定本企业的免除条件,作为适用《危规》的补充。

IATA《危规》将可以免除适用《危规》的危险货物称为豁免的危险物品,包括3种。中国货运航空公司在国际运输中,执行IATA《危规》时,又作了如下补充规定:

(1) 乘客和机组携带的危险物品,详见IATA《危规》第2、3条。

(2) 经营人(即承运人)资产中的危险物品。

① 消耗品:飞机在连续飞行中,经营人在客机上使用或出售的气溶胶,含酒精饮料,香水、科隆香水、安全火柴及液化气打火机;但不包括一次性打火机和因压力减小时漏气的打火机。

② 固态二氧化碳(干冰):在航空器上,食品和饮料需用的固体二氧化碳(干冰)。

③ 航空器器材虽然根据分类规定属于危险物品,但按有关适航性的要求及经营人国家为符合特殊装载要求而颁布的运行规则或由其授权,属于需要装载在航空器上的物品,如遇险信号弹、机载氧气罐及救生衣。

(3) 例外数量危险物品。有少量的危险物品可以作为例外数量危险物品载运,并可免受IATA《危险物品规则》关于危险物品标记、装载和文件要求的限制,该货物称为例外数量危险物品,见表3-3。

从中国始发的危险货物,中国货运航空公司不接受例外数量危险物品;从国外始发至中国的危险货物,接受例外数量危险物品时,按照IATA《危险物品规则》规定办理。但是,放射性物质例外包装件除外。

表 3-3 内包装和外包装的例外数量

物质的包装等级	I 包装		II 包装		III 包装	
主要或次要危险类别①	内	外	内	外	内	外
1类：爆炸品	禁运					
2.1类：易燃气体	禁运					
2.2类：不燃无毒气体	见注②					
2.3类：有毒气体	禁运					
3类：易燃液体	30mL	300mL	30mL	500mL	30mL	1L
4.1类：自反应物质	禁运		禁运		禁运	
4.1类：易燃固体	禁运		30g	500g	30g	1kg
4.2类：发火物质	禁运		不适用		不适用	
4.2类：自热物质	不适用		30g	500g	30g	1kg
4.3类：遇水易燃物品	禁运		30g 或 30mL	500g 或 500mL	30g 或 30mL	1kg 或 1L
5.1类：氧化剂	禁运		30g 或 30mL	500g 或 500mL	30g 或 30mL	1kg 或 1L
5.2类：有机过氧化物③	不适用		30g 或 30mL	500g 或 250mL	不适用	
6.1类：毒害品——吸入毒性	禁运		1g 或 1mL	500g 或 500mL	30g 或 30mL	1kg 或 1L
6.1类：毒害品——口腔摄取毒性	1g 或 1mL	300g 或 300mL	1g 或 1mL	500g 或 500mL	30g 或 30mL	1kg 或 1L
6.1类：毒害品——皮肤接触毒性	1g 或 1mL	300g 或 300mL	1g 或 1mL	500g 或 500mL	30g 或 30mL	1kg 或 1L
6.2类：传染性物质	禁运					
7类：放射性物品	禁运					
8类：腐蚀品④	禁运		30g 或 30mL	500g 或 500mL	30g 或 30mL	1kg 或 1L
9类：磁性物质	禁运					
9类：其他杂项物质⑤	不适用		30g 或 30mL	500g 或 500mL	30g 或 30mL	1kg 或 1L

注：① 必须使用主要或次要危险类别中要求的更严格的数量。
② 关于内包装，容器限量为 30mL；外包装里的所有内包装水容量的总和不得超过 1L 容器的限量。
③ 只适用于置入化学物品箱或急救箱内的有机过氧化物。
④ UN2803 和 UN2809 不允许按例外数量运输。
⑤ 关于第 9 类物质，危险品表中未规定包装等级，须用 II 级包装的限量。

3.3.3 危险货物国际运输适用《国际危规》时国家和经营人的特别限制

在国际海运中,很多国家和地区除严格执行《国际海运危规》外,还对进出口本国、本地区、本港口的危险货物做出一些限制和规定,以防患于未然。以美国为例,自1991年起公布了实施危险货物进出口运输规则的新规定,如违反规定会被处以10 000美元的罚款。已有许多船舶和货主由于不了解规定,被美国港口处以罚款。

(1) 美国运输部规定,凡运往美国和在美国过境或中转的危险货物应当做到以下几点:

① 托运单、提单、舱单上必须注明托运人的应急电话号码,并要求有专人不分节假日24h值班,随时回答美国方面的查询。

② 托运单、提单、舱单上的货物品名必须提供危险货物详细的化学技术名称,而不能使用一般的俗名。例如:漂粉精或漂白粉,不能使用BLEACHING POWDER,而应该使用次氯酸钙CALCIUM HYPOCHIORITE,另加含量多少。

③ 托运人应通过承运人向美国港口当局转交和提供危险货物应急处理的全部详细资料,即危险货物安全资料卡,或提供美国运输部的应急处理指导。

④ 集装箱运输,每只20英尺箱(容积约33m^3)内装危险货物最高限重17t;每40英尺箱(容积约66m^3)内装危险货物最高限重19t。最大装载率分别是0.52kg/L和0.29kg/L。箱内必须衬垫、捆扎得当;箱内货物和箱外四侧都要张贴醒目的危险品标志和标记。

(2) 危险货物安全资料卡。安全资料卡,英文为MATERIAL SAFETYDATA SHEET,类似于我国目前使用的"危险货物技术说明书",但内容更多更细,要求更高更全。它由9部分内容构成,每部分又有若干小项按要求逐项填写,这9部分内容如下所示:

① 概况主要指危险货物名称、归类、分子式等和制造商的名称、地址、电话等。各项内容需填写清楚,不能遗漏,以便美方随时查询。其中CAS NO.是指美国化工协会的化工品注册号,例如:草酸CAS NO.144-62-7、二氟化钡CAS NO.7787-32-8等,此编写可要求进口方提供。

② 危险成分需将危险货物的主要成分和各类成分的所占比例详细列出。有毒物质,需要指明毒性大小。例如:大白鼠试验的半致死量数据等。

③ 物理特性指危险货物的理化性质,它包括沸点、蒸气密度、蒸发率、挥发比例等。

④ 起火和爆炸资料包括了美国运输部的危险品分类,易燃液体的闪点、爆炸极限,意外火灾和爆炸的危险性,以及发生火灾时的灭火工具和特殊的救火措施。

⑤ 健康危险资料指危险货物对人体健康危害的情况,如人体口服或皮肤接触的极限值、过度暴露受光照射的危险等,以及发生危害时的急救措施。

⑥ 反应情况指危险货物的化学反应情况,有该物品的稳定性、不相容性的物质、有毒分解物、有害聚合等内容。

⑦ 渗溢过程指危险货物包装破损渗漏时或包装存装过满,桶盖松动而液体溢出时的应急措施和废弃处理的方法。

⑧ 特殊保护措施指呼吸系统的保护措施,如眼睛防护、通风要求、防护手套和其他防护设备。

⑨ 特殊预防方法指装卸、贮存、运输时的注意事项和其他情况下的预防措施。

上述9部分内容必须填写齐全,缺一不可。美国是个法制很严的国家,对危险货物的管理十分重视,"安全资料卡"中的内容是装卸、运输操作以及发生事故处理时的依据,因而填写此卡务必谨慎小心,充分考虑权威性的技术和法律因素,以防患于未然。

(3) 旧金山(SAN FRANCISCO)港口不接受《国际海运危规》中第1.1类、第1.2类、第1.3类的爆炸物品和第7类放射性物品进出该港。

国际空运,由国际民用航空组织或国际航空运输协会的成员向组织或协会通报本国家或本经营人的特别限制。协会将通告作为"国家及经营人差异"条款罗列在IATA《危规》中,并规定:如果差异的限制性严于IATA《危规》的相关条款,则所有到达、始发或经停通告国领土的危险品,应尊重通告国的主权;如果通告国差异的限制性不及IATA《危规》的相关条款,则该差异仅作参考。

3.4 危险货物一览表

3.4.1 联合国《规章范本》危险货物一览表

《规章范本》的危险货物一览表列出了可行范围内具有商业重要性的一切危险物质,约3000余种。

危险货物一览表共有11栏,提供了每一品名危险货物的基本信息:联合国编号、所属的危险货物类别、包装类别、运输的特殊规定等;了解每个内容器或物品所装的最大数量,每件内容器和外容器可运输的危险货物最大数量等。联合国《规章范本》危险货物一览表见表3-4。

表3-4 联合国《规章范本》危险货物一览表

联合国编号	名称和说明	类别或项目	次要危险性	联合国包装类别	特殊规定	有限和例外数量	容器和中型散货箱		便携式罐体和散装货箱	
							包装规范	特殊包装规定	规范	特殊规定
(1)	(2)	(3)	(4)	(5)	(6)	(7)	(8)	(9)	(10)	(11)
1230	甲醇	3	6.1	Ⅱ	279	1L	P001 IBC02		T7	TP2

第1栏:"联合国编号"——本栏是根据联合国分类制度给物品或物质划定的系列号码。

第2栏:"名称和说明"——本栏包括正式的运输名称,如存在相同分类的异构体,正式运输名称可用多数表示。水合物可酌情包括在无水物质的正式运输名称之下。其中英文用大写字母,中文用黑体字表示,可能附加英文用小写字母、中文用宋体字写出的说明文字。

第3栏:"类别或项别"——本栏包括类别或项别,如果是第1类,还包括按照第2.1章描述的分类制度给出的物品或物质划定的配装组。

第4栏:"次要危险性"——本栏包括采用第2部分描述的分类制度确定的任何重要次要危险性的类号或项号。

第5栏："联合国包装类别"——本栏是给物品或物质划定的联合国包装类别号码（即Ⅰ、Ⅱ或Ⅲ）。如果条目列出的包装类别超过一个，待运输的物质或配制品的包装类别必须根据其性质，通过使用第2部分规定的危险类别标准确定。

第6栏："特殊规定"——本栏所示的号码是指3.3.1中所载的与物品或物质有关的任何特殊规定。特殊规定适用于允许用于特定物质或物品的所有包装类别，除非其措辞表明不同情况。

第7栏a："有限数量"——本栏对按照第3.4章准许运输的有限数量危险货物，规定了每个内容器或物品所装的最大数量。

第7栏b："例外数量"——本栏列出第3.5.1.2小节所述之字母数字编号，表明根据第3.5章准许之例外数量，每件内容器和外容器可运输的危险货物最大数量。

第8栏："包装规范"——本栏中的字母数字编码系指第4.1.4节中规定的有关包装规范。包装规范表明可用于运输物质和物品的容器(包括中型散货箱和大型容器)。

包含字母"P"的编码系指使用第6.1章、第6.2章或第6.3章描述的容器的包装规范。

包含字母"IBC"的编码系指使用第6.5章描述的中型散货箱的包装规范。

包含字母"IP"的编码系指使用第6.6章描述的大型容器的包装规范。

当未列出具体编码时，表明该物质不准装入按照标有该编码的包装规范可以使用的那一类型容器。

当本栏中列出N/A时，意味着物质或物品不需要包装。

第9栏："特殊包装规定"——本栏中字母数字编码系指4.1.4节中规定的有关特殊包装规定。特殊包装规定表明适用于容器(包括中型散货箱和大型容器)的特殊规定。

包含字母"PP"的特殊包装规定，系指适用于使用4.1.4.1中带编码"P"的包装规范的特殊包装规定。

包含字母"B"的特殊包装规定，系指适用于使用4.1.4.2中带编码"IBC"的包装规范的特殊包装规定。

包含字母"L"的特殊包装规定，系指适用于使用4.1.4.3中带编码"LP"的包装规范的特殊包装规定。

第10栏："便携式罐体和散装货箱规范"——本栏列出一个前加字母"T"的号码，系指4.2.5中的有关规范，规定了物质使用便携式运输时所需要的罐体型号。

带有字母"BK"的编码，系指第6.8章中规定的散装货物运输使用的散装货箱类型。

允许用多元气体容器运输的气体，在4.1.4.1中包装规范P200表1和表2的"多元其他容器"栏内标明。

第11栏："便携式罐体和散装货箱特殊规定"——本栏列出一个前加字母"TP"的号码，系指4.2.5.3中所载适用于物质用便携式罐体运输的任何特殊规定。

3.4.2 《国际危规》危险货物一览表

《国际危规》危险货物一览表中列出了3000多种在运输中常见的危险货物，限定了危险货物的范围，提供了危险货物的联合国编号、危险货物的正确运输名称、危险货物运输的限制条件、危险货物的分类和应贴的标志、危险货物的副危险性(如果有)和应贴的标志及海洋污染物标记、危险货物的包装类别、与运输有关的特殊规定、限量内豁免运输的最大量、适用的包装和中型散装容器及罐柜的导则及其特殊规定、应急措施表号、积载与隔离要求和危险货物的主要特性及注意事项等共18个栏目。《国际危规》危险货物一览表见表3-5。

表3-5 《国际危规》危险货物一览表

UN编号(1)	正确运输名称(2)	类别(3)	副危险(4)	包装类(5)	特殊规定(6)	限量(7)	包装		中型散装容器	
							导则(8)	规定(9)	导则(10)	规定(11)
1230	甲醇	3	6.1	Ⅱ	279	1L	P001	—	IBC02	—

可移动罐柜与散装容器			EmS No.(15)	积载与隔离(16)	特性与注意事项(17)	UN编号(18)
IMO(12)	UN(13)	规定(14)				
T4	T7	TP2	F—E, S—D	积载类B。避开生活居住所	无色、挥发性液体。闪点12℃。爆炸极限：6%～36.5%。与水相混溶。吞咽会中毒，引起眼睛失明。避免与皮肤接触	1230

各栏目的说明：

第1栏"UN编号"——本栏目是引用了联合国危险货物专家委员会《关于危险货物运输》的UN表中对每一危险货物指定的联合国编号，它由4位阿拉伯数字组成。

第2栏"正确运输名称"——本栏目中的正确运输名称是以比正常字号大一字号或紧随其后必须对其补充解释的正常印刷字号组成。

第3栏"类别"——本栏目告诉我们该物质根据危险货物分类标准归属于九大危险分类中的哪一类，包括小类（如果有的话）。对于第1类，也包括对该物质或物品指定配装类。根据本栏目显示的内容在包件上粘贴相应的主标志。

第4栏"副危险"——如某一物质具有多种危险性，按照危规分类原则确定其主要危险性，其他危险性则视为副危险性。

第5栏"包装类"——本栏目包括指定物质或物品的包装类号（Ⅰ或Ⅱ或Ⅲ）。如果某一条目有一种以上的包装类，该物质或配置品在运输时需要应用第2部分危险分类标准，根据其特性确定包装类。

第6栏"特殊规定"——本栏目包含的编号系指在危规第3.3章中表示的该物质或物品有关的特殊规定。特殊规定中如果没有用词给出另外的含义，则适用于该物质或物品所允许的所有的包装类。

第7栏"限量"——本栏目提供的是按照危规第3.4章限量规定运输相关物质或物品每一内包装认可的最大量。词"无"系指不允许按限量运输的物质或物品。

第8栏"包装导则"——本栏目列出的首字母数字码（如P002）系指该物质或物品适合的有关包装导则(4.1.4)。包装导则指出了运输物质或物品可能使用的包装（包括大宗包装）。

字母"P"编号系指除中型散装容器和大宗包装以外的包装导则。

字母"LP"编号系指使用大宗包装的包装导则。

含有"P"编码,但没有"LP"编码或"BP"编码则意味着该物质不允许使用这类包件。

第9栏"特殊包装规定"——本栏目所包含的首字母数字码系指(4.1.4)适用于特定物质或制品的特殊包装规定。

在特殊包装规定中字母"PP"系指适用于(4.1.4.1)中有关"P"代码使用包装的特殊包装规定。

在特殊包装规定中字母"L"系指适用于(4.1.4.7)中有关"LP"代码使用包装的特殊包装规定。

第10栏"IBC包装导则"——本栏目中包含首字母数字代码(如IBC05)系指运输物质应使用的中型散装容器的相关说明。

第11栏"IBC特殊规定"——本栏目包含首字母数字码(如B1),其中字母"B"系指适用于带有"IBC"代码的包装使用导则的特殊包装规定(4.1.4.2)。

第12栏"IMO罐柜导则"——本栏目由于过渡期已终止,《国际海运危险货物规则》(34—2008版)删去原第12栏"IMO罐柜导则"。

第13栏"UN罐柜和散装容器导则"——本栏目含有的"T"代码(见4.2.4.2.6)适用于以可移动罐柜和公路罐车运输危险货物。除了固体物质要求外,当本栏没有提供T代码时则表示以可移动罐柜运输该危险货物没有被认可,除非主管当局特殊批准。

第14栏"罐柜特殊规定"——本栏目包含的TP代码(TP1~TP31)注释(见4.2.4.3)是给特定物质划定的可移动罐柜的特殊规定,是为了补充或取代可移动罐柜导则中规定的要求。本栏目"TP"列明注释适用于第12、13栏列明的可移动罐柜。

第15栏"EmS No."——本栏目含有《船舶载运危险货物应急措施》中的应急表号。

第一个EmS代码系指火灾应急表号(如:火灾应急表字母"F—A"一般火灾应急表)。

第二个EmS代码系指溢漏应急表号(如:泄漏应急表字母"S—A"毒性物质)。

第16栏"积载与隔离"——本栏目指出了该物质或物品的积载与隔离规定。

第17栏"特性与注意事项"——本栏目包含危险货物的主要特性和注意事项。

大部分气体的特性表示其相对于空气的密度,括号中的数值即为该值。

(1)"比空气轻"——其蒸气密度低至空气密度的一半。

(2)"远比空气轻"——其蒸气密度小于空气密度的一半。

(3)"比空气重"——其蒸气密度高至空气密度的2倍。

(4)"远比空气重"——其蒸气密度是空气密度的2倍以上。

当给出爆炸极限系指该物质的蒸气与空气混合时的体积百分比。不同的液体与水混合的容易程度存在很大差别,大多数条目具有溶解性。在这种情况下"易溶于水"通常意味着能够与水以任何比例混合形成完全的同质液体。

第18栏同第1栏。

例:甲醇(METHANOL),在中文名称索引的字母J栏中或英文名称索引M栏中查到它的联合国编号(UN No.)为1230,然后由UN No.1230在危险货物一览表中获得以下信息资料:

(1)联合国编号(UN No.)1230。

(2) 正确运输名称为甲醇。

(3) 属于第 3 类易燃液体。

(4) 副危险性 6.1 为有毒害性。即该物质除了具有易燃性外，还有毒害性，需要粘贴具有毒害性的副标志。

(5) 包装类别为 Ⅱ。

(6) 特殊规定 279。在《国际危规》第 3.3 章适用特定物质、材料或物品的特殊规定（《国际危规》第 2 册 P184 查到该规定为：这种物质是依据人类的经验而不是应用本规则严格的分类标准进行分类或设定包装类）。

(7) 限量要求为内包装内最大数量不超过 1L。即该物质在内包装内的数量不超过 1L，每一包件的总毛重不超过 30kg（内包装易于破碎或穿孔，每一包件的总毛重不超过 20kg），可以按限量内豁免运输。

(8) 包装导则 P001，在《国际危规》第 4.1 章 4.1.4 包装导则一览表 P001 中，可以得到适用的具体包装和规格。

(9) 无特殊包装规定。

(10) 中型散装容器导则 IBC02，在《国际危规》第 4.1 章 4.1.4.2 涉及 IBCs 使用的包装导则表 IBC02 中，可以得到适用的具体规格。

(11) 对中型散装容器也无特殊包装规定。

(12) IMO 罐柜导则为 T4，在《国际危规》第 4.2 章 4.2.4.3.6 可移动罐柜导则中，可以得到具体要求。

(13) UN 罐柜导则为 T7，在《国际危规》第 4.2 章 4.2.4.3.6 可移动罐柜导则中，可以得到具体要求。

(14) 罐柜特殊规定 TP2，在《国际危规》第 4.2 章 4.2.4.3 可移动罐柜特殊规定中，可以得到具体要求。

(15) 应急措施表号 EmS 为 F—E，S—D，即在《国际危规》补充本 P28 火灾应急表 F—E 非遇水反应易燃液体中可以获得灭火建议；在 P60 溢漏应急措施表 S—D 易燃液体中获得处理溢漏的建议。

(16) 积载与隔离要求为：积载类 B，即该物质在客船上只限舱面积载，在货船上舱面舱内都可装载；装载的位置应避开生活居住处所。

(17) 特性与注意事项为：该物质是无色、油状液体。闪点为 12℃，爆炸极限为 6%～36.5%，与水混溶，吞咽会中毒，引起眼睛失明，避免与皮肤接触。

因此，通过危险货物一览表的查询，可以明确危险货物运输要求，才能在包装、积载、运输环节正确地操作，确保危险货物运输安全。

3.4.3 联合国《规章范本》与《国际危规》的协调

海上安全委员会一直在积极寻求《国际危规》与《规章范本》之间的协调。海上安全委员会及下属机构定期审查联合国专家委员会起草的支持性建议案，结合海运特点，进行必要修改，以便把它们收录到《国际危规》中。

1. 在版面结构、修编制度上的协调

1996年起,为了与联合国专家委员会出版的橙皮书《危险货物运输建议书》保持一致,国际海事组织海上安全委员会(MSC)同意《国际危规》按照联合国《规章范本》重新排版。其目的是方便用户,强化遵守这些规则和有利于危险货物运输的安全。

2000年5月,在MSC第72届会议上正式通过了重新改版做全面修正的《国际危规》第30套修正案。修正后的30版包括两个正本和一个补充本。在内容编排上,它与《规章范本》的编辑思路一致,都对定义、分类、包装及构造和试验等进行了集中和详尽的规定。

为了及时反映海运运营等方面技术进步、最新成果等,同时考虑《规章范本》进行修订的情况,《国际危规》也是每两年更新一次,这与联合国《关于危险货物的建议书》更新时间一致,见表3-6。

表3-6 原《国际危规》、《国际危规》第30套修正案和《规单范本》比较

原《国际危规》	《国际危规》第30套修正案	《规章范本》
总论(第一册)	第1部分 总则、定义和培训	第1部分 一般规定、定义、培训和安全
第1类(第二册)	第2部分 分类	第2部分 分类
第2类(第二册)	第3部分 危险货物明细表和限量内免除	第3部分 危险货物一览表、特殊规定和例外
第3类(第二册)	第4部分 包装和罐柜规定	第4部分 包装规定和罐柜规定
第4类(第二册)	第5部分 托运程序	第5部分 托运程序
第5类(第二册)	第6部分 容器、中型散装容器、大宗包装、可移动罐柜和公路槽罐车的构造和试验	第6部分 容器、中型散装容器、大宗容器、便携式罐体、多元气体容器和散装集装箱的制造和实验要求
第6类(第二册)		
第7类(第二册)		
第8类(第二册)	第7部分 运输作业有关规定	第7部分 有关运输作业的规定
第9类(第二册)	补充本	附录
补充本		

2. 在通用基础技术标准上的协调

现行的《国际危规》的通用基础技术标准的规定与《规章范本》是协调一致的。

1) 关于分类

《国际危规》第30套修正案在分类上已与《规章范本》基本一致,如分类、项别的划分和名称是相同的,只是在某些环节进一步细化,更加反映了海运的特点,比如《国际危规》中,对《规章范本》所述的"环境有害物质",按照MARPOL 73/78附则Ⅲ关于海洋污染物确定标准,明确为对海洋环境有害的物质(海洋污染物)等。

2) 关于一览表

《国际危规》的危险货物一览表与《规章范本》的在本质上是相协调的、一致的,只是在《国际危规》中,还体现了海洋运输的特性,二者之间的比较见表3-7,表3-7表明,《规章范本》一览表有11栏,而《国际危规》的第18栏,除了将包装和中型散装容器分别描述而多增加2栏外(第13、14栏),还增加了海运特性的部分,如反映新旧版过渡的第12栏保留项、第15栏的EMS No、第16栏的积载和隔离以及第17栏的每种危险货物的特性和注意事项。在内容上,在第6栏的特殊规定中,增加了海运的特殊规定,其编号从900开

始,其中900列出了一份海运禁运的物质清单。

表3-7 《国际危规》与《规章范本》一览表的比较

联合国	UN编号	名称和说明	类别或项目	次要危险性	联合国包装类别	特殊规定	有限和例外数量	容器和中型散货箱		便携式罐体和散装货箱				
								包装规范	特殊规定	规范	特殊规定			

国际海运	UN编号	正确运输名称	类别或小类	副危险	包装类	特殊规定	限量免除		包装		中型散装容器		可移动罐柜与散装容器		EmS No.	积载与隔离	特性与注意事项	UN No.
							限量	免除量	导则	规定	导则	规定	罐柜导则	规定				

3) 关于标志、标记

《国际危规》关于标志的式样,完全采用联合国《规章范本》。《国际危规》关于包件标记的系列规定,与《规章范本》的基本是协调一致的,只是针对毒运的特点修改了一部分内容,比如《国际危规》在5.2.1.2节中,将原《规章范本》中"必须能够经受日晒雨淋而不显著减少其效果"改变成"在海水中至少浸泡3个月标记内容仍清晰可辨……"的要求。在5.2.1.6中,将原《规章范本》的"危害环境物质的特殊标记规定"改成"对于海洋污染物的特殊规定",但是标记的内容和符号不变。

3.4.4 《危险品规则》危险品一览表

1. 危险品一览表介绍(见表3-8)

表3-8 《危险品规则》危险品一览表

UN/ID no.	Proper Shipping Name/Description	Class Or Div. (Sub Risk)	Hazard Label(s)	PG	EQ See2.6	Passenger and Cargo Aircraft				Cargo Aircraft Only		S.P. See 4.4	ERG Code
						Ltd Qty		Pkg Inst	Max Net Qty/Pkg	Pkg Inst	Max Net Qty/Pkg		
						Pkg Inst	Max Net Qty/Pkg						
A	B	C	D	E	F	G	H	I	J	K	L	M	N
2215	Maleic anhydride, molten	8			E0	Forbidden		Forbidden		Forbidden			8L
1971	Natural gas, compressed with high methane content	2.1	Flamm. gas		E0	Forbidden		Forbidden		200	150kg	A1	10L
2459	2-Methyl-1-butene	3	Flamm. liquid	I	E3			351	1L	361	30L		3H
2296	Methylcyclohexane	3	Flamm. liquid	II	E2	Y341	1L	353	5L	364	60L		3H

(1) A栏,即UN/ID编号(UN/ID No.)栏。此栏表明在联合国危险品分类系统中指定给某危险物质或物品编号。当使用这些编号时,代号前应加"UN"字样。由于在联合国的分类系统中有些物质或物品没有给出相应编号,而对航空运输而言仍具有危险性,IATA指定了一组编号,称为ID编号(识别代号)。识别代号目前只有8000个,使用该编号时,编号前应加"ID"字样。

(2) B栏,即运输专用名称与说明栏。此栏目包括危险品的运输专用名称和说明文字。

本栏中运输专用名称用黑体字表示；描述其含量、状态等其他限制说明用细浅色字体表示。本表应严格按英文字母顺序排列危险品的运输专用名称。

（3）C栏，类/项别（次要危险性）栏。本栏标明按照联合国的分类系统，该危险品所属的类/项别，以及次要危险性所属的类/项别对于第一类危险品同时显示出其配装组代号。

除了有毒气体，所有的次要危险性均应严格按照数字顺序排序。对于毒性气体，6.1项次要危险性须列在其他次要危险性类项编号之前。

（4）D栏，即危险性标签栏。本栏标明所装危险品的每一包装件或合成包装件上应使用的危险性标签。主要危险性标签列于次要危险性标签之前。

（5）E栏，即包装等级栏。本栏标明联合国分配给某一危险品的包装等级，共分3级：Ⅰ级、Ⅱ级和Ⅲ级。各类别/项别的危险品包装等级的确定参看DGR第三章的有关部分。

（6）F栏，例外数量代号栏。见DGR 2.6.4.1和DGR表2.6.A。

（7）G栏，即客货机限量包装代号栏。本栏标明用客机运输该危险品采用限量包装时的相关包装代号。限量包装代号以"Y"作为前缀，如Y814、Y305等。以字母"Y"作为前缀的包装代号，只适用于限制数量以内的危险品。如果该栏为"Forbidden"，则表示该危险品只可采用UN规格包装，而不可使用限量包装。

（8）H栏，即在客机和货机限量包装中每一包装件的最大允许净数量栏。即某一限量包装件中所允许的该危险品的最大净数量。kg表示公斤；L表示升。表中列出的重量表示净重，但如果另外带有字母"G"，则表示该重量为包装件的毛重。

（9）I栏，即客机和货机UN规格包装代号栏。本栏标明用客机和货机运输某危险品时，采用UN规格包装的相关包装代号。

（10）J栏，即客机和货机采用某UN规格包装时，每一包装件所对应的最大允许净数量栏。

（11）K栏，即仅限货机UN规格包装代号栏。本栏标明仅限于货机运输的危险品的相应包装代号。

（12）L栏，即仅限货机UN规格包装每一包装件的最大允许净数量栏。本栏标明用货机运输时，每一包装件允许盛装该危险品的最大允许净数量（净重量或净容积），当标有字母G时，表示包装件的毛重。

我们应注意I、J栏两栏是适用于非纯货机运输的情况，因此某些危险品如果满足此两栏的要求，则它既可以用客机运输也可以用货机运输。如果某危险品客机运输太危险，则一览表中用"forbidden"字样横跨I、J栏两栏标明。这时我们可以继续查K栏和L栏，看一看该危险品是否满足K、L栏两栏的要求，即是否可以用货机运输。如果仍然不符合条件，则同时跨K、L栏两栏会标明"Forbidden"字样，表明该危险品禁止使用任何飞机运输。

（13）M栏，即特殊规定栏。本栏目用字"A"加上阿拉伯数字表示适用于该物品的特殊规定。这些特殊规定可能是允许在某些具体条件下取得政府批准即可运输某些禁运物品的规定，如A1、A2、A109等；也可能是对运输某危险品的附加要求，如A22；详细说明某物品可被视为非危险货物运输的条件，如A9。但是不管怎样，即使有政府的许可，是否接收这些物品也必须由运营人来决定。有关特殊规定的具体说明，可参看DGR 4.4部分。

（14）N栏，即应急响应代码栏。本栏的内容可在ICAO文件《与危险品有关的航空器事故征候应急响应指南》(ICAO Doc 9481 - AN/928)中查到。代码由字母及数字组成，该应急响应代码给出了危险品在机上发生事故时应采取的措施及注意的问题。

2. 危险品一览表的使用

按以下步骤依次查阅各栏要求来确定该危险品的运输条件。

第一步：查找运输专用名称(Proper shipping name)和联合国/识别代号(UN/ID No.)——对应于"一览表"中的A栏和B栏。

第二步：确定危险品的类别/项别以及次要危险性——对应于"一览表"中的C栏。

第三步：查看危险品标签——对应于"一览表"中的D栏。

第四步：查看包装等级——对应于"一览表"中的E栏。

第五步：查看包装代号及每一包装件的最大允许净含量限制——对应于"一览表"中的G、H、I、J、K、L栏。

第六步：检查是否有特殊规定——对应于"一览表"中的M栏。(特殊规定列于DGR 4.4)

第七步：查看应急响应代码——对应于"一览表"中的N栏。

例：2-甲基-l-丁烯(2-Methyl-l-butene)，UN2459，Ⅰ级包装。客机可以运输，包装代号351，每一包装件的最大允许净数量1L，货机也可以运输，包装代号361，用货机运输时，每一包装件的最大允许净数量30L。

甲基环乙烷(Methylcyclohexane)，UN2296，Ⅱ级包装。客机可运输，对于限量包装代号Y341，每一包装件的最大允许净数量为1L；对于包装代号353，每一包装件的最大允许净数量为5L；仅限货机运输，包装代号364，每一包装件的最大净数量为60L。

G、H、I、J、K、L栏所涉及的包装代号和数量限制信息的使用将在下一章包装检查中详细说明。

【本章小结】

本章主要介绍了危险货物一览表的使用，首先介绍了危险货物一览表的作用以及危险货物运输的限制和免除；接着介绍了联合国《规章范本》危险货物一览表、《国际危规》危险货物一览表、《危险品规则》危险品一览表；重点掌握《国际危规》危险货物一览表、《危险品规则》危险品一览表。

【课后练习】

一、判断题

1. 托运人把某危险货物托运给某种运输方式必须按照该运输方式《危险货物一览表》的规定对危险货物进行包装。（   ）

2. 国内《铁路危险货物运输管理规则》规定为危险货物，而《国际海运危险货物规则》《国际铁路联运危险货物运送特定技术条件》等有关国际运输组织的规定中属非危险货物时，按我国《铁路危险货物运输规则》规定办理。（   ）

3. 货物危险性越强，最大允许装载量越大。（　）
4. 一般地说，危险性越大的货物，适用的包装应越小。（　）
5. 一部分危险性相对弱缓的危险货物，在包装限量达到一定小的程度时，可以作普通货物运输。（　）

二、选择题

1. 各种运输方式《危险一览表》内容相同的栏目有（　）。
   A. 运输专用名称　　B. 品名编号　　　　C. 货物分类或性能标志
   D. 危险等级　　　　E. 特殊规定　　　　F. 积载要求
   G. 包装限量及包装方法　　　　　　　　H. 可移动罐柜

2. 上海市夏令高温禁止道路运输易燃易爆危险化学品的时间限制是（　）。
   A. 每年6月20日至10月10日　　B. 每年6月15日至10月15日
   C. 上述日期的每天上午10时至下午4时　　D. 上述日期的每天上午8时至下午4时

3. 使用柔性、塑料、复合、纤维板或木质中型散装容器载运Ⅰ级包装的固体危险货物，其容量不得超过（　）；使用中型散装容器载运Ⅱ级或Ⅲ级包装的固体或液体危险货物，其容量不得超过（　）。
   A. $0.5m^3$　　　B. $1.5m^3$　　　C. $2.0m^3$　　　D. $3.0m^3$

4. 汽车运输危险货物，起运前需公安部门批准的有（　）。
   A. 运输爆炸物品　　B. 易燃易爆化学物品　C. 有机过氧化物
   D. 放射性物品　　　E. 腐蚀品　　　　　　F. 剧毒品

5. 美国政府规定集装箱运输危险货物时，20英尺集装箱最大允许装载量不得超过（　）。
   A. 30 000磅　　B. 34 000磅　　C. 38 000磅　　D. 42 000磅

三、简答题

1. 简述危险货物一览表的作用。
2. 简述什么是限量运输。
3. 简述什么是限量包装。不适合限量运输的危险货物有哪几类？

第4章

危险货物的包装

WEIXIAN HUOWU DE BAOZHUANG

【学习目标】

- 掌握危险货物包装的要求和分类。
- 掌握危险货物包装的类型和代码。
- 熟悉危险货物包装性能试验。
- 掌握中型散装容器、可移动罐柜的定义和分类。

【导入案例】

中国籍1.8万吨级远洋轮"龙溪口"在印度洋洋面上第三货舱突然起火、爆炸,之后危及其他货舱,在不得已的情况下弃船,并于第二天晚沉没。由于该船的沉没,其事故原因只能根据对有关资料的分析推断。

事故原因:

(1) 推断最大可能是装在第三货舱二层柜上的40多桶铝银粉(UN No. 1309)自燃所致。该货物包装未采用符合国际标准的包装,桶盖不密封,使产品受潮。同时使桶内积聚热量,加速了放氢放热反应而爆炸,随之产生铝银粉的粉尘爆炸,并引燃了相邻大量油漆等易燃物品,最后蔓延到全船。

(2) 铝银粉(UN No. 1309),该货物受潮后使其外包的一层硬脂酸溶化,变成另外一种更具危险性的铝银粉(UN No. 1396),因而从4.1项转为4.3项,并遇湿放出易燃气体。受潮的铝银粉在释放易燃气体的同时,还会放热和积热,而放出的热量足能点燃(爆)所释放的氢气。

危险货物运输包装是防止货物在正常运输过程中发生燃烧、爆炸、腐蚀、毒害、放射射线、污染等事故的重要条件之一,是保障安全运输的基础。

4.1 危险货物运输包装的作用及要求

4.1.1 危险货物运输包装的定义

危险货物运输包装系指必须能经受得住装卸和运输的一般风险,能确保高度安全的,由危险货物运输规则推荐的各种包装和包装方法。

4.1.2 危险货物运输包装的作用

危险货物运输包装除了具有一般运输包装的作用以外,还具有一些特殊的作用,具体如下:

(1) 抑制或钝化货物的危险性,使危险性限制在最小的范围内,提供良好的运输作业环境。

(2) 防止因接触雨雪、阳光、潮湿空气和杂质而使货物变质,或发生剧烈的化学反应而造成事故。

(3) 减少货物在运输中所受的碰撞、震动、摩擦和挤压,使其在包装的保护下处于完整和相对稳定的状态,从而保证安全运输。

(4) 防止因货物撒漏、挥发而使性质相抵触的货物直接接触,发生事故或污染运输设备及其他货物。

(5) 便于运输过程中的装卸、搬运和保管,做到及时运输和保管安全。

4.1.3 危险货物运输包装的要求

(1) 盛装危险货物的包装应质量良好具有相应的强度,其构造和封闭装置能经受正常装卸运输条件的风险,不应由于温、湿度或内部压力的变化而泄漏。包装表面不应粘附有残余物、雨、雪或其他物质。

(2)包装的材质、形式、规格、方法和包件重量等应与拟装危险货物相适应，并应便于装卸和运输。海运中常规包装的最大容积为450L，最大净重为400kg。

(3)包装应具有良好的封口，根据危险货物的类别和特性选择符合要求的包装封口。封口分为气密封口、有效封口(液密封口)和牢固封口(最低要求)。

(4)相互之间能发生危险反应，并引起以下后果的危险货物，不应装在同一个外包装或大宗包装内：

① 产生可燃气体或蒸气。

② 在干燥情况下，可能有爆炸性。

③ 产生有毒气体或蒸气。

④ 产生腐蚀性气体或蒸气。

⑤ 可能与空气发生危险性反应。

(5)包装内所使用的衬垫材料或吸收材料应是惰性材料，并与内装货物的性质相适应。

(6)盛装液体的包装，若散发气体而可能增加内压，则在包装上可安装一个安全阀(泄压阀)，确保在装卸、运输过程中不应内压增大而产生危险。因此，向包装内充装液体时，必须留有足够的膨胀余位。

(7)装载固体物质的包装，如果该固体物质在装卸运输过程中有可能因温差而变成液体，那么这种包装还必须具备装载液态物质的能力。

(8)组合包装的内包装装入外包装，应保证在正常装卸运输条件下不破裂、不被戳穿或不渗漏。易于破裂或被戳穿的内包装，如玻璃、瓷器或陶器或某些合成材料制成的内包装，应使用合适的衬垫材料紧固于外包装内，内容物的任何泄漏不应削弱衬垫材料或外包装的保护性能。

(9)任何曾盛装过危险货物的空包装，应按原装危险货物的要求来处理，除非能证明将危险货物的残余物已清除掉。

(10)新的、再生的、重复使用的包装或经修复的包装均应经过相应的检验，合格后方可使用。

  4.2　危险货物包装的分类

4.2.1　按危险货物种类分类

各类危险货物，有的采用通用的危险货物包装，有的只能采用本类物品的专用包装。所以，按危险货物的种类分类，其包装可分为以下几种：

1. 通用包装

适用于第3、4、5、6类危险货物和第1类、第8类中的某些货物。

2. 爆炸品专用包装

这类包装，甚至在爆炸品之间都不能相互替用。为保证爆炸品在贮运中的安全，爆炸品的生产设计者，往往根据本爆炸品所必须要的防火、防震、防磁等要求同时设计了爆炸品的包装物，这个设计需与爆炸品的设计同时被批准，否则不得进行爆炸品的生产。

3. 气瓶

这是第 2 类危险货物的专用包装。其最显著的特点是能承受一定的内压，所以又称压力容器包装。

4. 放射性物品包装

专用于各种放射性物品。国际原子能机构对放射性物品的运输包装有专门规定。国际运输和大部分国家的国内运输放射性物品都执行 IAEA 的有关规定。

5. 腐蚀性物品包装

腐蚀性物品由于其对材料的腐蚀性，需用各种不同的材料来包装。腐蚀品的包装从整体看最庞杂，各种材料的各种形式的包装在腐蚀品中都被使用了；而各腐蚀品的品种又是最专一的，某种腐蚀品只能用某种材料的包装，某件包装用于一种腐蚀品后，如能重复受用，也只能用于该腐蚀品而不能移作他用。

6. 一些特殊货物的专用包装

在可以采用通用包装的第 3、4、5、6 类的危险货物中，也有一些品种，由于某种特殊性质而需采用专门包装。例如：双氧水专用包装、二硫化碳专用包装、黄磷专用包装、碱金属专用包装、电石专用包装、磷化铝熏蒸剂专用包装等。

4.2.2 按包装材料分类

按制作包装的材料分类，危险货物的包装可分为木制包装、金属制包装、纸制包装、玻璃陶瓷制包装、棉麻织品制包装、塑料制包装和编织材料包装等。

1. 木制包装

木材是传统的主要包装材料，包括天然板材和胶合板、木屑板等人工板材。木制运输包装可分为木桶和木箱两大类。

（1）木桶。有柱型木桶、鼓型木桶（琵琶桶）、胶合板桶、纤维板桶等。用于装危险货物的木桶，一般容积不超过 60L，净重不超过 50kg。

（2）木箱。有加档密木箱、无档密木箱、条板花格木箱（透笼木箱）、胶合板箱、纤维板箱、刨花板箱等。装危险货物净重一般不超过 50kg。

2. 金属制包装

金属包装的主要型式有桶（包括罐）和箱（包括盒、听）两大类。其基本性能是牢固、耐压、耐破、密封、防潮，其强度是通用包装中最高的，是危险货物运输中使用最多、最广的包装。其所用的金属材料，是各种薄钢板、铝板和塑料复合钢板。

（1）热轧薄钢板。是普通碳素钢板，亦称黑铁皮。其厚度有 $0.25 \sim 2.0$ mm。单件包装的容积大或所装货物的净重大，所用的板材相应的厚一些，其标准以符合包装试验的要求为准。

(2) 镀锌钢板。锌是保护性镀层，保护钢板在使用过程中免受腐蚀。锌在干燥空气中不起变化，在潮湿空气中与氧或二氧化碳生成氧化锌或碳酸锌薄膜，可以防止锌继续氧化。锌镀层经铬酸或铬酸盐钝化后，形成钝化膜，防腐能力大为加强。但锌易溶于酸或碱，且易于与硫化物反应。对应于黑铁皮，镀锌钢皮称白铁皮。

(3) 镀锡钢板。俗称马口铁。有良好的耐腐蚀性、冲压成型性、可焊性和弹性。锡遇稀无机酸不溶解，与浓硝酸不起作用。只是遇浓硫酸、浓盐酸，以及苛性碱溶液在加热时溶解。

(4) 塑料复合钢板。其基体是普碳钢薄板，复层塑料采用软质或半软质聚氯乙烯塑料薄膜，或聚苯乙烯塑料薄膜。塑料复合钢板，不只有钢板的切断、弯曲、深冲、钻孔、铆接、咬合、卷边等加工性能，又有很好的耐腐蚀性，可耐浓酸、浓碱以及醇类的侵蚀，但对醇以外的有机溶剂的耐腐蚀性差。

(5) 铝薄板。铝的纯度在99%以上，铝板厚2mm以上。耐硝酸和冰醋酸。可焊，而咬合性差，一般不用卷边咬合，而是焊接。质地较软，在铝桶外，往往套可拆钢质笼筋，增加其强度。

3. 纸制包装

纸质的包装有纸箱、纸盒、纸桶、纸袋等。纸质包装的防震性能很好，经特殊工艺加工，强度也可与木材相比。纸塑复合，使纸质包装的防水性和密封性也大大提高。

4. 玻璃陶瓷类包装

各种玻璃瓶、陶坛、瓷瓶，耐腐蚀性强但很脆，易破碎，所以又称易碎品。

5. 棉麻织品包装

用棉麻织品做成的包装，统称袋。

6. 塑料制包装

塑料制包装的形状比较多样，桶、袋、箱、瓶、盒、罐都可用塑料制造。所用的塑料种类也很多，有聚氯乙烯、聚苯乙烯、聚乙烯、钙塑、发泡塑料等。塑料还能与金属或纸做成各种复合材料。塑料包装的特点是质轻、不易碎、耐腐蚀。与金属、玻璃容器比较，其耐热、密封、耐蠕变性能要差一些。

7. 编织材料包装

由竹、柳、草三种材料编织而成的容器，有竹箩、竹箱、竹笼、柳条筐、柳条篓、蒲草席包、草袋等。编制包装容器的荆、柳、藤、竹、草等物均须不霉、不烂、无虫蛀，编制紧密结实。

4.3 危险货物包装的类型及代码

4.3.1 危险货物包装的类型

按包装容器类型，危险货物包装的类型可分为桶类、箱类、袋类、筐类、包类、捆类、坛瓶类，以及组合包装、复合包装、集装箱等数种。在包装各种分类方法中，以包装类型分类是最主要的分类方法。危险货物运输中不允许用包类、捆类和裸露的坛瓶类。因此，危险货物按外包装的类型分，可归纳为桶、箱、袋三大类。

1. 桶类

（1）铁桶。它包括马口铁桶、镀锌铁桶和各种大小的铁罐。铁桶和铁罐都是圆柱体形的容器，人们习惯上把小铁桶（一般在 10L 以下的）称为罐。

铁桶按其封口盖形式又分闭口桶、中口桶和大口桶 3 种。

闭口桶，又称小口桶。其顶盖不可移动。在顶盖中间有两个桶口，一个直径 7cm，是货物的注入口；一个直径不大于 3cm，是通气口。桶口为螺旋孔塞，封口有垫圈，能保证桶的气密性。故闭口桶用于装液体货物。

中口桶。其顶盖也不可移动。在顶盖的中央有一个 15～30cm 的桶口，采用压紧盖或靠螺丝固定桶盖封口。中口桶适用于装固体货物。

大口桶。又称可移动顶盖桶。桶的一个顶端与桶盖合一，用紧箍封盖。适用于装黏稠状或固体货物。大口桶的顶盖如果受撞击凹陷变形，紧箍圈会封不住盖，桶的一端没有顶盖支撑，桶口容易变形失圆，故大口桶的成形性不及小口桶和中口桶。

铁桶的桶体必须为笔直的圆柱形，不倾斜。周围的瓦楞箍须均匀，不倾斜、不弯曲。桶身和桶盖平正，不得突出桶边高度，且不得有锈蚀。焊接缝和卷边咬合缝都应坚固密实，宽度 10mm 左右。根据需要，可在桶内喷涂各种性能不同的涂料，如酚醛树脂、环氧防腐漆等。

铁桶的规格，《危险货物运输规则》一般不作具体规定，只规定铁桶的最大容积和装货的最大净重。目前运输中经常见到的是 220L、110L、60L、30L 四种规格的铁桶（图 4.1 和表 4－1）和 1 加仑、0.5 加仑、0.25 加仑等规格的铁罐。

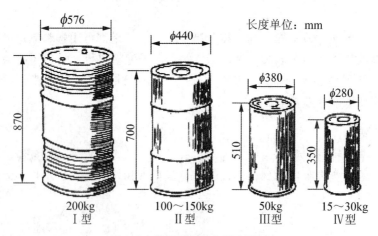

图 4.1　常用铁桶的规格和型式

（2）铝桶。铝桶只能是小口桶，其接缝不能采用卷边机械咬合，必须用焊接，桶身外有不与桶身相接的钢质笼筋，以增加桶的强度。其余条件与铁桶相同。铝桶的规格一般是 220L 和 110L 两种，适用于装腐蚀性液体。

表 4-1　常用铁桶规格与形式表

规　　格	适用品类	材　　质	厚度/mm	尺寸和形状
每桶装 200kg	苯酚等	镀锌铁皮	1.0～1.2	Ⅰ
	硫化碱、氢氧化钠等	黑铁皮	0.5～0.6	
每桶装 100～150kg	四醛、高锰酸钾等	镀锌铁皮	0.5～0.6	Ⅱ
	丙酮、电石等	薄钢板或铁皮	1.0	
每桶装 50kg	氯酸钾、氯酸钠等	黑铁皮	0.5～0.6	Ⅲ
	氰化钾、氰化钠等	镀锌铁皮	0.5～0.6	
每桶装 15～30kg	各种油漆	马口铁	0.3	Ⅳ
	各种油漆	铝锌铁皮	0.35	

(3) 铁塑复合桶。有两种铁塑复合桶，一种是塑料复合在钢板上，另一种是小口铁桶内衬一只塑胆。铁塑复合桶只有小口桶，应符合小口铁桶的各项要求。塑料内胆胆壁最薄处不得小于 0.8mm。内胆和外壳分别用螺纹盖各自密封，其规格一般是 220L 和 60L 两种，适用于装腐蚀性液体。

(4) 木板桶。桶壁、桶底都用木板做成。桶身有 4 道铁箍加固，桶壁严密牢固，底盖有十字形撑挡木。桶内涂涂料并衬有纸、布或塑料薄膜等。板缝都用漆腻相嵌，严密不漏。木材桶适用于装黏稠状的液体。从外形看，有的桶身成圆柱形，称柱型（或直型）木板桶，有的桶身成鼓形，称鼓型木桶或琵琶桶。鼓型桶比直型桶能承受更大的外部压力。木板桶最大装货量 70kg。

(5) 胶合板桶。桶身用 3 层或 5 层胶合板制成。桶身结合直缝用钉。桶底、桶盖用木板，并有古钱形（内方外圆）或十字形撑挡木加固。桶身用 4 道铁箍加固。胶合板桶适用于装粉末状货物。货物应先装入纸袋、布袋或塑料袋内码紧密封不漏后，再装入胶合板桶内。胶合板桶装货量一般不超过 50kg。

(6) 纤维板桶、厚纸板桶。桶身用纤维板或多层牛皮纸黏合的厚纸板制成。桶形、结构、用途和使用方法都与胶合板桶相同。纤维板桶、厚纸板桶的装货量一般不超过 50kg。

(7) 塑料桶。塑料桶一般是采用聚乙烯或钙塑为原料加工成厚壁、薄壁、大小各异的容器。按其开口形式分为小口桶、中口桶和大口桶。小口桶适用于装液体货物，中口、大口桶适用于装结晶状、粉末状的固体货物。大口桶内应衬塑料袋或两层牛皮纸袋，袋口密封。塑料桶一般用螺纹盖封口，应密封不漏。装货一般不超过 50kg。

2. 箱类

箱类包括以箱为外包装的各种组合包装、集装箱。

(1) 集装箱。集装箱是一种现代化的运输设备，实际也是一种容器。因此，也有"货箱"或"货柜"之称。因其装载量大，结构科学，各种类型的货物以及托盘都能装入，装卸速度快，是目前国际海陆空运输中广泛采用的运输包装。其特点是将货物集零为整，化小为大，成为一个集装单元。其本身标准化、系列化、通用化有利于装卸机械化、自动化，有利于不同运输方式之间的快速换装、联合运输。使用集装箱能缩短装卸时间，加快车船周转，保证货运质量,节省包装材料和费用。集装箱因能露天存放而节约仓容面积,故还能降低运输成本。

制作集装箱的材料90%以上是金属(有钢板、铝合金板等)。此外,还有玻璃钢集装箱。集装箱的容积至少在$1m^3$以上。考虑到国际间和各种运输方式间的联运,对集装箱的大小定有国际标准。国际标准的集装箱宽为8英尺,高为8英尺或8英尺6英寸,长有10英尺、20英尺、30英尺、40英尺。因其断面尺寸基本相同,箱子的大小在于长度的变化,即以长度的尺寸作集装箱的规格,如20英尺箱、40英尺箱等。在长方体的集装箱的8个顶角上都有紧固锁扣。

(2) 铁皮箱。采用黑铁皮或白铁皮制成。接缝应焊接、铆接或双重卷边结合,箱盖应套盖箱体,箱内用合适材料作内衬套。铁皮箱一般用于装块状固体或作销售包装的外包装。爆炸物品的专用包装中,有很多是铁皮箱,如子弹箱、炮弹箱等。

(3) 危险货物保险箱。这是一种特制的包装容器,一般用来运送少量的爆炸品,以及性质特殊或科研用少量贵重的危险货物。保险箱的设计制作要求要达到即使箱内货物发生爆炸或其他化学变化,也不会对周围环境造成任何破坏。保险箱的构造一般有5层:第1层(外层)是铁皮,第2、第3层分别是木板和石棉,第4层是铁板,再用塑料或铝板衬里。箱盖和箱体应采用套压口,骑缝处有衬垫,箱盖压紧后能密闭不漏。箱内不许露铁。箱子的体积不得超过$0.5m^3$,装货后总重量不得超过200kg。

(4) 密木箱。习惯上讲的木箱都是指密木箱。木箱由底板、侧板、端板、顶盖板和加强板(俗称带条板或挡)组成。密木箱用天然板材紧密拼制而成,不留空隙,故称密木箱或全木箱。箱外用铁箍或塑料编织带加箍,或者在棱角上包铁皮加固。箱内衬塑料袋或牛皮纸袋。固体货物先装入塑料袋或牛皮纸袋,普通木箱(图4.2)牢固封口后,再封木箱。木箱应密封不漏。木箱装固体危险货物,货物净重一般不超过50kg。

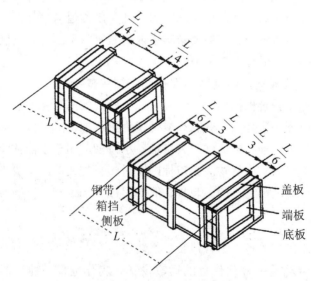

图4.2 普通木箱示意图

液体危险货物先装入玻璃瓶或塑料瓶内,严密封口后,再装入木箱,箱内需用合适材料衬垫。瓶的规格一般有0.5L、1L、2L、5L、20L等。不管用什么规格的瓶,木箱装瓶装液体危险货物,货物净重一般不超过20kg。

固体危险货物先装入大口瓶或小铁听密封，胶质或糊状货物先装入金属软管、小铁听或小塑料桶或大口瓶密封，某些特殊的危险货物（固体或液体状）应先装入瓶中密封后再装入金属容器中密封，而后再装入木箱中，箱内需用合适材料衬垫。所有各种包装方法，其货物净重都不得超过 20kg。

强酸性腐蚀性货物先装入耐酸陶坛、瓷瓶中，用耐酸材料严密封口后，再装入木箱中，箱内用不燃松软材料衬垫。货物净重不得超过 50kg。

不论采用怎样的组合方式，木箱作为外包装其本身应牢固、完好、严密不漏。

（5）胶合板箱、纤维板箱、刨花板箱。箱的六面板分别为胶合板、纤维板或刨花板。应用质量良好的天然木材作坚固的框架，箱外钉有加强板，箱角有铁皮包角，箱身外有铁箍或编织带加固。这 3 种木箱又统称人造板箱，具有自重轻、节约木材、便于运输等特点，但其用于包装危险货物则受到较大限制。一般说，人造板箱只能用于包装固体货物和以铁听、铁罐作内包装的货物，包装方法与件重限制同木箱。只有 5 层或 7 层胶合板制成的箱，经试验有足够的强度，才可代替木箱成为有广泛适用性的外包装。

（6）瓦楞纸箱。瓦楞纸箱强度的幅度很大。在强度达到要求的条件下，瓦楞纸箱可以代替全木箱作外包装使用。

（7）钙塑箱。钙塑是在聚乙烯和聚丙烯中填充无机钙盐而制成的一种新型材料。钙塑可制成各种容器。在强度达到时，钙塑箱也可代替木箱作外包装。

（8）条板花格木箱，又称透笼木箱。一般应具有 16 根横板，每块箱板的宽度不得小于 50mm，两板的间隔根据货物性质与重量确定，以货物不漏出为原则。箱板宽度总和不应小于木架总宽的 60%。箱角包铁皮，箱身用铁箍加固。透笼箱有半透笼和全透笼两种：箱的六面全部透笼是全透笼箱；箱的任何一面为满面则是半透笼箱。透笼箱适用于装油纸、油布、绸制品或作油漆等 30kg 以下的铁桶、铁听的外包装。花格木箱如图 4.3 所示。

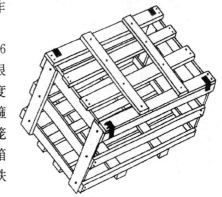

图 4.3 花格木箱示意图

（9）编织箱（包括筐、笼、篓等）。箱身应有立筋支撑，增强抗压能力。箱盖要大于箱身，箱外铁箍或塑料编织带加固。在适用的条件下，可作前述各种箱的代用品。一般用于油漆、农药的外包装。

3. 袋类

（1）棉布袋。用于装粉状货物，重量不超过 25kg，缝口针距不大于 10mm。可内衬纸袋、塑料袋或在布上涂塑。

（2）麻袋。一般以黄麻、红麻、青麻等为原料机织成型。有大粒袋、中粒袋、小粒袋 3 种。适用于装固体货物，重量不超过 80kg。可内衬牛皮纸袋或塑料袋。亦可用沥青将牛皮纸黏于麻袋里面，制成沥青麻袋。

（3）乳胶布袋。用乳胶布制成，内衬塑料袋。耐酸碱，防水防潮，密封性能好。可直接用作以液体（如水、酒精等）作稳定剂的固体货物（如硝化棉）的外包装，也可以此作内包装再装入大口铁桶或全木箱中。

（4）塑料袋。塑料袋有塑料薄膜袋和塑料编织袋两种。习惯称塑料袋为编织袋。

塑料袋可制成中型和重型包装袋：中型袋较薄，只能作内包装或衬里用；重型袋较厚，可作外包装，适用于粉状、粒状货物，净重不超过25kg。

塑料丝带编织而成的袋即为编织袋，具有较高的强度，延伸率较小，不易变形，耐拉、耐冲击、耐磨损、防滑，可以代替麻袋作货物的外包装。编织袋有全塑编织袋、全塑涂膜编织袋、塑麻交织袋等。

（5）纸袋。纸袋一般是用2～6层牛皮纸制作。制袋纸的重量通常为 $70g/m^2$、$80g/m^2$。纸面上不允许洞眼、破损、裂口和严重的皱纹、褶子或鼓泡等缺陷。纸袋的层数根据货物的性质、装货重量，以及运输条件的优劣和倒运的次数等因素而定。为防潮和增加强度，可在牛皮纸上涂塑。牛皮纸袋可作其他包装的内包装或里衬，也可作外包装。作外包装适用于粉状固体货物，最常见的是用于装杀虫粉剂。装货净重小于25kg。

（6）集装袋。是集合包装的一种。可用塑料丝编织，也可用丙纶编织布和涂塑维纶帆布加工缝制，具有负荷力强、耐腐蚀、使用方便等特点，载重量有1t和2t两种。粉状货物的包装一般用袋，25kg的袋装卸很不方便，难以使用机械。若把25kg的袋装货集装成1～2t的袋，可以提高装卸效率，减少货损货差，保证货物质量，降低运输成本。

4.3.2 危险货物包装类型代码

（1）危险货物运输包装的标记。每一个经检验合格的包装均具有标记，包括：
① 联合国包装符号。
② 包装代码。
包装代码是由包装种类代码和包装材质代码组成。
包装种类代码由阿拉伯数字表示。

1	桶
2	木琵琶桶
3	罐
4	箱
5	袋
6	复合包装
7	压力容器

包装材质代码由大写英文字母表示。

A	钢
B	铝
C	天然木
D	胶合板
F	再生木
G	纤维板、瓦楞纸板或纸板
H	塑料、钙塑材料
L	纺织材料
M	多层纸
N	金属，钢和铝除外
P	玻璃、瓷或粗陶

③ 表明其设计类型已顺利通过试验的包装类标记英文字母。字母意思如下所示：

X——表示符合包装类Ⅰ、Ⅱ和Ⅲ的包装；

Y——表示符合包装类Ⅱ和Ⅲ的包装；

Z——仅表示符合包装类Ⅲ的包装。

（2）表明相对密度，应四舍五入取第一位小数，表示该拟装液体物质的包装在无内包装时已按该相对密度进行了设计类型试验。如果相对密度不超过1.2，可免除此项。对于拟盛装固体物质是以 kg 表示出最大总重量。

（3）使用字母"S"表示用于盛装固体或内包装的包装，或使用精确到最近的 10kPa 表示的试验压力来表示包装（组合包装除外）所顺利通过的液压试验。

（4）包装制造年份。

（5）批准国所分配的用于国际交通中机动车辆使用的标记符号。

（6）制造厂的名称或其他识别标志。

包装类型代码解释如图 4.4 所示。

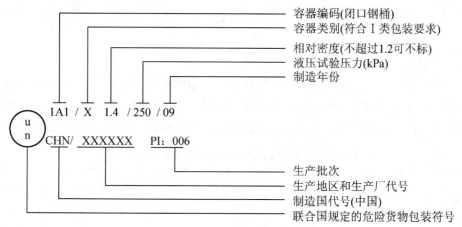

图 4.4　包装类型代码示意图

4.4　危险货物运输包装性能试验

由于危险货物的特殊性，为了确保安全运输，避免所装货物在正常运输条件下受到损害，对危险货物的运输包装必须进行规定的性能试验。经试验合格并在表面标注上持久、清晰、统一的合格标记后，才能使用。

每一种包装形式在包装开始生产前就应对该包装的设计、尺寸、体积、选材、制造以及包装方法进行试验。如果在设计、选材、制造和使用等有任何变动，都应重新试验。在生产过程中，也必须不时地进行重复试验，以确保性能标准保持下去。

对重复使用的包装除清洗整理外，应定期重复试验。不论实际上是否对重复使用的包装进行过试验，一旦其被使用，就必须达到性能试验的标准。

危险货物运输包装的性能试验不包括下列包装容器：

（1）盛装放射性物品的包装。

(2) 盛装气体的压力容器。

(3) 净重超过 400kg 的包装。

(4) 容积超过 450L 的包装。

4.4.1 试验前的准备

(1) 包装试验的试验品按随机抽样的原理在一批待用成品中随机抽样确定。

(2) 试验品应模拟满载状态。拟装货物应用非危险物品代替。代用的固态物质的密度、粒径等物理特性应与拟装货物相同，必须盛装至试验容器的 95%。代用的液态物质的密度、黏度等物理特性应与拟装货物相同，必须盛装至试验容器的 98%。

(3) 纸质或纤维板的试验品应置于控制温度(大气温度 23℃±2℃)和相对湿度(50%±2%)的大气中持续 24h 以上。

(4) 塑料包装的试验，温度应降低到 −18℃(包括 −18℃)以下。内装物经降温后不应改变物理状态。

(5) 木琵琶桶应盛满水 24h 后再立即进行试验。

4.4.2 试验项目

危险货物运输包装的试验项目主要是落体试验、渗漏试验、液压试验、堆积试验和制桶试验。不同类型的包装所需要进行试验的项目各不相同，见表 4-2。必须强调的是作为货物的运输包装所应有的一般试验项目，如桶的滚动试验、瓦楞纸箱的防水试验等不能因此而免除。

表 4-2 不同类型的危险货物运输包装试验的项目

包装类型	试验项目	落体试验	渗漏试验	液压试验	堆积试验	制桶试验
桶	铁桶	√	√	√	√	—
	铝桶	√	√	√	√	—
	胶合板桶	√	—	—	√	—
	纤维板桶	√	—	—	√	—
	塑料桶	√	√	√	√	—
	木琵琶桶	√	√	√	√	√
箱	铁皮箱	√	—	—	√	—
	木箱	√	—	—	√	—
	胶合板箱	√	—	—	√	—
	再生木箱	√	—	—	√	—
	纤维板箱	√	—	—	√	—
	塑料箱	√	—	—	√	—
袋	纺织品袋	√	—	—	—	—
	塑料纺织袋	√	—	—	—	—
	塑料薄膜袋	√	—	—	—	—
	纸袋	√	—	—	—	—

注："√"表示要试验的项目；"—"表示不需试验。

4.4.3 落体试验

落体试验又称跌落试验，是模拟人力装卸、搬运和货物倒塌时运输包装的跌落情况，通过自由跌落对装满货物的运输包装进行垂直碰撞试验。

1. 试验目的

做落体试验是为了测定在用人力进行装卸搬运时跌落或者堆装时倒塌等意外情况下，包装的破损情况和安全性。

2. 试验方法

将包装提起到一定的高度，见表4-3，然后让其自由落下撞击到坚硬、无弹性、平坦、水平的地面。

表4-3 各类货物三级包装下自由落体试验的落下高度

货物种类		落下高度/m		
		Ⅰ级包装	Ⅱ级包装	Ⅲ级包装
固体货物		1.8	1.2	0.8
液体货物	$d \leqslant 1.2$	1.8	1.2	0.8
	$d > 1.2$	$1.5d$	$1.0d$	$d/1.5$

注：d 表示货物的相对密度，取1位小数。

落体时，除平落外，包装的重心应垂直于撞击点上，并应按规定确定各种类型包装的试样数量和落体方位。

3. 试验合格标准

经过试验的包装及其内部的内包装容器不得有任何渗漏或严重破裂。如系拟装爆炸品的包装，不允许有任何破裂；如系拟装固体货物的大口桶，其最薄弱部位是顶部，试验后，内衬包装完整无损，则即使桶盖不再具有防漏能力也视为试验合格；如系拟装液体货物的包装，包装不漏为合格；如系袋包装，其最外层及外包装不应有严重破裂、内装物不应有撒漏，才称试验合格。概括之，即包装经试验后不应有影响运输安全的损坏。试验时，如封闭处内装物有轻微漏出，试验后，只要不再继续渗漏也视为包装合格。

表4-4 不同类型包装试验的试样数量和方法

包装类型	试样数量	落体方位
铁桶 铝桶 胶合板桶 纤维板桶 塑料桶 铁塑复合桶 木琵琶桶 桶状组合包装	6个 分两次试验， 每次坠落3只桶	第一次坠落（用3只试样） 应以桶的凸边成对角线地撞击在目标上。如无凸边，则以圆周的接缝处或边缘撞击 第二次坠落（用另外3只试样） 以桶的第一次坠落时没有试验到的最薄弱部位，或以桶体纵向焊接的接缝处撞击

包装类型	试样数量	落体方位
木箱 胶合板箱 再生木板箱 纤维板箱 铁皮箱 塑料箱 箱状组合包装	5个 分5次试验 每次坠落一只箱	第一次坠落：以箱底平落 第二次坠落：以箱顶平落 第三次坠落：以长侧面平落 第四次坠落：以短侧面平落 第五次坠落：以一只箱角坠落
纺织品袋 纸袋	3个 每袋坠落2次	第一次坠落：以袋的平面平落 第二次坠落：以袋的端部平落
塑料编织袋 塑料薄膜袋	3个 每袋坠落3次	第一次坠落：以袋的宽平面平落 第二次坠落：以袋的窄平面平落 第三次坠落：以袋的端部平落

4.4.4 渗漏(防漏)试验

1. 试验目的

渗漏试验的目的是检查桶是否漏气，即进行桶的气密性试验，适用范围见表4-2。所有拟盛装液体的包装，均应做气密试验，但不包括组合包装的内包装。

2. 试验方法

每只桶，不论是新桶，还是重复使用的旧桶或修复使用的桶，都要进行试验。

将空桶浸入水中，其顶面在水平面下2.5cm以下，浸入水中的方法不得影响试验效果。

作为代替办法，也可以在桶的接缝处或其他容易漏气的地方涂上皂液、重油或其他合适的液体，再向桶内充灌气压。试验气压(表压)见表4-5。

表4-5 渗漏试验压力

包装等级	Ⅰ级包装	Ⅱ级包装	Ⅲ级包装
试验气压	不小于30kPa	不小于20kPa	不小于20kPa

3. 试验合格标准

桶不漏气即为合格。

4.4.5 液压(水压)试验

1. 试验目的

液压试验的目的是检查桶是否漏水，即进行桶的液密性试验，适用范围见表4-2。所有拟盛装液体的包装，均应做液压试验，但不包括组合包装的内包装。

2. 试验方法

金属包装和玻璃陶瓷容器包括其封闭器应经受 5min 的液压试验；塑料容器的受压时间为 30min。试验压力不应低于拟装液体在 55℃时的蒸气压力的 1.5 倍。但对于Ⅰ级包装，其试验压力不得低于 250kPa（表压）；对于Ⅱ、Ⅲ级包装，其试验压力不得低于 100kPa（表压）。试验压力应连续均匀地加上，在整个试验期间保持稳定。试品不得用机械支撑，若采用支撑，支撑的方法不得影响试验效果。

3. 试验合格标准

容器不漏水或液即为合格。

4.4.6 堆积（堆码）试验

此项试验是模拟在仓库、船舶、货车、机舱内满装货物运输包装容器堆码时的情况而进行的试验。除袋以外的其他所有包装都要进行堆码试验。

1. 试验目的

通过此项试验测定满装货物运输包装堆码时的耐压能力、抗压强度和对内装货物的保护程度，了解包装在堆码中的承压结果（变形、蠕变、压垮或破裂）以及运输包装在受到特殊负荷情况下的性能。

2. 试验方法

包装堆码高度一般为 3m。海运出口货物除塑料材质外，其他材质包装（包括内容器为塑料材质的复合包装）堆码高度应为 8m。如在甲板上堆积运送，堆码高度可为 3m。以上高度均包括试样本身高度，试验时间不小于 24h；对塑料材质包装（不包括内容器为塑料材质的复合包装）和钙塑箱试验温度不应低于 40℃，试验时间为 28 天。

3. 试验合格标准

包装不漏，包装不能有严重破裂，装在其中的内容器不能有任何破裂和渗漏，包装本身不应有降低其强度或造成堆积不稳的任何变形。

4.4.7 制桶试验

1. 试验目的

测试木质的琵琶桶的制作工艺是否能保证桶能达到必要的强度和液密度。

2. 试验方法

拆下空桶中腹以上所有桶箍至少 2 天以上。

3. 试验合格标准

桶上半部横断面直径的扩张，不得超过 10%。

4.4.8 包装试验合格标志

经试验合格的包装，包括中型散装容器，都应在包装的明显部位标注出清晰持久的"包装合格"以作证明。此外，还必须标注出制造厂名称、制造日期，以及其他有关的标志，如在其领土上进行规定试验的国家名称、修复者的姓名、修复的年份和修复标志"R"等。

联合国为国际运输的需要，规定了统一的"包装合格"标志及其他有关标志的书写格式，包装合格标志如下所示：

必须强调指出的是，此标记只能证明包装经检验合格，而不能证明包装内的危险货物的任何情况，或作其他证明用。同时，该标记必须与在其右侧的其他标志同时使用，才能真正有效。其组合标志的标准格式举例如下：

```
(un)  4C/Y 100/S/03
      NL/VL823
```

各栏代号含义如下：

4C：包装代码，4C 即天然木箱。此栏也可以是 1A(铁桶)或其他代码。

Y100：Y 是包装等级 II 的代码。100 是指本包装允许最大毛重是 100kg。

S：该包装只能用于装固体或内包装。

03：该包装的制造年代是 2003 年。

NL：在其领土上进行了规定试验的国家的代号。NL 是荷兰的代号，如在中国进行的试验，则用 CHN。

VL823：该包装的制造者(厂商)的代号。

```
(un)  1A1/X1.4/200/03
      NL/VL824
      NL/RB/05RL
```

各栏代号含义如下(与上例重复者略去)：

1A1：非移动桶顶，可重复使用的小口钢桶。

X1.4：I 级包装，可装密度等于小于 1.4 的液体货物(如允许拟装液体货物的密度小于 1.2 时，此标志可省略)。

200：液压试验压力(表压)200kPa(只用于拟装液体货物的包装，如拟装固体货物则无此标志)。

NL(第三行中的)：在其领土上修复(包括进行规定试验)的国家代号。

RB：修复者的名字或代号。

05RL：修复的年份是 2005 年，R 表示修复，L 表示修复后在渗漏试验中合格。

我国国家标准 GB 12463—90 规定用 ⓖⓑ 作为合格标志。ⓖⓑ 右侧的其他有关标志的含义和书写格式都与联合国的规定相同。必须指出，ⓖⓑ 不能用于国际运输。在国内运输中要能正式使用，还要待以时日。危险货物的包装必须有 ⓖⓑ，否则不得运输。目前，我国用于出口危险货物的包装由我国出入境检验检疫局进行试验性鉴定，合格者发给证书，才能装载危险货物出口。该证书只能用于某批特定的出口货物，而不具有一般的证明力，即不能证明某包装容器厂生产的某种类型的包装容器都达到 ⓖⓑ 的标准。

4.5 中型散装容器

4.5.1 中型散装容器概述

中型散装容器是指容量大于250L，但不超过3.0m³，适于机械操作，能承受装卸和运输所产生的各种应力的新型包装，代码如下所示：

11——盛装固体，内装物以重力方式装卸的刚性中型散装容器。

13——柔性中型散装容器。

21——盛装固体，内装物在大于10kPa压力下装卸的刚性中型散装容器。

31——盛装液体的刚性中型散装容器。

中型散装容器如图4.5所示。

中型散装容器是指刚性或柔性的可移动包装，应符合下列条件：

图4.5 中型散装容器

(1) 容积。

① 用于包装类Ⅱ和Ⅲ的固体和液体，不应大于3m³(3000L)。

② 使用柔性、刚性塑料、复合型、纤维板或木质中型散装容器装运包装类Ⅰ的固体，不应大于1.5m³。

③ 使用金属中型散装容器装运包装类Ⅰ的固体，不应大于3m³。

④ 用于第7类放射性物质，不应大于3m³。

(2) 设计上适合于机械装卸。

(3) 经过检验，能够承受装卸和运输所产生的各种应力。中型散装容器的每一类型在投入使用之前都应进行试验，试验合格签发证书。刚性中型散装容器应经船检部门检验，柔性中型散装容器应经商检部门检验。

4.5.2 中型散装容器的试验方法及其合格标准

1. 相容性试验

适用范围：中型散装容器中所有与内装物直接接触的塑料材料。

试样数量：每种中型散装容器取3个试样。

试验方法：直接盛装危险货物的容器在进行性能试验前，应进行为期6个月的盛装拟装物或对塑料材料具有至少同样的应力破裂、强度降低和分子退化影响的物质的相容性试验。

2. 密封试验

适用范围：用压力方式装卸内装物的中型散装容器和盛装液体货物的中型散装容器。

试样数量：每种中型散装容器取3个试样。

试验准备：将通气的封闭装置用类似的不通气封闭装置代替，或将通气口堵住。纤维板中型散装容器及外包装为纤维板的复合中型散装容器应在温度为23℃±2℃和相对湿度为50%±2%的环境下进行至少24h的预处理，也可选择温度为20℃±2℃和相对湿度为65%±2%或温度为27℃±2℃和相对湿度为65%±2%的环境条件。经过预处理的试样同试验间隔时间不应超过5min。

试验方法：向容器内施加不低于20kPa气压（表压）并保持至少10min。然后使用合适的方法检查容器的气密性，可采用气压压差的方法或将中型散装容器浸入水中。如使用后一种方法，应考虑到外部水压对容器内部气压的影响。应适当加大气压力或采用其他等效的试验方法。

试验合格标准：容器不漏气。

3. 液压试验

适用范围：用压力方式装卸内装物的中型散装容器和盛装液体货物的中型散装容器。

试样数量：每种中型散装容器取3个试样。

试验准备：将安全减压装置和通气的封闭装置确定在不工作状态下或将这些装置拆下并将开口堵住。纤维板中型散装容器及外包装为纤维板的复合中型散装容器应在温度为23℃±2℃和相对湿度为50%±2%的环境下进行至少24h的预处理。也可选择温度为20℃±2℃和相对湿度为65%±2%或温度为27℃±2℃和相对湿度为65%±2%的环境条件。经过预过理的试样同试验间隔时间不应超过5min。

试验方法：向容器内施加不低于规定的液压压力（表压）并保持至少10min。试验期间，中型散装容器不应受到任何机械约束。

试验压力：

21A、21B、21N、31A、31B、31N型中型散装容器：200kPa（表压）。

21H1、21H2、21HX1、21HX2型中型散装容器：75kPa（表压）。

31H1、31H2、31HX1型中散装容器取下述方法计算出的最大一个压力：

(1) 55℃时，中型散装容器内所测得的总表压（以允许最大充灌度和充灌温度15℃为计算依据）乘以安全系数1.5。

(2) 所运物质在50℃时的蒸气压力乘以1.75减去100kPa，但最低试验压力不应低于100kPa。

(3) 所运物质在55℃时的蒸气压力乘以1.5减去100kPa，但最低试验压力不应低于100kPa。

(4) 所运物质静压的两倍，但最低试验压力不应低于水的静压的两倍。

31A、31B、31N型中型散装容器在进行200kPa试验前，还应进行65kPa液压（表压）试验。试验合格标准如下：

(1) 21A、21B、21N、31A、31B、31N型中型散装容器进行200kPa液压试验容器无渗漏。

(2) 31A、31B、31N型中型散装容器进行65kPa液压试验容器无渗漏，也无任何可能危及运输安全的永久性变形。

(3) 21H1、21H2、31H1、31H2、21HX1、21HX2、31HX1 型中型散装容器无渗漏，也无任何可能危及运输安全的永久性变形。

4. 堆码试验

适用范围：在设计上用于堆码存放的中型散装容器。

试样数量：每种中型散装容器取 3 个试样。

试验准备：除柔性中型散装容器充灌至不低于其容积和最大允许重量的 95% 外，其他类型的中型散装容器应充灌至其最大允许重量，所加负荷应均匀分布。纤维板中型散装容器及外包装为纤维板的复合中型散装容器应在温度为 23℃±2℃ 和相对湿度为 50%℃±2% 的环境下进行至少 24h 的预处理。也可选择温度为 20℃±2℃ 和相对湿度为 65%℃±2% 或温度为 27℃±2℃ 和相对湿度为 65%℃±2% 的环境条件。经过预处理的试样同试验间隔时间不应超过 5min。

试验方法：将中型散装容器底部向下放置在坚硬、平坦在地面上，在上面施加规定的重量，金属中型散装容器保持至少 5min，塑料材料中型散装容器在 40℃ 的温度中保持 28 天，其他中型散装容器保持至少 24h。施加重量的方法可将若干个充灌至其最大允许重量的相同类型中型散装容器放在试样之上或在试样上面放置一平板或一复制的底座，再将相应的重物放在其上。

试验重量：运输中允许堆积在其上的相同中型散装容器总数（一般应考虑堆高 3m）的最大允许重量之和的 1.8 倍。

试验合格标准：内装物无损失，中型散装容器无任何可能危及运输安全的永久性变形。

5. 跌落试验

适用范围：所有类型的中型散装容器。

试样数量：每种中型散装容器取 3 个试样。

试验准备：盛装固体的中型散装容器应充灌至不低于其最大允许重量和容积的 95%，盛装物质可为拟运物质或拟运物质相对密度、粒径类似的其他物质代替；盛装液体的中型散装容器应充灌至不低于其最大允许重量和容积的 95%，盛装物质可为拟运物质或用水代替，负荷应均匀分布。装有减压装置的中型散装容器，应将减压装置确定在不工作状态下，或将减压装置拆下并将开口堵住。塑料材料中型散装容器应将容器及内装物温度降至 -18℃ 以下，容器所装液体可加入防冻剂，使液体保持液态。纤维板中型散装容器及外包装为纤维板的复合中型散装容器应在温度为 23℃±2℃ 和相对湿度为 50%±2% 的环境下进行至少 24h 的预处理。也可选择温度为 20℃±2℃ 和相对湿度为 65%±2% 或温度为 27℃±2℃ 和相对湿度为 65%±2% 的环境条件。经过预处理的试样与试验间隔时间不应超过 5min。

冲击面和提升、释放装置应符合 GB/T 21599—2008《危险品包装跌落试验方法》的规定。

试验方法：使中型散装容器基部最薄弱的部位撞击在冲击面上。

跌落高度：

(1) 盛装固体的中型散装容器，其试验跌落高度见表 4-6。

表 4-6 盛装固体的中型散装容器试验跌落高度

包装等级	Ⅰ类	Ⅱ类	Ⅲ类
跌落高度/m	1.8	1.2	0.8

(2) 盛装液体的中型散装容器，其试验跌落高度如下：

① 如试样内盛装的液体为拟运物质或水，但拟运物质的相对密度不超过1.2时，跌落高度同表4-6。

② 如试样内盛装的液体为水，且拟运物质的相对密度超过1.2，跌落高度按下述公式计算（四舍五入至1位小数）：

$$跌落高度 = 表4-6规定的包装等级跌落高度 \times 拟运物质的相对密度 \div 1.2$$

试验合格标准：内装物无损失。撞击时，如有少量物质从封闭装置处漏出，试验后只要不再继续渗漏，则应视为合格。

6. 顶部提升试验

适用范围：在设计上从顶部或侧面提升的中型散装容器。

试样数量：每种中型散装容器取3个试样。

试验准备：

金属中型散装容器和刚性塑料中型散装容器：充灌或施加至其最大允许重量2倍的负荷。

柔性中型散装容器：充灌或施加至其最大允许重量6倍的负荷。

内容器为塑料材料的复合中型散装容器：充灌至其最大允许重量。纤维板中型散装容器及外包装为纤维板的复合中型散装容器应在温度为23℃±2℃和相对湿度为50%±2%的环境下进行至少24h的预处理。也可选择温度为20℃±2℃和相对湿度为65%±2%或温度为27℃±2℃和相对湿度为65%±2%的环境条件。经过预处理的试样与试验间隔时间不应超过5min。

试验方法：

刚性塑料中型散装容器和内容器为塑料材料的复合中型散装容器，用吊钩钩住中型散装容器一对成对角线的提升部件将其吊离地面，使提升垂直于中型散装容器并保持5min，然后使提升力与中型散装容器45°角垂直（可以先将容器放下，调整好角度后再吊起）并保持5min。

第二次提升钩住中型散装容器的另外两个对角线的提升部件，重复上述试验直至每对提升部件都试验完为止。

金属中型散装容器和柔性中型散装容器按设计方式吊离地面并保持5min。

试验合格标准：中型散装容器及其提升装置无任何可能影响运输、装卸安全的损坏。

7. 底部提升试验

适用范围：在设计上从底部提升的中型散装容器。

试样数量：每种中型散装容器取3个试样。

试验准备：中型散装容器充灌至其最大允许重量的1.25倍。纤维板中型散装容器及外包装为纤维板的复合中型散装容器应在温度为23℃±2℃和相对湿度为50%±20%的环境下进行至少24h的预处理。也可选择温度为20℃±2℃和相对湿度为65%±2%或温度为27℃±2℃和相对湿度为65%±2%的环境条件。经过预处理的试样与试验间隔时间不应超过5min。

试验方法：用叉车将容器提升、降落各两次。叉子的位置应在容器底部中央位置，其间距等于进入面长度的75%（进叉点固定者除外）。进叉深度应为进叉方向纵深的75%。每一个可能的进叉方向均应重复进行此项试验。

试验合格标准：内装物无损失且中型散装容器无任何可能危及运输安全的永久性变形。

8. 撕裂试验

适用范围：柔性中型散装容器。

试样数量：每种中型散装容器取 3 个试样。

试验准备：中型散装容器充灌至不低于其容积和最大允许重量的 95%，负荷应均匀分布。纸质中型散装容器应在温度为 23℃±2℃ 和相对湿度为 50%±2% 的环境下进行至少 24h 的预处理。也可选择温度为 20℃±2℃ 和相对湿度为 65%±2% 或温度为 27℃±2℃ 和相对湿度为 65%±2% 的环境条件。经过预处理的试样与试验间隔时间不应超过 5min。

试验方法：将中型散装容器放置于地面，在其宽面中间位置切一道长 100mm 切口。切口与中型散装容器中轴线成 45°角。然后向中型散装容器均匀地施加负荷并保持至少 5min。所加负荷应为中型散装容器最大允许重量的两倍。

试验合格标准：切口拉长长度不应超过原长度的 25%。

9. 倒塌试验

适用范围：柔性中型散装容器。

试样数量：每种中型散装容器取 3 个试样。

试验准备：中型散装容器充灌至不低于其容积和最大允许重量的 95%，负荷应均匀分布。试验前在温度为 23℃±2℃ 和相对湿度为 50%±2% 的环境下进行至少 24h 的预处理。也可选择温度为 20℃±2℃ 和相对湿度为 65%±2% 或温度为 27℃±2℃ 和相对湿度为 65%±2% 的环境条件。经过预处理的试样与试验间隔时间不应超过 5min。

试验方法：将中型散装容器放置一高台上，然后推倒，使其顶部任一部位撞击在冲击面上。冲击面应符合 GB/21599—2008《危险品包装跌落试验方法》的规定。

倒塌高度见表 4-7。

表 4-7 中型散装容器试验倒塌高度

包装等级	Ⅰ类	Ⅱ类	Ⅲ类
倒塌高度/m	1.8	1.2	0.8

试验合格标准：内装物无损失。撞击时，如有少量内装物从封口或接缝处漏出，只要以后不再继续漏出，则仍应视为合格。

10. 正位试验

适用范围：柔性中型散装容器。

试样数量：每种中型散装容器取 3 个试样。

试验准备：中型散装容器充灌至不低于其容积和最大允许重量的 95%，负荷应均匀分布。纤维板中型散装容器及外包装为纤维板的复合中型散装容器应在温度为 23℃±2℃ 和相对湿度为 50%±2% 的环境下进行至少 24h 的预处理。也可选择温度为 20℃±2℃ 和相对湿度为 65%±2% 或温度为 27℃±2℃ 和相对湿度为 65%±2% 的环境条件。经过预处理的试样与试验间隔时间不应超过 5min。

试验方法:将中型散装容器平放在地面上,钩住一个提升部件(如中型散装容器有4个提升部件,则钩住两个),以0.1m/s的速度将中型散装容器提离地面,保持5min。

试验合格标准:中型散装容器及其提升部件无任何可能危及装卸和运输安全的损坏。

4.6 危险货物运输组件

《国际危规》中的货物运输组件(Cargo Transport Units,CTUs)系指公路货车、铁路货车、集装箱、公路罐车或可移动罐柜等。

4.6.1 集装箱

1. 定义

集装箱系指一种永久性的并有相应的强度足以反复使用的运输设备。这种设备是为了便于以一种或几种方式运输,中间无需转装而专门设计的。"集装箱"一词不包括车辆,也不包括包装,但装在底盘车上的集装箱包括在内。

2. 集装箱装运危险货物的要求

(1) 用于装运危险货物的集装箱应根据《经修正的1972年国际集装箱安全公约》予以批准,并经船检部门检验合格。使用集装箱装运危险货物应遵守《国际危规》《关于货物集装箱、车辆装载指南》及我国的《集装箱装运包装危险货物监督管理规定》。

(2) 危险货物只有按《危规》中有关规定包装后才能装在集装箱内运输,某些散装固体危险货物可装入集装箱运输。某些危险货物具有特殊危险性,应对预期航程的环境作充分考虑后,方可采用集装箱运输。根据货物的包装形式、重量、强度、性质的相容性等,拟订装箱计划。

(3) 箱内不能装有不相容物质。要求互相隔离的危险货物不得同装于一个集装箱内。要求"远离"的危险货物,须经主管机关批准后方可同装在一个集装箱内,并必须保持等效的安全标准。

(4) 充分了解危险货物的特性,不符合《危规》要求的货物或已受损、渗漏者不得装入集装箱内。落实相应安全措施,遇有雨、雪、雷天气应立即停止作业,温度敏感货物应遵守高温季节作业时间规定。

(5) 货物搬运中要轻拿轻放,在集装箱内堆码要整齐,桶盖、瓶口要朝上,禁止摔碰、翻滚,防止包装破损,堆装要紧密牢固、有足够的支撑及加固,以适合航行的要求。

(6) 当一批危险货物只构成集装箱装载内容的一部分,最好应装载于箱门附近;危险货物的任何部分不得从箱内突出,装箱后即应关门封锁。

(7) 对托运人来说,应在货物托运单上或单独的申报单上保证托运人所托运的货物已正确的加以包装、标记、标志等内容,并具有适运的条件,写明其正确运输名称和危险货物的类别。

(8) 危险货物装箱作业时,应由装箱单位的装箱检查员进行现场监装,装箱完毕经过检查合格后，及时将箱门锁闭，并加以铅封。现场装箱检查员签署"集装箱装箱证明书"，并由装箱单位盖章，以证明货物已正确装箱并符合以下规定：

① 集装箱清洁、干燥、外观上适合装货。

② 如果托运货物中包括除第1.4类外的第1类货物，集装箱在结构上应符合《国际危规》第1类中的规定。

③ 集装箱内不能装入不相容的货物，除非经有关主管机关批准。

④ 所有包件都经过外部破损检查，装入箱内的包件是完好的。

⑤ 所有包件装箱正确，衬垫、加固合理。

⑥ 当散装危险货物装入集装箱时，货物已均匀地分布在集装箱内。

⑦ 集装箱和所装入的包件均已正确地标记、标志和标牌。

⑧ 当将固体二氧化碳（干冰）用于冷却目的时，在集装箱外部门端明显处应显示标记或标志，注明："内有危险气体——二氧化碳（干冰），进入之前务必彻底通风。"

⑨ 对集装箱内所装的每一批货物，已经收到其根据《国际危规》所要求的危险货物申报单。

（9）装有危险货物的集装箱应按《国际危规》规定进行标记、标牌，至少贴有规格为250mm×250mm 的标牌 4 幅。集装箱一经确认无危险性，所有危险货物标牌应自箱上去掉或加以遮盖。

（10）装载有危险货物的集装箱，应检查外部有无内容物的破损、撒漏或渗漏。

3. 集装箱装箱证明书的填写

（1）"集装箱装箱证明书"应填妥集装箱编号；箱内所装货物的品名、联合国编号、危险货物类别、包件数量、总重；船名、航次等。

（2）确认对上述集装箱、箱内所装危险货物及货物在箱内的积载情况进行了检查，包件装箱正确，衬垫、加固合理，集装箱和包件外表均已正确进行了标记和标志。

（3）装箱现场检查员签字、标注证书编号、装箱日期、检查地点。最后由装箱单位加盖印章。

4.6.2 可移动罐柜

1. 定义

可移动罐柜是指其主体是金属质的，容量在 450L 以上，配备有安全、减压、隔热、测量、通风、装卸等装置，可整体装卸的容器，如图 4.6 所示。这种容器也称为"罐柜集装箱"或"液体集装箱"。罐柜主体的外部大多数为一金属框架，金属框架的规格与集装箱一样，起到加强、紧固、保护和稳定的作用。可移动罐柜像集装箱一样可整体从船上吊上吊下地进行装卸，在船上时，货物不能装入或卸出；也可装在车辆上成为罐车，直接开到船上。

IMO 划分的可移动罐柜罐型：

1 型罐柜（3 类～9 类货物）

2 型罐柜（最大允许工作压力相对低，液体和危险性小固体）

4 型罐柜（公路，3 类～9 类货物）

图 4.6　可移动罐柜

5 型罐柜（非冷冻液化气）

6 型罐柜（公路、非冷冻液化气）

7 型罐柜（冷冻液化气）

8 型罐柜（公路、冷冻液化气）

2. 装运要求

（1）用于装运危险货物的罐柜及设备必须经过船检部门检验合格，否则不得用于海运。

（2）使用可移动罐柜装运危险货物，应按《国际危规》第 4 章的要求选用合适的罐型，并按充灌要求进行充灌作业。

（3）使用可移动罐柜装运危险货物，只限于《国际危规》危险货物一览表第 14 栏中给出罐柜导则编码的物质。如果该物质在危险货物一览表中没有给出可移动罐柜导则编码，则该物质不允许用可移动罐柜运输，除非经主管机关批准。

（4）装运危险货物的罐柜车辆应按《国际危规》规定进行标记、标牌。

4.6.3　公路罐车

公路罐车是指装有容积超过 450L 的罐柜并配有减压装置的车辆。在正常装卸和运输条件下，罐柜都应固定在车辆上且不能在船上装卸货物。公路罐车靠自己的轮子在船上转运，为了将其固定在船上，还应有永久性的系固附件。

公路罐车的罐柜要求与可移动罐柜的相同，车辆应按车辆作业所在国公路的主管机关的要求进行试验和检验。

4.6.4　车辆

车辆系指各种公路货车、铁路货车或货运列车。每一个拖车应视为一个单独的车辆。

危险货物可像装入集装箱那样装入公路货车，然后作为一个运输整体被吊到或直接开到船上，固定于船舱内、车辆甲板上或露天甲板上，公路货车一般都具备货箱或围遮及紧固装置。因此，危险货物装车，车内积载、垫隔、紧固等要求与集装箱装箱要求相同。

装有危险货物的车辆应具有车辆装载危险货物声明书，其内容和作用相当于集装箱装箱证明书。

4.7 危险货物运输包装的使用和管理

4.7.1 包装的使用

1. 包装的选用

危险货物的包装正确与否,质量好坏直接关系到危险货物能否交付运输及运输的安全。为此,国际公约、规则和我国法规对危险货物包装及管理都做了明确的规定。

凡拟交付船舶装运的危险货物应按《国际危规》中列明的包装形式、规格和包装类选用合适的包装。按《国际危规》要求选用的危险货物包装还应经海事管理机构认可的机构检验合格,方可投入海上运输。若选用《国际危规》列入以外的包装形式,应事先征得海事管理机构同意。

2. 包装的封口

封口方式有气密封口、液密封口(有效封口)、牢固封口(最低要求)。

3. 包装的相容性及其灌装规定

盛装液体危险货物的包装,应经过 6 个月的相容性试验。盛装固体的包装最多装至其容量的 98%;盛装液体的包装最多装至其容量的 95%。

4.7.2 包装的管理

根据《海运出口危险货物的包装检验管理办法》,包装必须满足以下条件:

(1) 海运出口危险货物的包装容器,应由经商检机构批准的生产厂,按《国际危规》的要求组织生产并由商检机构出具"海运出口危险货物包装容器性能鉴定证书"。

(2) 危险货物生产厂,应凭商检机构出具"海运出口危险货物包装容器性能鉴定证书",按《国际危规》要求使用包装容器,并由商检机构出具"海运出口危险货物包装容器使用鉴定证书"。

(3) 危险货物托运人应凭商检机构出具"海运出口危险货物包装容器性能鉴定证书"和"海运出口危险货物包装容器使用鉴定证书",到海事管理机构办理申报手续。

(4) 包装检验证书有效期按包装型式分为一年半、一年和半年。

一般盛装固体货物的桶为一年半,盛装液体货物的容器为一年,盛装腐蚀性货物的为半年,其他包装容器有效期为一年,超出证书有效期,须申请商检重新检验。

(5) 商检机构主要负责《国际危规》第 6 部分规定的包装容器的检验。压力容器的检验与发证由国家劳动主管部门负责。放射性物质的包装应持国家规定的部门检验出具的放射性货物剂量检查证明书。

(6) 改变《国际危规》中规定的危险货物包装型式和规格,必须事先向海事管理机构提交实施改变者上级主观部门的审核意见，说明改变原包装理由及新包装性能、效果、实验标准、方法等资料。改变后的包装，由海事管理机构认可的技术检验部门按《国际危规》的试验标准进行试验，证明在船舶安全载运和防止海洋的污染要求等方面达到等效包装要求的，方可使用新包装。不符合本条要求的，海事管理机构不予放行。

（7）经检验合格的危险货物包装应按要求进行正确的标记。

（8）托运人在托运包装危险货物过程中，应认真查验危险货物包装情况，若发现包装破损、渗漏，应及时更换，不得使破漏的包装上船。

海事机构在管理中，凡发现装船时包装不符合《国际危规》要求的，或认为对安全构成影响的，无论其包装检验证书是否有效，海事管理机构都将不予放行。港口管理部门负责对出口危险货物严格检查包装是否与商检证书相符，有破损、渗漏、污染和严重锈蚀等情况，对包装不符合要求者，不得进港和装船，确保完好无损的危险货物包件出运。

4.7.3 进出口危险品包装检验证单

出境危险货物包装容器检验常用证单一般包括以下内容：

（1）出境危险货物包装容器性能检验（周期检验）报告。

（2）出境危险货物包装容器性能检验结果单。

（3）出境危险货物运输包装使用鉴定结果单。

（4）出境货物不合格通知单等。

4.7.4 航空危险货物包装检查

为了确保危险货物包装符合航空运输要求，可用下列步骤对其进行检查：

（1）查阅"一览表"。

① 查找运输专用名称和 UN/ID 编号。

② 查看 UN 包装级别。

③ 决定此危险品是否允许在客机或货机上运输，或仅限由货机运输。

④ 查看包装代号。

⑤ 查看每一包装件的最大净含量或最大总毛重限制。

⑥ 查阅可以应用于此项包装的任何特殊规定。

（2）确定包装代号并查阅相应包装说明。包装代号中的第一个数字表示该危险品的主要危险性所属的类别/项别。

如：包装代号 353 属于第 3 类——易燃液体。

包装代号 Y840 为第 8 类——腐蚀性物质。

（3）检查包装是否符合包装说明的所有要求。以拟运输的货物性质、数量、可利用的包装及运营人的限制为基础，由货主自行决定采用包装的等级，可以是联合国标准规格包装，此类包装上标有联合国试验合格标记或称联合国标准规格包装标记；包装方法允许时也可以采用限量包装，此类包装无规格标记；或其他包装。

货主在对货物进行包装时，必须确保包装满足以下要求：

① 满足 DGR5.0.2 对危险货物运输包装的一般要求。DGR 即 Dangerous Goods Regulations。

② 符合任何特殊包装、特殊规定以及不同国家和运营人的不同要求。

③ 符合"品名表"中的数量限制和包装方法中对内包装的数量限制要求。

(4) 确保符合标准规格包装的相关限制要求。根据 UN 规格包装标记确保符合。查验 UN 规格包装标记,确保包装等级和一些限制条件(总重、相对密度、压力等)都满足所装货物要求。

以上 4 个步骤是进行包装检查的顺序。对货物正确的包装是货主的责任,如果货物所用内容器满足相关包装代号要求和基本包装要求(数量限制、衬垫和吸附材料等),那么作为货运代理人或航空公司的货物接收人员则不需打开包装进行检查。

例:

危险品:Copper chlorate(氯酸铜)。

内包装:4 Glass bottles 每个内装 1kg。

外包装:一个 UN 规格包装,木制箱(4C2)。

所运输的航段只有客机。

(1) 查"品名表",见表 4-8。

表 4-8 "品名表"

UN/ID no.	Proper Shipping Name/Description	Class Or Div. (Sub Risk)	Hazard Label (s)	PG	EQ See2.6	Passenger and Cargo Aircraft Ltd Qty Pkg Inst	Passenger and Cargo Aircraft Ltd Qty Max Net Qty/Pkg	Pkg Inst	Max Net Qty/Pkg	Cargo Aircraft Only Pkg Inst	Cargo Aircraft Only Max Net Qty/Pkg	S.P. See 4.4	ERG Code
A	B	C	D	E	F	G	H	I	J	K	L	M	N
2721	Copper chlorate	5.1	Oxidizer	II	E2	Y544	2.5kg	558	5kg	562	25kg		51

可知以下的信息:

① 运输专用名称:氯酸铜(Copper chlorate);

② UN 编号:UN2721;

③ Packing Group:Ⅱ;

④ 包装代号:558;

⑤ 每一包装件最大允许净含量:5kg;

⑥ 特殊规定:无。

(2) 查找并阅读包装说明——包装代号 558 适用,如图 4.7 所示。

(3) 检查包装是否符合包装说明的所有要求。由包装说明可知氯酸酮(Copper Chlorate)可装于玻璃制内容器中,每瓶最大净含量为 1kg。

每一包装件的最大净重量为 5kg 未超,包装规格为 4C2 的木箱可以使用。同时该包装说明还指出不允许使用单一包装,且包装应符合 DGR Rules 5.0.2,即一般包装要求。

(4) 确保符合 UN 规格包装的各个要求。包装代号 558 中允许使用 4C2 作为外包装。

PACKING INSTRUCTION 558

STATE VARIATION: USG-04

OPERATOR VARIATIONS: 5X-02, AA-01, AM-05, AS-02, BW-01, CM-03, CO-05, CS-05, CX-03, FX-02/17, KA-03, KZ-07, LD-03, LY-04, MX-05, QA-05, TU-08, UA-01/10, UX-04

This instruction applies to Division 5.1 solids in Packing Group II on passenger aircraft.
The General Packing Requirements of 5.0.2 must be met.

Compatibility Requirements
- substances must be compatible with their packagings as required by 5.0.2.6;
- metal packagings must be corrosion resistant or with protection against corrosion for substances with a Class 8 subsidiary risk.

Closure Requirements
- closures must meet the requirements of 5.0.2.7.

Additional Packing Requirements
- for wetted substances where the outer packaging is not leakproof, a leakproof liner or equally effective means of intermediate containment must be provided.

Single packagings are not permitted.

COMBINATION PACKAGINGS		
Inner Packaging (see 6.1)	Net quantity per inner packaging	Total net quantity per package
Fibre	1.0 kg	
Glass	1.0 kg	
Metal	1.0 kg	5.0 kg
Paper bag	1.0 kg	
Plastic	1.0 kg	
Plastic bag	1.0 kg	

OUTER PACKAGINGS													
Type	Drums						Jerricans			Boxes				
Desc.	Steel	Aluminium	Plywood	Fibre	Plastic	Other metal	Steel	Aluminium	Plastic	Steel	Aluminium	Wood	Plywood	Reconstituted wood	Fibreboard	Plastic
Spec.	1A2	1B2	1D	1G	1H2	1N2	3A2	3B2	3H2	4A	4B	4C1 4C2	4D	4F	4G	4H1 4H2

图 4.7 包装代号 558

【本章小结】

本章主要介绍了危险货物包装的知识，首先明确了危险货物包装的定义、分类；然后详细介绍了危险货物包装的类型、代码和包装性能试验；最后介绍了中型散装容器和可移动罐柜。重点是危险货物包装的类型和代码。

【课后练习】

一、判断题

1. 危险货物的通用包装适用于所有的危险货物。　　　　　　　　　　　　　　（　　）
2. 金属桶按其封口盖形式又分为闭口桶、中口桶和大口桶。　　　　　　　　　（　　）
3. 不论实际上是否对重复使用的包装进行过试验，其被使用就必须达到性能试验标准。
　　　　　　　　　　　　　　　　　　　　　　　　　　　　　　　　　　　（　　）
4. 经过落体实验的包装及其内部的内包装不得有任何渗漏或严重破裂为合格。（　　）

5. 包装试验合格标记右侧：1A1/X1.4/200 中的 200 是指此包装装载限量 200kg。
(   )

6. 包装试验合格标记右侧：4C/Y100/S 中的 100 是指此包装经过 100kPa（表压）的液压压力试验。
(   )

二、选择题

1. 包装代码 4C 表示（   ）。
   A. 4 件木质包装   B. 4 件包装   C. 4 件木箱   D. 天然木箱

2. 液体危险货物先装入玻璃瓶或塑料瓶，严密封口后，再装入木箱。货物净重一般不超过（   ）。
   A. 5kg   B. 10kg   C. 20kg   D. 50kg

3. 测定在用人力进行装卸搬运时跌落或堆装时倒塌等意外情况包装安全性的试验是（   ）。
   A. 渗漏试验   B. 堆积试验   C. 落体试验   D. 制桶试验

4. 包装类型是铝桶，需要进行的试验项目是（   ）。
   A. 落体试验   B. 渗漏试验   C. 堆积试验   D. 液压试验

5. 包装类型是纤维板箱，需要进行的试验项目是（   ）。
   A. 落体试验   B. 渗漏试验   C. 液压试验   D. 堆积试验

6. 盛放固体货物的木箱，包装等级Ⅱ级，其自由落体试验的高度是（   ）。
   A. 1.8m   B. 1.6m   C. 1.2m   D. 0.8m

三、简答题

1. 危险货物的运输包装作用有哪些？
2. 包装性能试验有哪些？
3. 下列标志表示什么含义？

⓾ 4D/Z30/S/04
   NL/VL824

⓾ 1A1/Y1.4/150/05
   USA/RB/06R

第5章

危险货物的标识

WEIXIAN HUOWU DE BIAOSHI

【学习目标】

- 掌握危险货物标记、标志和标牌的作用。
- 掌握危险货物包件的标记和标志。
- 掌握危险货物运输组件的标牌和标记。

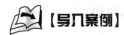【导入案例】

1973年,一架从纽约起飞的货机空中起火,在波士顿机场迫降时飞机坠毁,机组人员全部遇难。

事故原因:货舱中的货物有未如实申报的危险品——硝酸。托运人签署了一份空白"托运人危险品申报单"给货运代理,供货商用卡车将货物送交货运代理,货运代理将货物交给包装公司做空运包装。包装公司不了解硝酸的包装要求,将装有5L硝酸的玻璃瓶放入一个用锯末做吸附和填充材料的木箱中。这样的包装共有160个,一些工人在包装外粘贴了方向性标签,一些人则没有贴。货物在交运时,货运单上的品名被改成了电器,危险品文件在操作过程也丢失了。这160个木箱在装集装器时,粘贴了方向性标签的木箱是按照向上方向码放的,而未粘贴方向性标签的木箱被倾倒了。事后用硝酸与木屑接触做试验,证明硝酸与木屑接触后会起火:8min后冒烟;16min后木箱被烧穿;22min后爆燃;32min后变为灰烬。到达巡航高度时,因瓶子的内外压差,造成瓶帽松弛,硝酸流出与木屑接触后起火。实际起火的木箱可能不超过两个,但它导致了整架飞机的坠毁。

托运人在提交危险货物托运时,必须对所托运的包件或货物运输组件进行正确地标记、标志或标牌,并在运输单证中进行真实地描述和证实。

5.1 危险货物标记、标志和标牌的作用

为了保障危险货物的运输安全,以及万一发生紧急情况能够迅速正确地采取适当的行动,必须让涉及危险货物运输的每一个人员能够正确地识别他们所面临的危险货物和明确它们的危险性。

有了正确的标记、标志和标牌,使得从事危险货物运输的各类人员在任何时候、任何情况下都能对所接触的货物迅速地加以识别,正确地认识其危害性,并采取相应的安全措施,万一发生事故,也能采取正确的应急行动。

5.2 包件(包括中型散装容器)的标记

5.2.1 标记的内容

除《国际危规》另有规定外,每个装有危险货物的包件(单一包件、中型散装容器和大宗包装)都应标有正确运输名称和冠以"UN"字母的联合国编号,示例如下:

腐蚀性液体,酸性,有机的,未另列明的(辛酰氯),UN3265。

对于第1.4类、配装类S的货物,除非贴有1.4S的标志,应标示类别和配装类。救助包件还应标有"救助"(SALVAGE)字样。

5.2.2 标记的要求

对于所有的包件标记要求做到以下几点:

(1)在包件上明显可见,而且易于识别。

（2）在海水中至少浸泡 3 个月，标记的内容仍清晰可辨，同时应确保所用包装材料及包装表面也具有相应的耐久性。

（3）与包件外表面的背景应能形成鲜明的颜色对比。

（4）标记在包件表面的位置选择，不应与可能严重降低其效果的其他包件标志放在一起。

容量超过 450L 的中型散装容器，应在相对的两侧标记。对于非包装物品，应在物品、支架或操纵、储存或吊放装置上加以标记。

5.2.3 对于第 7 类危险品的特殊标记规定

（1）每一包件应在包装外表面标出易识别、耐久的、用以确定发货人或收货人或两者的标记。对于被免除的包件也要求冠以"UN"字样的联合国编号。

（2）每一超过 50kg 的包件都应在包装外表面用易识别、耐久的标记，标出其允许的最大总重量。

（3）对于 1 型、2 型或 3 型工业包件设计，应用"IP－1 型"、"IP－2 型"或"IP－3 型"字样在包装外表面用易识别、耐久的标记标出。

（4）A 型包件应在包装外表面标出易识别、耐久的"A 型"字样。

（5）对于 2 型、3 型或 A 型的工业包件设计，设计证书颁发国的国际车辆识别代码（ARI 码）和生产者的名称，或其他主管机关规定的包件标记，应在包装外表面用易识别、耐久的标记标出。任何其设计需经主管机关批准的包件，应在包装外表面用易识别、耐久的字样标出以下内容：

① 由主管机关指定的该包件设计识别标记。

② 能够唯一标识符合该种设计的每一包装的系列号。

③ B(U)型或 B(M)型包件设计应标上相应的"B(U)型"或"B(M)型"字样。

④ C 型包件设计应标上相应的"C 型"字样。每一 B(U)型、B(M)型或 C 型包件设计还应具有耐火、防水的最外层容器，并且该容器应以凹凸印、压印或其他耐火、防水的方法醒目地标明三叶形符号标记，如图 5.1 所示。

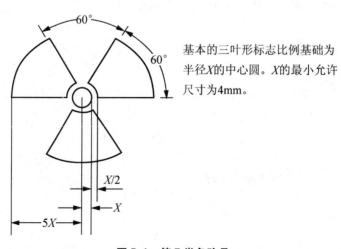

基本的三叶形标志比例基础为半径 X 的中心圆。X 的最小允许尺寸为 4mm。

图 5.1　第 7 类危险品

5.2.4 对于海洋污染物的特殊标记规定

(1) 装有海洋污染物的包件应耐久地标有 MARINE PLLUTANT(海洋污染物)的标记，如图 5.2 所示。

存在下列两种情况的装有海洋污染物的包件可不标有海洋污染物标记：

① 内包装内装有的液体海洋污染物小于等于 5L 或固体海洋污染物小于等于 5kg。

② 内包装内装有的液体严重海洋污染物小于等于 0.5L 或固体严重海洋污染物小于等于 500g。

(2) 海洋污染物标记的具体要求如下：

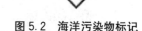

图 5.2　海洋污染物标记

① 海洋污染物标记应位于或用模板印刷于危险货物标志的邻近处，如包件无危险货物标志，则标记位于包件的适当位置。

② 海洋污染物标记的颜色应与包件颜色形成鲜明的对照，如使用粘贴性标记，应为黑白两色。

③ 除非受到包件本身尺寸的限制，用于包件的菱形标记各边的长度应至少为 100mm。

5.3　包件(包括中型散装容器)的标志

5.3.1　标志的一般规定

(1) 危险货物的标志，指在包件上所使用的图案和相应文字说明的组合，用于描述所装危险货物的危险性和危险程度。危险货物标志主要以危险货物的分类为基础设计，可分为主标志和副标志两类。但危险货物标志也包括标示在包件上，作为搬运和仓储指示(警示)的标记和符号，如应保持包件干燥的雨伞符号等。

(2) 危险性和副危险性的标志在《国际危规》中按危险货物分类进行规定，并一一列举。

(3) 《国际危规》对危险货物均做出了应标示的主危险性标志、副危险性标志和可以免除标志的规定，危险货物包件必须按规定标示相应的标志。

(4) 如果某种物质符合几个危险品类别的定义，而且其名称未在《危险货物一览表》中具体列出，则用《国际危规》中的危险性优先顺序表和一些优先物质的规定，来确定其主要危险类别，除了主要性标志，还应贴副危险性标志。

5.3.2　标志的特征

(1) 标志的图形均为呈 45°角的菱形，除非由于包件尺寸的限制，否则标志的尺寸不应小于 100mm×100mm。距每个标志外缘线 5mm 处，有一条与其平行、与符号颜色相同的线。

所有标志上的符号、文字和号码应用黑色表示，但下面的情况除外：

① 第 8 类的标志，文字和类号用白色。

② 如标志底色全部为绿色、红色或蓝色时，符号、文字和号码可用白色。

（2）标志的图形符号主要有爆炸的炸弹（爆炸性）、火焰（易燃性）、骷髅和两根交叉的骨头棒（毒性）、气瓶（非易燃、无毒气体）、三叶形（放射性）、三个新月形沿一个圆圈重叠在一起（感染性）、圆圈上带有火焰（氧化性）、从两个玻璃器皿中流出的液体侵蚀到手和金属上（腐蚀性）、七条垂直的条带（杂类）。（见附录1）

（3）标志分为上下两半，除第1.4、1.5、1.6类外，其余标志的上半部分为图形符号，下半部分为文字和类或分类号和适当的配装类字母。

（4）除第1.4、1.5、1.6类外，第1类标志的下半部分标明物质和物品的分类号和配装类字母。第1.4、1.5、1.6类的标志的上半部分标明分类号，下半部分标明配装类字母。第1.4类S配装类一般不需要标志，但如果认为需要，则应以第1.4类式样为基础。

（5）第5类的标志，应在下半部分标明物质的小类。

（6）除第7类物质的标志外，任何在符号下插入的文字（不是类或分类号）的内容应仅限于危险性质和搬运中的注意事项。

（7）在任何情况下，副危险性标志均不应标明类别号码。

5.3.3 标志的特殊规定

1. 对有机过氧化物标志的特殊规定

（1）装有B、C、D、E或F型有机过氧化物的包件应贴第5.2类标志，这个标志同时意味着产品可能易燃，因此不需要再贴易燃液体副危险性标志。

（2）B型有机过氧化物应贴有爆炸副危险性标志，除非主管机关因为试验数据已证明该有机过氧化物在此包装内不显示爆炸性能，已批准具体包件免贴这种标志。当符合第8类物质包装类Ⅰ或包装类Ⅱ的标准时，需要贴腐蚀性副危险性标志。

2. 对感染性物质包件的特殊规定

有机过氧化物除了粘贴感染性物质第6.2类的主标志外，还应根据内装物性质粘贴其他标志。

3. 对放射性物质标志的特殊规定

（1）除了大型集装箱和罐柜按照货物运输组件标牌的规定执行外，每一盛装放射性物质的包件、集合包件和集装箱，至少应该带有符合7A、7B和7C式样的标志。

（2）标志应贴在包件两个相对的外侧面或集装箱的4个侧面。每一盛装放射性物质的集合包件，至少应用两个标志粘贴在两个相对的外侧面。

（3）盛装裂变性物质的包件、集合包件和集装箱（不包括免除的裂变性物质），应贴符合7E式样的标志，标志应贴在靠近放射性物质的标志处，不应覆盖其他所要求的标志，任何与内装物无关的标志应该去除或覆盖。

（4）所有符合7A、7B、7C式样的标志应该具备以下信息：

① 内装物信息。除LSA-Ⅰ物质外，均应标明从"基本的放射性核素值"表中查得的放射性核素名称符号。对于放射性核素混合物，其中限制最严的核素必须在该行空白处列出。在"放射性核素的名称"之后应相应显示"LSA-Ⅱ""LSA-Ⅲ""SCO-Ⅰ"或"SCO-Ⅱ"字样。而LSA-Ⅰ物质只需具有"LSA-Ⅰ"字样，放射性核素的名称不必写出。

② 放射性活度信息。标志应反映所运的放射性内装物的最大放射性活度信息，以贝克勒尔(Bq)并冠以合适的 SI 词头标示。对于裂变性物质，可以用以 g 或以 g 的倍数为单位表示的质量数，来代替放射性活度。

③ 集合包件或集装箱。对于集合包件或集装箱，标志上的"内装物"和"放射性活度"栏必须按上述①、②的要求分别填写，并计算其内装所有单个包件的总活度。但是如果一个集合包件或集装箱内有一批混合包件，内装物为不同的放射性核素，"内装物"和"放射性活度"栏可填写为"见运输单证"。

④ 运输指数信息。除Ⅰ级——白色标志(7A)外，Ⅱ级——黄色标志(7B)和Ⅲ级黄色标志——(7C)需按规定填写运输指数。

每一符合 7E 式样的标志都应具有临界安全指数，该指数应按照主管机关颁发的特殊安排批准证书或包装设计批准证书所示。对于集合包件和集装箱，标志上的临界安全指数应为所有集合包件和集装箱中裂变性内装物的安全指数的合计。

4. 对易燃固体标志的特殊规定

盛装易燃固体和可以通过摩擦着火的固体、自反应物质和相关物质、退敏爆炸品的包装应带有第 4.1 类标志。此外，对于 B 型自反应物质应有第 1 类爆炸性副危险性标志，除非主管机关根据能够证明该自反应物质在该包装中不会产生爆炸可能的试验数据，批准免除该标志。

5. 具有副危险性的第 2 类气体的标志要求

对第 2 类危险品，在《国际危规》中提供了 3 种不同的标志：一种表示第 2.1 类易燃气体(红色)，一种表示第 2.2 类非易燃无毒气体(绿色)，一种表示第 2.3 类毒性气体(白色)。如果《危险货物一览表》表明第 2 类气体具有一种或多种副危险性，则应按表明的副危险性分别粘贴对应的副危险性标志。

5.3.4 标志的使用

(1) 除非《危规》中另有规定，一切装有危险货物的包件应以耐久的标志或标志图案明确表明该危险货物的特性。应做到使其在海水中至少浸泡 3 个月其标志或标志图案仍清晰可辨。

(2) 如果包件的尺寸足够大，标志应贴在包件表面靠近正确运输名称标记的地方。标志应贴在包件表面不会被包件任何部分和配件或其他任何标记和标志盖住或挡住的地方。当包件形状不规则或尺寸太小以致标志无法令人满意地粘贴上时，可用结实的签条或其他方法固定在包件上。

(3) 凡具有次危险特性的物质，并在《国际危规》危险货物一览表中已做明确表示，应显示副危险性标志。

(4) 危险货物具有主危险性、次危险性并属于海洋污染物时，其标志的显示方式，应按主标志、副标志、海洋污染物标记的顺序自上而下对角或侧端相衔接的方式显示，且不能相互遮盖。无次危险性时，主标志下方应贴海洋污染物标记。由于包件规格原因，只能横向显示标志时，应按从左至右的顺序显示危险货物的主标志、副标志和海洋污染物标记。

(5) 容量超过 450L 的中型散装容器应在相对的两侧标示。

(6) 对于第 2 类气体钢瓶，考虑到它的形状、为运输而采用的排列方向和机械加固情况，可粘贴符合规定的较小的标志，但要在钢瓶的非圆柱体部位（一般为肩部）显示。

（7）标志应和包件形成鲜明的颜色对比。

（8）第 1 类的 1.4 小类，配装类为 S 的爆炸品，其包件上可选择标记为 1.4S。第 8 类物质如所具有的"毒性"只是引起生物组织的破坏，则不需贴带有第 6.1 类的副危险性标志。第 4.2 类物质不需贴带有"第 4.1 类"字样的副危险性标志。

（9）《国际危规》与《水路危规》分类不一致。

根据《水路危规》第二十七条中的规定：

① 按本规则规定属于危险货物，但国际运输时不属于危险货物，外贸出口时，在国内运输区段包装件上可不标贴危险货物标志，由托运人和作业委托人分别在水路货物运单和作业委托单特约事项栏内注明"外贸出口，免贴标志"；外贸进口时，在国内运输区段，按危险货物办理。

② 国际运输属于危险货物，但按本规则规定不属于危险货物，外贸出口时，国内运输区段，托运人和作业委托人应按外贸要求标贴危险货物标志，并应在水路货物运单和作业委托单特约事项栏内注明"外贸出口属于危险货物"；外贸进口时，在国内运输区段，托运人和作业委托人应按进口原包装办理国内运输，并应在水路货物运单和作业委托单特约事项栏内注明"外贸进口属于危险货物"。

③ 如本规则对货物的分类与国际运输分类不一致，外贸出口时，在国内运输区段，其包装件上可粘贴外贸要求的危险货物标志；外贸进口时，国内运输区段按本规则的规定粘贴相应的危险货物标志。

5.4　货物运输组件的标牌

5.4.1　标牌的含义

标牌在某种意义上讲，就是放大了的标志。如果贴在包件上的标志从货物运输组件的外表面不能清楚见到，应将放大了的标志粘贴在货物运输组件的外表面上，这就是标牌。

5.4.2　标牌的特征

除第 7 类危险品的标牌外，标牌应符合下列要求：

（1）不小于 250mm×250mm，并带有和符号颜色相同的线，该线距边缘向里 12.5mm，且和边平行。

（2）应与每一危险货物标志的颜色及符号相匹配。

（3）如同对标志的要求一样，在标牌的下半部的适当位置显示类别号（对于第 1 类物质，则为配装类字母），其数字的高度不应小于 25mm。

5.4.3　对于第 7 类危险品标牌的特殊要求

第 7 类危险品标牌的尺寸至少为 250mm×250mm（若货车上没有足够大的地方粘贴大的标牌，则标牌尺寸也可缩小到 100mm×100mm），边缘内应有一圈同边缘平行的黑线如图 5.3 所示。标牌上数字"7"至少应为 25mm 高，标牌上半部的背景为黄色，下半部为白色，三叶形和其他的打印字样为黑色。下半部"放射性"字样的使用是非强制性的，也允许在此位置显示所托运货物的联合国编号。

载运非免除包件的大型集装箱及罐柜应贴有与图 5.3 中给出的 7D 式样相符合的 4 种标牌，该标牌应沿垂直方向贴在大型集装箱及罐柜的每侧和每端。

载运贴有 7A、7B、7C 或 7E 式样的配任何标志的包件、集合包件或集装箱，或装载着专用的托运货物的铁路和公路货车，应在下列位置贴上图 5.3 中(7D 式样)所示的标牌：

(1) 铁路货车车厢的两个外侧面。
(2) 公路货车的两个外侧面及后外侧面。

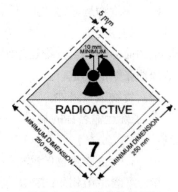

图 5.3　第 7 类危险品标牌

5.4.4　标牌的使用

(1) 除以下情况外，标牌应和运输组件中货物的主危险性相对应。

① 装有任何数量配装类为 S 的第 1.4 类爆炸品、限量内运输的货物或豁免运输的第 7 类放射性物质的运输组件，不做标牌要求。

② 当组件内装有的第 1 类物质或物品多于一个危险项时，可以只显示最高爆炸危险性质的标牌。

(2) 危险货物一览表第 4 栏规定的物质或物品的副危险性应予以显示。然而，当组件内危险货物在一种类别以上时，如果其危害性已在主危险性标牌上显示出来，则不需要再贴副危险性标牌。

(3) 当货物运输组件内所装的危险货物或其残余物完全卸掉后，应立即除掉或遮盖掉那些由于装运此类物质而显示的标牌以及橘黄色标志。

(4) 装有危险货物或危险货物残留物的运输组件应按下列方式清楚地显示标牌。

① 集装箱或可移动罐柜，在其每侧和其每端。
② 铁路罐车，至少在每侧。
③ 盛装一种以上危险货物或其残留物的多格罐柜，在相关分格间的位置，沿每侧标记。
④ 其他任何货物运输组件，至少在组件背面和两侧。

(5) 在货物运输组件上显示标牌的方法应做到使其在海水中至少浸泡 3 个月后，货物运输组件上的标牌仍清晰可辨。

 5.5　货物运输组件的标记

5.5.1　标记的一般要求

(1) 如果张贴在包件上的标记从货物运输组件的外表面不能清楚见到，应将放大了的标记张贴在货物运输组件的外表面上，以提醒人们在组件内装有危险货物且存在危险。

（2）在货物运输组件上显示标记的方法应做到使其在海水中至少浸泡3个月后，货物运输组件上的标记仍清晰可辨。在考虑适当的标记方法时，还应考虑到货物运输组件表面能进行标记的简易性。当货物运输组件内所装的危险货物或其残余物完全卸掉后，应立即除掉或掩盖掉原张贴的标记。

（3）货物运输组件。

① 正确运输名称的显示。内装物的正确运输名称应至少持久地标记于下述运输组件的两侧：

第一，含危险货物的罐柜运输组件。

第二，含危险物质的散货包装。

第三，装有单一物品包装危险货物且无标牌、联合国编号或海洋污染物标记要求的任何其他货物运输组件，另一个方法是可以显示联合国编号。

② 联合国编号的显示。除第1类货物外，联合国编号应按要求显示在下列托运货物上：

第一，在罐柜货物运输组件中运输的固体、液体或气体。

第二，包装危险货物：总重超过4000kg，并针对该货物只有一个联合国编号，而且是货物运输组件中唯一的危险货物。

第三，在车辆或集装箱或罐柜中未包装的第7类LSA－Ⅰ、SCO－Ⅰ的物质。

第四，在车辆或货物集装箱内，具有唯一联合国编号的包装放射性物质，且在独家使用条件下运输。

第五，含危险物质的散货包装。

第六，盛装一种以上危险货物或其残留物的多格罐柜的每侧，并在其相关分格间的位置上显示联合国编号。

③ 联合国编号的图例。联合国编号应以黑色数字表示，数字高度不小于65mm，而且：

第一，与主要危险类别标牌下半部白色背景颜色相反。

第二，显示于高不小于120mm，宽不小于300mm，四周带有10mm黑框的橘黄色长方形板上，位置紧挨标牌或海洋污染物标记。当不需要标牌或海洋污染物标记时，联合国编号应紧挨着正确运输名称。

5.5.2 标记的特殊要求

1. 加温物质标记要求

图5.4 加温标记

货物运输组件内的物质，如果运输或交付运输时温度等于或超过100℃时仍为液态，或当运输或交付运输时温度等于或超过240℃时仍为固态，那么这样的组件应在其各侧和各端张贴如图5.4所示的加温标记。

2. 海洋污染物标记要求

装有含海洋污染物包件的货物运输组件，即使包件本身不要求张贴海洋污染物标记，货物运输组件外也应清楚地显示"海洋污染物"标记，标记三角形的边宽至少有250mm。

3. 限量标记的要求

仅含限量豁免运输危险货物的货物运输组件不需要标牌，但应在外表面适当标记"限量"。

4. 熏蒸警告牌

处于熏蒸状态下的封闭货物运输组件的进门处应当清楚地显示熏蒸警告牌，如图 5.5 所示，此警告牌应很容易被打算进入此组件的人员看到。其内容应包括熏蒸型的识别名称、熏蒸剂加入日期及有效时间。熏蒸警告牌应为长方形，其宽度不应小于 300mm，高度不应小于 250mm，标记内容黑字白底，字体不得小于 25mm。

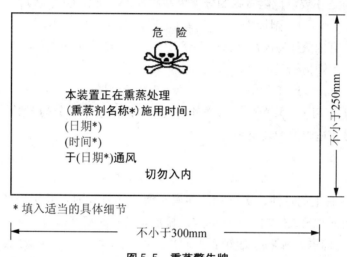

图 5.5　熏蒸警告牌

【本章小结】

本章主要介绍了危险货物标记、标志和标牌的知识，首先明确了危险货物标记、标志和标牌的作用；然后详细介绍包件的标记、标志和货物运输组件的标牌和标记。重点是包件的标记和标志。

【课后练习】

一、判断题

1. 对于所有的危险货物包件标记要求做到在海水中至少浸泡 3 个月，标记的内容仍清晰可辨。　　　　　　　　　　　　　　　　　　　　　　　　　　　　　　　　（　　）

2. 每一超过 30kg 的包件都应在包装外表面用易识别、耐久的标记，标出其允许的最大总重量。　　　　　　　　　　　　　　　　　　　　　　　　　　　　　　　（　　）

3. 当组件内装有的第 1 类物质或物品多于一个危险项时，可以只显示最高爆炸危险性质的标牌。　　　　　　　　　　　　　　　　　　　　　　　　　　　　　　　（　　）

4. 根据《水路危规》规定属于危险货物，但国际运输时不属于危险货物，外贸出口时，在国内运输区段包装必须标贴危险货物标志。（ ）

5. 仅含限量豁免运输危险货物的货物运输组件不需要标牌，但应在外表面适当标记"限量"。（ ）

6. 处于熏蒸状态下的封闭货物运输组件的进门处应当清楚地显示熏蒸警告牌，熏蒸警告牌应为长方形，其宽度不应小于300mm，高度不应小于250mm，标记内容黑字白底，字体不得小于25mm。（ ）

二、选择题

1. 危险货物标志主要以危险货物的分类为基础设计，可分为（ ）。
   A. 主标志　　　　　B. 副标志　　　　　C. 操作标志　　　　D. 警示标志

2. 内包装内装有的液体海洋污染物小于等于（ ）L或固体海洋污染物小于等于（ ）kg包件可不标有海洋污染物标记。
   A. 5，5　　　　　　B. 5，10　　　　　C. 10，5　　　　　D. 10，10

3. 标志分为上下两半，除第（ ）类外，其余标志的上半部分为图形符号，下半部分为文字和类或分类号和适当的配装类字母。
   A. 1.2　　　　　　 B. 1.3　　　　　　C. 1.4
   D. 1.5　　　　　　 E. 1.6　　　　　　F. 1.7

4. 危险货物具有主危险性、次危险性并属于海洋污染物时，其标志的显示方式，应按（ ）顺序自上而下对角或侧端相衔接的方式显示，且不能相互遮盖。
   A. 副标志、主标志、海洋污染物标记　　B. 海洋污染物标记、主标志、副标志
   C. 主标志、副标志、海洋污染物标记　　D. 副标志、海洋污染物标记、主标志

5. 货物运输组件内的物质，如果运输或交付运输时温度等于或超过（ ）℃时仍为液态，或当运输或交付运输时温度等于或超过（ ）℃时仍为固态，组件各侧和各端粘贴加温标记。
   A. 100，200　　　　B. 200，100　　　　C. 100，240　　　　D. 240，100

6. 处于熏蒸状态下的封闭货物运输组件的进门处应当清楚地显示熏蒸警告牌，警告牌内容应包括（ ）。
   A. 熏蒸剂的识别名称　　　　　　　　　B. 熏蒸剂加入日期
   C. 有效时间　　　　　　　　　　　　　D. 熏蒸剂的级别

三、简答题

1. 危险货物标记、标志和标牌的作用有哪些？
2. 所有危险货物包件标记要求有哪些？

第6章

危险货物的托运

WEIXIAN HUOWU DE TUOYUN

【学习目标】
- 掌握危险货物托运的一般规定。
- 掌握危险货物的运输单证。
- 掌握港口危险货物集装箱作业申报。
- 熟悉航空危险货物的申报。

【导入案例】

地中海(MSC)Flaminia 船舶在从美国港口查尔斯顿到比利时安特卫普途中发生火灾并引发爆炸,当时船上载有6500个标准箱。失事船上总共有25人,23名船员(5名德国人、3名波兰人及15名菲律宾人),另有2名乘客。其中1人失踪,1人重伤不治身亡,另有3人受伤,其中1人仍重伤需看护,两人脱离危险。其余20人顺利由救生艇救出。

事故原因:危险品的误报、瞒报,一些集装箱中装载危险货物一次氯酸钙(即漂白粉),具易燃性。

为了确保危险货物的运输安全和让涉及危险货物运输的每一个人员正确地识别危险性,当发生紧急情况时能正确采取应急措施,托运人向承运人托运危险货物时,必须使用相关单证进行如实申报。

6.1 托运程序的一般规定

《国际危规》托运程序部分做出了以下"一般规定":

(1)除非《国际危规》另有规定,危险货物必须具有适当的标记、标志、标牌,以及货物运输单证的说明和证明,或者达到相关要求的运输条件,否则不能交付运输。

(2)在托运货物的单证上应注明所托运物质、材料或物品的正确运输名称和联合国编号,如是海洋污染物应标明"海洋污染物",并按要求在货物包件(包括中型散装容器)上标以正确的运输名称。

6.1.1 集合包件和成组货物的规定

(1)集合包件必须标有"集合包件"字样。

(2)集合包件和成组货物必须标明内装的每一项危险货物的正确运输名称和联合国编号,并按包件的要求进行相关标记和标志。但如从集合包件的外部明显可见独立包件的标记和标志,则可免除此项要求。

(3)集合包件和成组货物中的危险货物独立包件,应按规定做好标记和标志。

6.1.2 未清洁的空包装或组件的规定

(1)原先装过其他危险货物的空包装,如果没有经过有效清洗并驱除其中的蒸气,应按原先装过的危险货物的要求进行相关标记和标志。

(2)用于放射性物质装运的罐柜和中型散装容器在进行清辐射污染措施前,不得用于其他货物的装运。所采取的清辐射污染措施,应达到将辐射污染降至对于β和γ辐射源及低毒α辐射源,其量应低于 $0.4Bq/cm^2$;对于所有其他α辐射源,其量应低于 $0.04Bq/cm^2$ 的水平。

(3)含有放射性物质残余物或装有未经清洁的放射性物质空包装的空货物运输组件,必须遵守最近一次所装危险货物组件、包件或散装容器适用的有关规定。

6.1.3　对于第 7 类放射性物质的一般规定

1. 装船前的要求

(1) 任何盛装放射性货物的包件首次装船前都应满足以下规定：

① 如果盛装系统的设计压力超过 35kPa（表压），应确保每一包件的盛装系统符合经批准的在此压力下能保持其完整性的设计规定。

② 对于每一种 B(U) 型、B(M) 型、C 型包件和每一盛装易裂变物质的包件，应确保屏蔽和密封的有效性，必要时其密封系统的热传导性和其有效性也应处于适用的或经批准用于该货物的设计限度内。

③ 对于盛装易裂变物质的包件，当中子毒物作为该包件的组成部分时，应进行检查以确认中子毒物的存在和分布。

(2) 任何盛装放射性货物的包件每次装运前都应满足以下规定：

① 任何包件都应保证满足《国际危规》中所有相关规定。

② 包件上的任何起吊装置和附件的设计应确保在其使用过程中不会发生损坏，能够承受其重量或者可拆卸，并应考虑到安全系数，以便满足突然起吊的要求。否则应确保在运输过程中不被用于起吊。

③ B(U) 型、B(M) 型、C 型包件和盛装易裂变物质的包件，应保证满足认可证书中列出的所有要求。

④ B(U) 型、B(M) 型、C 型包件应维护原状直到其已达到的平衡状态，足以证明满足了有关温度和压力的规定条款，除非这些规定的免除已经得到单方批准。

⑤ B(U) 型、B(M) 型、C 型包件应通过检查和适当的试验确认放射性内装物可能外漏的盛装系统所有的封口、阀门和其他开口已被适当关闭，必要时应进行密封。

⑥ 对于特殊形式的放射性物质，应保证满足适用于该特殊形式条件下批准证书中的所有规定条款和《国际危规》中相关规定。

⑦ 对于盛装易裂变物质的包件，应对包件进行测定，以确认同位素成分的保守估计，对包件的密封性予以试验证明。

⑧ 对于每一低弥散放射性物质，应保证满足在该批准证书中的所有规定条款和本规则中的相关规定。

2. 装船批准和预先通知

除了对包件设计的批准外，在下列情况下需多方批准，除非主管机关根据其设计批准中的特殊规定允许不经装运批准可运进或运经该国。

(1) 温度在 −40～+70℃ 的变化范围内，包装材料的强度有所降低，或专门为允许控制间歇通风而设计的 B(M) 型包件的装运。

(2) 所装放射性物质的活度大于 3000A1 或 3000A2（如适用）或 1000TBq（以较低者为准）的 B(M) 型包件的装运。

(3) 装有易裂变物质的包件的装运，如果各单个包件临界安全系数的总和超过 50。

(4) 为专用船舶装运而拟定的辐射防护计划。

3. 特殊安排的装运批准

对不完全符合《国际危规》相关规定的托运，可按照主管机关批准的要求，以特殊方式安排托运。

4. 需要通知主管机关的情况

（1）要求主管机关批准的任何包件在首次装运之前，发货人应确保把每一份适合于该包件设计的有关主管机关的证书副本，提交给托运货物要运经或抵达的每个国家的主管机关。发货人不需要等候这些主管机关的收妥通知，主管机关也没有必要对发货人的证书收妥给以回执。

（2）对于下面列出的每种装运，发货人应通知托运货物要运经或抵达国家的主管机关。通知应在启运之前，且最好提前至少 7 天提交给主管机关。

① 装有放射性活度大于 3000A1 或 3000A2（如适用），或 1000TBq 的放射性物质的 C 型包件，以较低者为准。

② 装有放射性活度大于 3000A1 或 3000A2（如适用），或 1000TBq 的放射性物质的 B(U) 型包件，以较低者为准。

③ B(M) 型包件。

④ 按特殊安排进行的运输。

（3）如所要求的资料都已包括在装运批准申请书中，则不要求发货人呈送一个单独的通知。

（4）托运货物的通知包括以下几部分：

① 识别包件的完备资料，其中包括全部有关的证书号码和识别标记。

② 有关装运日期、预计到达日期及计划的运输路线方面的资料。

③ 放射性物质或放射性核素的名称。

④ 放射性物质的物理与化学形态的说明，或者说明是否为特殊形式放射性物质或低弥散性物质。

⑤ 所运输的放射性内装物的最大放射性活度以贝克勒尔（Bq）并冠以合适的 SI 词头为单位来表示。对于易裂变物质，可用以 g 或以 g 的倍数为单位表示的质量数来代替放射性活度。

（5）主管机关颁发的批准证书。

① 下列情况要求具有主管机关颁发的批准证书：

第一，特殊形式放射性物质。

第二，低弥散性放射性物质。

第三，盛装 0.1t 或更多六氟化铀的包件。

第四，所有盛装易裂变物质的包件，除非按要求免除的包件。

第五，B(U) 型和 B(M) 型包件。

第六，C 型包件。

第七，特殊安排的和上述（2）包件的装运。

批准证书应保证满足各种规定，对包件设计批准证书应指定一种设计标识。包件设计和装运的批准证书可合并成一个单独的证书。

② 发货人应拥有各种证书副本和涉及包件合适封闭导则的副本及装运之前按证书项目做好装运准备工作指导性文件的副本。

③ 对于不需要批准的包件设计，为满足有关主管机关检查需要，发货人应能提供证明性文件，证明其包件设计符合所有适用的各项规定。

6.2 危险货物运输单证

托运人在托运危险货物时，必须填制相应的危险货物运输单证。它的作用是传达有关危险货物的基本信息，使接受货物的各方人员对该货物的危险性有充分的了解，以保证运输的安全。同时也是明确承托关系，分清各方责任的一个凭证。

单证的形式、填写的细节及其承担的责任，由适用于该运输方式的国际公约和国家立法加以确定。

6.2.1 运输单证要求的信息

1. 基本信息

对每种交付运输的危险物质、材料或物品，危险货物运输单证必须包括以下基本信息：

（1）正确的运输名称。

（2）类别，如果有，还要说明货物的分类。另外，后面还可跟类别名称。类或细分类应包含在危险类别编号里面。

① 对于第 1 类物质和物品，分类后面应紧接着说明配装类。

② 对具有副危险性的气体，用附加"易燃性""氧化性""有毒的"及/或"腐蚀性"等恰当的词来进一步指明其危险性。

③ 对限量运输的烟雾剂类（UN1950），没有确定类别，作为单证显示"第 2 类"。

（3）联合国编号。

（4）包装类。

（5）危险货物的件数和包装种类，以及危险货物的总量（体积或质量，如是第 1 类货物，应说明内装爆炸物的净质量）。

2. 补充信息

危险货物运输单证还应包括以下补充信息：

（1）如果其最低闪点为 61℃ 及其以下，应予以标出。

（2）正确运输名称中未说明的副危险性应予以标出。

（3）对海洋污染物，应注明"海洋污染物"字样；如以通用条目申报，应在括号内注明被认可的海洋污染物化学名称。

3. 其他信息

1）爆炸品的特殊规定

（1）使用通用条目运输的爆炸品，包括"爆炸性物质，未另列明的""爆炸性物品，未另列明的"和"导爆索，未另列明的"这些没有具体条目的，生产主管机关应使用适当的危险性分类和配装类的条目，而且在运输单证上注明"在……国主管机关批准条目的规定下装运"，其后应显示该国的国际机动车辆识别代码。

（2）对于在适用的条目中规定有水或减敏剂含量限制的爆炸品，在所含的水或减敏剂低于最低含量时，应禁止运输。只有在生产国主管机关批准后才能运输，而且在运输单证上注明"在……国主管机关批准条目的规定下装运"，其后应显示该国的国际机动车辆识别代码。

（3）当爆炸品是使用经主管机关批准的包装时，运输单证上应注明"由……国主管机关批准的包装"，其后应显示该国的国际机动车辆识别代码。

（4）有些危险性在分类和配装类中未显示出，托运人应在运输单证中注明。

（5）对于体积大于1000mL的烟雾剂，应在运输单证中注明。

2）废弃物的特殊规定

如果是运输待处理或待加工处理的废弃危险货物（除放射性废弃物外），在正确运输名称前应写明"废弃物"的字样，除非废弃物的含义已包括在正确运输名称内。

3）加温物质的特殊规定

如果在温度等于或超过100℃时仍为液态，或在温度等于或超过240℃时仍为固态运输，或交付运输的物质的正确运输名称不能表达加温条件（例如：使用"熔融"或"加温"作为运输名称的一部分），应在运输单证上的正确运输名称之前加上"热"一字。

4）自反应物质和有机过氧化物的特殊规定

（1）第4.1类的自反应物质和在运输期间需控制温度的有机过氧化物，其控制温度和应急温度应在运输单证中写明。

（2）对于第4.1类的某些自反应物质和第5.2类的有机过氧化物，如果主管机关批准具体包件免贴"爆炸品"副危险性标志，则运输单证中应予以说明。

（3）如果运输自反应物质或有机过氧化物样品，应在运输单证中予以说明。

5）感染性物质的特殊规定

（1）运输感染性物质时，应在有关的运输单证上标明收货人的详细地址、负责人姓名及其电话号码。

（2）在转运中，运输单据上必须显示飞机的航班号、火车的列次、抵达各航空港或车站的日期和港名、站名。

（3）如果物质易于腐烂，应在运输单证上注明注意事项，例如："保持冷藏，在+2～+4℃之间""保持冷冻"或"切勿结冰"。

6）放射性物质的特殊规定

发货人在运输放射性物质时应在每次运输的单证中按给定的顺序提供下列信息：

（1）正确运输名称。

（2）"第7类"联合国分类的类别号。

（3）冠以"UN"字母的联合国编号。

（4）每种放射性核素的名称或符号，对于放射性核素的混合物，反映相对应的总体描述，或限制最严格的核素名称。

（5）有关放射性物质的物理和化学形态的描述，或者是否属于特殊形式（对于化学形态，一般的化学描述即可）。

(6) 运输期间托运的放射性内装物的最大放射性活度以贝克勒尔(Bq)为单位,并冠以一个适当的 SI 词头来表示。对于裂变物质,以 g 或以 g 的倍数表示的总质量数,可用来代替活度。

(7) 包件分级,比如：Ⅰ—白,Ⅱ—黄,Ⅲ—黄。

(8) 运输指数(仅适用于Ⅱ—黄和Ⅲ—黄包装级别)。

(9) 对于按要求例外的裂变性物质的托运货物,应标明其临界安全指数。

(10) 适用于托运货物的各主管机关的许可证书的识别标记。

(11) 对于装在集合包件或集装箱内的包件托运货物,应详细说明每一个集合包件和集装箱内每一包件的内装物,如果包件在某一中间卸货站点从集合包件或集装箱卸下,应能提供适当的运输单证。

(12) 凡托运货物要求以独家使用方式装运的,应申明"独家使用装运"。

(13) 对于"LSA—Ⅱ""LSA—Ⅲ""SCO—Ⅰ"和"SCO—Ⅱ"以 A2 的倍数为单位的托运货物总活度。

(14) 发货人对承运人在操作方面如有要求,也应在运输单证中加以说明。这种说明应使用承运人或有关主管机关认为必要的语种填写,而且至少应包括以下几个方面：

① 包括为了安全散热的专门积载规定在内的包件、集合包件或集装箱的装载、积载、运输、搬运和卸货等方面的补充要求,或者不需要这类要求的说明。

② 关于运输方式或运输工具类型的限制以及必要的运输路线方面的指令。

③ 与托运相应的应急措施的安排。

相关的主管机关证书没有必要与托运货物同行,但发货人应在装卸货之前做好向承运人提供证书的准备。

7) 限量包装危险货物的特殊规定

当危险货物按规定可作为限量包装运输时,托运说明应包括"限量"字样。但是当"第……类限量运输危险货物"的说明可以用在运输单证中代替《危险货物一览表》中的正确运输名称时,"限量"字样可不作要求。

8) 救助包装的特殊规定

当危险货物在救助包件中运输时,在危险货物运输单证中货物的说明后应标明"救助包件"(SALVAGE PACKAGE)字样。

9) 未清洁空包装和罐柜的特殊规定

对含有危险货物(除第 7 类外)残余物的空盛装工具(包括包装、可移动罐柜、中型散装容器、公路罐柜和铁路罐柜),应将"空的,未清洁"(EMPTY UNCLEANED)或"残余上次内装物"(RESIDUE LAST CONTAINED)字样,置于正确运输名称之前或之后。

4. 证书或声明

由托运人准备的危险货物运输单证中,还应载有或附有一份证书或声明,表明所托运的货物适合于运输,并已正确地加以包装、标记和标志,符合现行规定的运输条件。

声明形式为："兹声明被托运货物已经由上述正确运输名称完全而准确予以说明,并根据已适用的国际和国内政府规定进行了分类、包装、标记以及标志/标牌,且从各方面都处于良好的运输状态。"

声明应有申报员的签名和日期。如果相关法律和法规承认传真的有效性，可以使用传真签名。

6.2.2 运输单证上要求信息的顺序

如果危险货物和非危险货物在同一单证中列出，则危险货物应列在前面或着重强调。

在运输单证上货物的正确运输名称、危险性类别、联合国编号以及被划定的包装类别应按顺序标明，并且其间没有其他任何信息插入。其他要求显示的内容的位置和顺序可自行选择。例如："甲酸，第8类，联合国编号1779，包装类Ⅱ"。

6.2.3 运输单证的格式

《国际危规》对运输单证的格式要求是建议性的。按照《国际危规》的基本原则，各国可以通过国家立法的途径确立适用的运输单证格式。只要满足《国际危规》的要求，允许各国在运输单证的具体内容上有所差别。

当托运货物中既有危险货物又有非危险货物时，《国际危规》无强制要求为危险货物单独填写一张运输单证，也不限制在一张运输单证上填写多种危险货物的说明。危险货物运输声明和关于被托运货物的危险性的特别资料可结合进目前所用的运输或航运单证内，或与之合并。

6.3 港口危险货物集装箱作业申报

6.3.1 危险货物申报所需单证

依据《国际危规》和我国有关规定，危险货物申报的单证包括以下几部分：

1. 危险货物安全适运申报单(见附录2)

托运人应在船舶装货3天前（航程不足3天的在驶离出发港前）向海事局呈交"危险货物安全适运申报单"，并按要求提交相应单证，经批准后码头方能办理装船手续。

2. 船舶载运危险货物申报单(见附录3)

"船舶载运危险货物申报单"是船舶载运危险货物时，船舶代理应填写并向海事部门办理申报的所需单证。

3. 包装证明

船舶装载包装的危险货物，托运人应提交有效的证明，证明危险货物包装或中型散装容器质量符合《国际危规》相关安全要求。

我国包装主管机关是"国家出入境检验检疫局"，所有危险货物的包装必须经国家出入境检验检疫局检验发证，证明有两个。

（1）出入境货物包装性能检验结果单。

（2）出入境危险货物运输包装使用鉴定结果单。

4. 罐柜证明

使用液体罐柜(容器)装运危险货物的,应提交说明罐柜(容器)技术状况与装载情况的有关资料或文件,罐柜(容器)必须经过船检部门检验合格。这里要求的主要证明包括船检机构出具的"罐柜检验证明"和使用过的罐柜的清洗证明。

5. 集装箱装运装危险货物装箱证明书

集装箱装运危险货物,应提交海事局考核合格的装箱检查人员,在现场检查后签发"集装箱装运危险货物装箱证明书"。

6. 放射计量证明

船舶装载放射性物品集装箱的,应提交"放射计量证明"。"放射计量证明"是根据《国际危规》要求的由主管机关签发的放射性物质外包装的表面辐射水平指数的证明。

7. 危险货物技术说明书(见附录4)

"危险货物技术说明书"是由技术鉴定部门或生产厂家提供的有关危险货物特性、注意事项等内容的说明书。感染性物质、放射性物质和按"未另列明"项装运的危险货物以及托运人认为需要进一步提交说明的其他危险货物,应提交这类危险货物的说明书。

8. 码头规定需要提供的其他有关单证

如"港口危险货物作业申报单""港口危险货物作业审批单"等。

6.3.2 危险货物申报流程

危险货物申报分为"货物申报"和"船舶申报"。

1. 货物申报

1) 单证准备

申报员在申报前,应按要求准备好下列单证:

(1) "危险货物安全适运申报单"一式3份,填写正确,由申报员签字、盖章,由申报单位盖章。

(2) 港口作业审批单。

(3) 包装证明或其他单证正本(如正本上包括的货物数量一次装运不完,还需附带正本复印件)。

(4) 危险货物说明书。

(5) 其他需要的单证。

将上述单证提交海事局和港口作业审批部门,并经港口行政管理部门批准后,方可办理作业手续。

2) 单证填写要求

填写危险货物有关单证应使用货物的正确运输名称。对包装危险货物,在填写"危险货物安全适运申报单"时,还应遵守《国际危规》的规定,并附送所要求的有关资料。托运人办理危险货物申报手续时,应在申报单证中写明应急措施和医疗急救方法,或相应的应急措施和医疗急救指南表号,以及能随时取得联系的电话及其他通信方法。

申报单作为随船单证,填写要正规化,外贸危险货物申报单证要求中英文对照,要打印。单证上必须包括危险货物的基本资料如下:

(1) 货物的正确运输名称。

(2) 货物的危险品类别,如果有细分类,还要附加说明。对于第 1 类物质和物品,细分类后面应标明配装类。对具有副危险性的气体,用附加"易燃性""有毒的"或"腐蚀的"等适当的词语来进一步指明其副危险性。

(3) 联合国编号(限量内运输不需要)。

(4) 包装类。

(5) 说明危险货物的件数、包装种类。

(6) 总量和净重(爆炸品应说明内装爆炸物的净质量)。

3) 特殊要求

(1) 易燃液体应标明闪点,以闭杯℃(C.C)来表示。

(2) 正确运输名称中未说明的副危险性。

(3) 如为海洋污染物,应标明。

(4) 爆炸品的特殊规定,包括"爆炸性物质,未另列明项""爆炸性物品,未另列明项"和"导火索,未另列明项"条目。当没有具体条目时,生产国主管机关应使用适合于危险货物分类和配装类的条目。运输单证中应包括下述声明:"在××国主管机关批准条目的规定下装运",并应附有该国执行的国际运输机动车辆的国家识别符号。

有些危险性在危险品的分类及配装类中均未列明,对于这种情况,托运人应在其提供的危险货物运输单证中加以注明。

4) 含有危险货物残余的空包装

可移动罐柜和散装容器,应标明"空的、未清洁或残余上次内装物",置于正确运输名称之前或之后。

对于其他一些特殊的物质,例如:放射性物质、自反应物质、废弃物以及需要加温的物质,《国际危规》也有明确的规定。

2. 船舶申报

申报分进口(过境)申报和出口申报两部分。

1) 船舶进口申报(包括过境)

船舶载运危险货物进港或在港口过境停留,应在抵港 3 天前(航程不足 3 天的在驶离出发港前),直接或通过代理人填写"船舶载运危险货物申报单",向海事部门和港口作业主管部门报告所载危险货物的品名、联合国编号、类别和性质、数量、包装、装载位置,经批准后方可进港。

(1) 单证和相关材料:

① "船舶载运危险货物申报单"。

② 危险货物清单一份。

③ 集装箱装载危险货物应提供上一装箱港签发的"集装箱装运危险货物装箱证明书"(见附录5)。

④ 需要提供的其他特殊资料包括:放射性物质——应提交主管机关签发的外包装表面辐

射水平证明；感染性物质——应提交《国际危规》要求的有关证明文件；爆炸品——应提供装载位置和安全措施等有关文件。

⑤《国际危规》和有关规章有特殊要求的相关单证、资料。

（2）需要注意的问题：

① 过境货物是指船舶装载的不在本港起卸的危险货物。

② 需在本港中转的危险货物应按进口货物申报。

③ 载运危险货物的船舶，途中发生意外情况的，应当在办理申报时予以说明，或提交事故经过报告。

④ 对有危险隐患的包装危险货物，如包件破损、集装箱箱体有货物撒漏现象、有异味等，应在办理申报时注明，并附送卸货措施和应急措施。

2）船舶出口申报

船舶装载危险货物应在开始装货前 3 天（航程不足 3 天的在驶离出发港前）直接或通过代理人填报"船舶载运危险货物申报单"和"港口危险货物作业申报单"，报告预装危险货物的品名、联合国编号、类别、性质、数量、包装形式与规格，经海事局和港口行政主管部门批准后，方可作业装船。

（1）单证和相关材料：

①"船舶载运危险货物申报单"。

②"港口危险货物作业申报单"。

③"集装箱装运危险货物装箱证明书"。

（2）需要注意的问题：

① 中转出口集装箱危险货物应提供上一装货港签发的"集装箱装运危险货物装箱证明书"或类似证明。

② 如果已经申报的危险货物没有装船，应按规定办理退关换船手续。

6.3.3 审核签证

主管机关依据国际、国内相关公约、法规进行审核，符合规定要求的给予签证。有下列情况之一的，不予批准。

（1）船舶未持有有效的安全适装和防污染证书。

（2）船舶装载状况或所载危险货物对港口、船舶和环境有潜在威胁的。

（3）按规定需由海事管理机构与进出口海事管理机构协商同意方能装载的货物，在未办理完有关部门手续之前。

（4）港口作业部门拒绝装卸并已正式通知海事管理机构的。

（5）港口不具备装卸作业条件。

（6）货物未达到安全适运要求或单证不全。

6.3.4 危险货物集装箱单证流程图

1. 危险货物集装箱出口单证流程

危险货物集装箱出口单证流程，如图 6.1 所示。

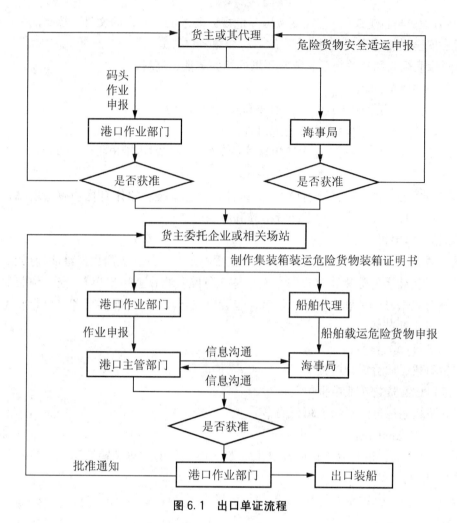

图 6.1 出口单证流程

（1）托运人或其代理向海事局作危险货物安全适运的申报，获准后到港口作业部门进行码头作业申报。

（2）托运人或其代理将获准的"危险货物安全适运申报单"和获准的"码头作业审批单"，送至相关货主委托作业的企业或场站。

（3）相关场站依据上述单据制作"集装箱装运危险货物装箱证明书"。

（4）相关场站将"集装箱装运危险货物装箱证明书"分别送至船代和港口审批部门。

（5）港口审批部门根据"集装箱装运危险货物装箱证明书"和海事局审批的"危险货物安全适运申报单"向港口行政主管部门进行危险货物港口作业申报，经批准后，港口可以接受该票危险货物进入港口。

（6）船舶代理依据"集装箱装运危险货物装箱证明书"和对应的"危险货物安全适运申报单"向海事局进行船舶载运危险货物申报，批准后表明港口作业部门可以进行出口装船作业。

（7）如出口危险货物必须同时获得海事局和港口行政主管部门的批准，缺少任何一家的批准，港口企业应通知相关场站，作退关处理。

（8）港口行政主管部门和海事局应及时进行信息沟通。

2. 危险货物集装箱进口单证流程

危险货物集装箱进口单证流程如图 6.2 所示。

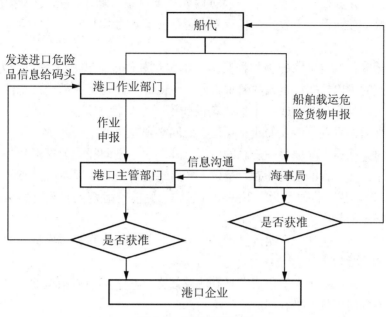

图 6.2 进口单证流程

（1）危险货物集装箱进口，由船舶代理向港口企业发送进口危险品信息，并向海事局进行船舶载运危险货物申报。

（2）港口企业根据船舶代理发送的进口危险品信息，向港口行政主管部门进行作业申报。

（3）船舶代理将已获得海事局批准作业的"船舶载运危险货物申报单"送至相关港口企业，同时港口企业获得同一票危险货物的港口行政主管部门的作业批准，然后进行危险货物集装箱的卸船进场作业。

（4）港口行政主管部门和海事局应及时进行信息沟通。

 6.4 航空危险货物申报

6.4.1 危险品申报单的填写

填制"申报单"是托运人的责任。对于所申报的危险品，托运人必须如实、准确地填写"申报单"，并且依据国际、国家以及承运方的有关规定对货物做好运输前的准备工作，如正确包装、正确使用标志以及采取其他保证运输顺利的措施等。

1. 申报单的填写要求

（1）申报单所填写的内容必须与所托危险品相一致，必须遵守 UN/IATA、国家以及运营人的有关规定。

（2）字迹清晰工整，用英文填写，也可以在英文后面附上另一种文字的准确译文，如中文。一式两份，一份交接收运营人保存，另一份随货物运至目的地。

（3）运营人不接收已经有变更或修改过内容的申报单，除非在修改处有托运人的签名。一批物品的申报单被运营人拒收后，托运人在再次交运该批物品时，必须重新填制一份完整的申报单。

（4）混载运输：航空运输的物品种类多，单位包装件的体积、质量小，为了便于储运、保管、装卸，有时可以根据托运人的要求将同一流向的不同托运人欲交的物品合并在一个大包装内，如一个货物托盘上，或一个集装箱内作为一个运输单元进行运输，称为混载运输。当然，采用这种运输方式所涉及的所有托运人之间必须有协议。

混载运输时，托运人除填写一份总的申报单外，每一不同托运人交运的物品还必须单独填制一份申报单。当到目的站机场时，运营人须将每份申报单的复本交给货物解拼人员（De-consolidator）。若解拼的目的是为了下一步的运输，则前一运营人必须交给后续运营人至少两份危险品申报单的复本。

（5）申报单中不得包括与本次运送无关的信息，但可以描写与本次运送的危险品共同包装在一起的非危险货物。

（6）申报单必须经托运人签字后才具有法律效力。签字必须使用全称，可以手写，也可使用印章，但不准使用打印机。

（7）在任何情况下，申报单都不得由拼装人、货运代理人或运营人填制和签字。

（8）对于需一架以上飞机运输的多批货物，第一运营人必须从托运人处取得每架飞机运送的每批货物的申报单复本。

典型案例

危险货物未能如实申报，导致飞机全毁

2007年12月6日中国化工建设大连公司通过马来西亚航空公司空运一批强腐蚀性化学物品，导致一整架飞机腐蚀报废。马航和马来西亚保险公司等5家境外保险公司将大连化建公司及嘉里大通物流有限公司等6家与此事件有关的公司诉至北京市高院，一审判决大连化建公司赔偿5家境外保险公司共6500余万美元。

2000年2月，中国化工建设大连公司要将80桶"8—羟基喹啉"化工产品从北京空运至印度马德拉斯，并表示此化工产品为固体粉末。同年3月15日，承担此次运输的马航一航班从北京飞往吉隆坡。飞机抵达吉隆坡机场后，装卸工人准备卸货时，发现货物为液体并已发生大量泄漏。其间，5名装卸工因吸入有害气体，突发晕厥，后经抢救脱离危险。

当马航致函大连化建公司询问托运货物情况后，大连公司回复表示，托运的不是"8—羟基喹啉"，而是80桶草酰氯，并说明草酰氯是无色发烟液体，属酸性腐蚀物品，具有刺鼻气味，并对人体具有侵害力。大连公司曾致函马航，希望通过海运收回这批草酰氯，但遭拒绝。之后，马来西亚民航局下令销毁这批"有害物质"草酰氯。

2001年2月28日，法国空中客车工业公司出具了飞机修理方案及修理成本估算报告，认为飞机修理成本将可能超过8900万美元，而且即使勉强修理好飞机，也得不到飞行安全保障，因此认定飞机已无修理价值。

谎报运送货品的名称，隐藏危险品托运，导致强酸性腐蚀化学药品在航空运输过程中泄漏，造成飞机

腐蚀报废，北京高院依据《华沙公约》《中华人民共和国民用航空法》和《中国民用航空危险品运输管理规定》等，认定大连化建公司的故意或者过失行为与本案国际航空货物运输事故及相关损害发生有直接因果关系，大连化建公司应对此承担赔偿责任等。北京市高级法院一审判决，为马来西亚航空公司提供保险的其中4家境外保险机构获赔6506.3万美元。

2. 申报单的填写说明

托运人危险品申报单有手工填制与机器填制两种，分别如图6.3和图6.4所示。这两种申报单功能完全一样，只是在"危险品的种类及数量(Nature and Quantity of Dangerous Goods)"这部分有所不同。

1) 危险货物识别(Dangerous Goods Identification)栏

具体包括以下几项：

(1) 联合国或识别编号(UN or ID No.)栏。按照"品名表"A栏填写。

注意：编号的前面应缀上"UN"或"ID"字样。

(2) 运输专用名称(Proper Shipping Name)栏。按照"品名表"B栏填写。

(3) 类/项别(次要危险性)[Class or Division(Subsidiary Risk)]栏。按照"品名表"C栏填写类别/项别，对于第1类爆炸物品还应注明配装组字母。若该危险品存在次要危险性，则根据"品名表"D栏将次要危险性写在该危险品所属类别/项别之后的括号中。

(4) 包装等级(Packing Group)栏。根据"品名表"F栏填写。

2) 包装数量及类型(Quantity and Type of Packing)栏

这一栏要填写下列的信息：

(1) （同一种类包装和同一内装物品）包装件的数量及包装类型，如4 Fibreboar Boxes。

(2) 每一包装件的净含量及单位，如3kg、10L等。当"品名表"H栏、J栏中有最大允许毛重"G"时，以毛重代替净重。

包装类型信息和紧跟着填写的数量信息间可用"×"连接，如2 Plastic Jerrican×2L（2个塑料方形桶，每个2L）。

(3) 两种或两种以上的危险品装入同一外包装后，在描述完所包含的内包装件后，紧跟着应注明"所有物品均包装在一个(某一包装类型)包装内[All packed in one(description of type of package)]"字样。如果这样的包装件有一个以上，则应注明"所有物品均包装在一个(某一包装种类)内×实际包装件数目[All packed in one(description of type of package the actual number of package)]"，如"All packed in one wooden box ×10"表示有10个同样的装有两种或两种以上危险品的木制箱。在这些描述文字后应填写"Q"值(精确到小数点后一位，第二位向前进位而不可舍去，如0.83应进为0.9)。

(4) 当组成合成包装件(Overpack)时，应紧跟着包装件的描述之后注明"组成合成包装件(Overpack Used)"字样。

3) 包装代号(Packing Instruction)栏

当使用联合国标准规格包装时，根据所运危险品的性质、数量选择"品名表"的I栏或J栏，填写适当的包装代号，如305、609等。

当使用适用于限量内(Limited Quantities)危险品的非标准规格包装时，须根据"品名表"G栏和H栏填写"Y—"包装代号，如Y305、Y609等。

4）主管部门的授权或批准（Authorizations）栏

（1）当采用限量包装时，本栏中填写"限制数量（Limited Quantity）"或"LTD. QTY"字样。

（2）如适用，填写所涉及的特殊规定代号 A1、A2、A51、A81 或 A109。

（3）如危险品是经政府当局按 A1、A2 或 A109 批准运输时，则必须在本栏内填写与本次运输有关的批准或豁免证明。

（4）当危险品装在小型储罐中运输时，必须随附一份主管当局批准的文件。

（5）按照包装方法 101 运输的爆炸物品，必须在运输文件上注明"包装件由××主管当局许可运输（Packing authorized by the competent authority of...）"字样。

对上这些有关的认可、批准和豁免证明必须和申报单一起随附运输，且须翻译为英文。

5）附加操作信息（Additional Handling Information）栏

填写以下信息：

（1）对于第 4.1 类自反应物质（参看 DGR Appendix C.1）及第 5.2 类有机过氧化物以及他们的样品（参看 DGR Appendix C.2）填写："必须避免阳光直射和远离热源，放置充分通风的地方（Must be protected from direct sunlight, and all sources of heat and be placed in adequately ventilated areas）"。

（2）对于按照特殊规定 A144 运输带有化学氧气发生器的呼吸保护装置时，须填写："飞行机组用呼吸保护装置（防烟罩）符合特殊规定 A144[Air crew protective breathing equipment (Smoke hood) in accordance with special provision A144]"。

（3）对于 A 类 6.2 项（UN2814、UN2900）感染性物质，以及根据国家法律或国际公约禁止公布其技术名称的感染性物质，填写责任人的姓名及联系电话。

（4）若运输的始发、中转或到达有一点在美国时，须在本栏中填写 24 小时紧急求援电话。

6）证明声明（Certification statement）栏

申报单中应有证明或声明，保证货物按照相关的规则进行准备并符合运输条件。

空运时，还必须有以下附加声明："我声明已符合空运的所有要求（I declare that all of the applicable air transport requirements have been met）"。若申报单的此栏中无此附加声明，则必须在申报单的附加操作信息栏中写明。

7）签署人姓名及职务（Name and tital of signatory）栏

填写签署人的姓名及职务，可以打印或盖章。

注意：填写签署人的职务及其所在部门的名称均可。

8）时间及地点（Place and date）栏

填写签署申报单的地点和日期。

9）签字（Signature）栏

由填写申报单的托运人或托运人的委托代理人签字，不得打印。

6.4.2 危险品申报单填写实例

例1：该申报单中，各项危险品均单独包装。4.1 项自反应物质在附加操作栏中有强制性的文字要求，如图 6.3 所示。

Shipper ABC Company 1000 High Street Youngvilie, Ontario Canada	Air Waybill No. 800 1234 5686 Page 1 of 1 Pages Shipper's Reference Number (optional)
Consignee CBA Lte 50 Rue de la Palx Paris 75006 France	For optional use For Company logo Name and address

Two completed and signed copies of this declaration must be handed to the operator. TRANSPORT DETAILS		WARNING Failure to comply in all respects with the applicable Dangerous Goods Regulations may be in breach of the applicable law, subject to legal penalties.
This shipment is within the limitations described for: (delete non-applicable)	Air of departure: Youngvilie	
~~PASSENGER AND CARGO AIRCRAFT~~	CARGO AIRCRAFT ONLY	
Airport of destination: Paris, Charles de Gaulle		Shipment type: (delete non-applicable) NON-RADIOACTIVE | ~~RADIOACTIVE~~

NATURE AND QUANTITY OF DANGEROUS GOODS

Dangerous goods Identification				Quantity and type of packing	Packing Inst.	Authorization
UN or ID No.	Proper shipping name	Class or Division	Packing Group			
UN1816	Propyltrichlorosllane	8(3)	II	3 Plastic Drums ×30L	876	
UN3226	Self-reactive solid type D (Benzenesulphonylhydrazide)	Div. 4.1		1 Fibreboard box ×10kg	459	
UN1263	Paint	3	II	2 Fiberboard ×4L	364	
UN1283	paints	3	III	1 Fiberboard ×30L	366	
UN3166	Vehicle, flammable liquid powered	9		1 automobile 1350kg G	950	
UN3316	Chemical kits	9	II	1 Fibreboard box ×3kg	860	

Additional Handling information The packages containing UN3226 must be protected from direct sunlight, and all sources of heat and be placed in adequately ventilated areas. 24-hour Number: + 1 906 123 4667	
I hereby declare that the contents of this consignment are fully and accurately described above by the proper shipping name, and are classified, packaged, marked, and labeled, and are in all respects in proper condition for transportation according to applicable international and national governmental regulations, I declare that all of the applicable air transport requirements have been met.	Name /Tide of signatory B. smith, dispatch supervisor Place and date Youngville 1 January 2011 Signature *B. Smith*

图 6.3 危险货物申报单填写实例(手工填制)

例2：本例与例1相同，只是申报单的格式与例1有所不同；该申报单主要用于计算机的自动打印。在"Nature and Quantity of Dangerous Goods"一栏内没有再细分设栏目，但所填写的内容和顺序同前所述。不同类的内容间可以采用"//"分离或分行书写，同一类内容可以用逗号分离，如图6.4所示。

Shipper ABC Company 1000 High Street Youngville, Ontario Canada	Air Waybill No. 800 1234 5686 Page 1 of 1 Pages Shipper's Reference Number (optional)
Consignee CBA Lte 50 Rue de la Paix Paris 75006 France	For optional use For Company logo Name and address
Two completed and signed copies of this declaration must be handed to the operator TRANSPORT DETAILS	WARNING Failure to comply in all respects with the applicable Dangerous Goods Regulations may be in breach of the applicable law, subject to legal penalties.
This shipment is within the limitations described for: (delete non-applicable) ~~PASSENGER AND CARGO AIRCRAFT~~ CARGO AIRCRAFT ONLY	Air of departure Youngvilie
Airport of destination: Paris, Charles de Gaulle	Shipment type: (delete non-applicable) NON-RADIOACTIVE ~~RADIOACTIVE~~
NATURE AND QUANTITY OF DANGEROUS GOODS UN Number or Identification Number,Proper shipping name, Class or Division (subsidiary risk) Packing Group (it required) and all other required information. UN1816, Propyltrichlorosilane, 8(3) Ⅱ //3 plastic drums×30L//876 UN3226, Self-reactive solid type D (Benzenesulphonylhydrazide), Div. 4.1 1 Fibreboard box ×10kg 459 UN 1263, Paint,Class 3, Ⅱ 2 Fibreboard boxes ×4L 3 Plastic drums ×60L 364 UN 1263, Paint, 3, Ⅲ 1 Composite packaging (6HA1) ×30L 366 UN3166, Vehicle, flammable liquid powered, 9//1 automobile 1350kg G//950 UN3316, Chemical kits, 9, Ⅱ// 1 Fibreboard box ×3kg//960	
Additional Handling information The packages containing UN3226 must be protected from direct sunlight, and all sources of heat and be placed in adequately ventilated areas. 24-hour Number: + 1 906 123 4567	
I hereby declare that the contents of this consignment are fully and accurately described above by the proper shipping name, and are classified, packaged, marked, and labeled, and are in all respects in proper condition for transportation according to applicable international and national governmental regulations, I declare that all of the applicable air transport requirements have been met.	Name /Tide of signatory B. smith, dispatch supervisor Place and date Youngville 1 January 2011 *B. Smith*

图6.4 危险品货物申报单填写实例(机器填制)

【本章小结】

本章主要介绍了危险货物托运的相关规定，首先介绍了危险货物托运的一般规定，然后介绍了危险货物运输的相关单证，并对港口危险货物集装箱作业申报和航空危险货物申报进行了介绍，重点是港口危险货物集装箱作业申报。

【课后练习】

一、判断题

1. 原先装过其他危险货物的空包装，如果没有经过有效清洗并驱除其中的蒸气，不再按按原先装过的危险货物的要求进行相关标记和标志。（　）
2. 用于放射性物质装运的罐柜和中型散装容器在进行清辐射污染措施前，可用于其他货物的装运。（　）
3. 含有放射性物质残余物或装有未经清洁的放射性物质空包装的空货物运输组件，必须遵守最近一次所装危险货物组件、包件或散装容器适用的有关规定。（　）
4. 托运人应在船舶装货 3 天前（航程不足 3 天的在驶离出发港前）向海事局呈交"危险货物安全适运申报单"，并按要求提交相关单证。（　）
5. 出口危险货物的包装必须经国家出入境检验检疫局检验合格并发证。（　）

二、选择题

1. 对于下面列出的每种装运，发货人应通知托运货物要运经或抵达国家的主管机关。通知应在启运之前且最好提前至少 7 天提交给主管机关的是（　）。
   A. 装有放射性活度大于 2000 A1 或 2000 A2（如适用），或 1000TBq 的放射性物质的 C 型包件，以较低者为准
   B. 装有放射性活度大于 3000 A1 或 3000 A2（如适用），或 1000TBq 的放射性物质的 B(U) 型包件，以较低者为准
   C. B(M) 型包件
   D. 按特殊安排进行的运输

2. 托运货物的通知包括（　）。
   A. 识别包件的完备资料，其中包括全部有关的证书号码和识别标记
   B. 有关装运日期、预计到达日期及计划的运输路线方面的资料
   C. 放射性物质或放射性核素的名称
   D. 放射性物质的物理与化学形态的说明，或者说明是否为特殊形式放射性物质或低弥散性物质
   E. 所运输的放射性内装物的最大放射性活度以贝克勒尔（Bq）并冠以合适的 SI 词头为单位来表示。对于易裂变物质，可用 g 或以 g 的倍数为单位表示的质量数来代替放射性活度

3. 在运输单证上货物的正确运输名称、危险性类别、联合国编号以及被划定的包装类别应按顺序标明，并且其间没有其他任何信息插入。例如（   ）。

A. 甲酸，第 8 类，联合国编号 1779，包装类 Ⅱ
B. 甲酸，联合国编号 1779，第 8 类，包装类 Ⅱ
C. 甲酸，第 8 类，包装类 Ⅱ，联合国编号 1779
D. 甲酸，包装类 Ⅱ，第 8 类，联合国编号 1779

4. 下列（   ）情况要求具有主管机关颁发的批准证书。

A. 特殊形式放射性物质
B. 低弥散性放射性物质
C. 盛装 0.1t 或更多六氟化铀的包件
D. 所有盛装易裂变物质的包件，除非按要求免除的包件
E. B(U)型和 B(M)型包件
F. 普通货物

5. 船舶载运危险货物进港或在港口过境停留，应在抵港 3 天前直接或通过代理人填写"船舶载运危险货物申报单"，向（   ）部门报告所载危险货物的品名、联合国编号、类别和性质、数量、包装、装载位置，经批准后方可进港。

A. 海事部门   B. 港口行政主管部门
C. 质量监督管理局   D. 环保局

三、填制题

请根据相关信息填制申报单（见下页）：

运输专用名称：   丙基三氯硅烷(Propyltrichlorosilane)
UN 编号：   UN1816
净数量：   5L
包装类型：   2 个联合国规格纤维板箱(4G)
始发站：   Sydney，NSW，Australia
到达站：   Paris，France
航线及运营人：   Sydney 至 Tokyo 由 Quantas(QF)承运
                 Tokyo 至 Paris 由 Air France(AF)承运
机型：   两段均由货机载运

SHIPPER'S DECLARATION FOR DANGEROUS GOODS

Shipper		Air Waybill No. Page of Pages Shipper's Reference Number (optional)
Consignee		For optional use For Company logo Name and address

Two completed and signed copies of this declaration must be handed to the operator.		WARNING
TRANSPORT DETAILS		
This shipment is within the limitations prescribed for: (delete non-applicable)	Airport of Departure	Failure to comply in all respect with the applicable Dangerous Goods Regulations may be in breach of the applicable law, subject to legal penalties.
PASSENGER AND CARGO AIRCRAFT / CARGO AIRCRAFT ONLY		
Airport of destination:		Shipment type: (delete non-applicable)
		NON-RADIOACTIVE / RADIOACTIVE

NATURE AND QUANTITY OF DANGEROUS GOODS

Dangerous goods Identification				Quantity and type of packing	Packing Inst.	Authorization
UN or ID No.	Proper shipping name	Class or Division (Subsidiary Risk)	Packing Group			

Additional Handling information

I hereby declare that the contents of this consignment are fully and accurately described above by the proper shipping name, and are classified, packaged, marked, and labeled, and are in all respects in proper condition for transportation according to applicable international and national governmental regulations. I declare that all of the applicable air transport requirements have been met.	Name /Title of signatory Place and date Signature

第7章

危险货物的收运、储存与装卸

WEIXIAN HUOWU DE SHOUYUN、CHUCUN YU ZHUANGXIE

【学习目标】

- 掌握危险货物运输的管理控制。
- 掌握危险货物的收运。
- 掌握危险货物的储存和保管。
- 掌握危险货物的装运。

【导入案例】

2014年7月19日沪昆高速湖南邵阳段，6.52 t乙醇爆燃，吞噬了43条生命。涉事的新鸿胜化工原料有限公司位于长沙县的仓储基地，仓库管理员张战清对在沪昆高速事故上出事的小货车记忆深刻，"货柜上印着'洞庭渔业'的标志，货柜里面是一个玻璃钢罐。尽管知道小货车不能运输危化品，但没管那么多，两年多以来，每月都要拉两三次酒精，一直没出事，谁想这一次就出事了。"

2011年7月，京珠高速公路河南信阳段发生特大卧铺客车燃烧事故，致41人死亡。

事故原因：这两起事故的原因均是运输危险货物没有使用专用车辆和人员。

尽管我国目前大概有上万家危险货品运输资质企业，但整个行业呈现出小、散、乱、差的特点，许多个体户、私家车主基本都没有危险货物运输资质，而且驾驶员也没经过专业培训。危险货物运输的管理控制尤为重要。

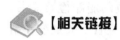 7.1 危险货物运输的管理控制

【相关链接】

相关法律、法规、国际公约中对危险货物运输管理控制的规定

联合国《规章范本》虽然没有专门的章节讨论危险货物运输的资质问题，但在国家相关法律法规、国际公约中明确规定对危险货物运输的管理控制。

《中华人民共和国安全生产法》（自2002年11月1日起施行）第三十条"生产经营单位使用的涉及生命安全、危险性较大的特种设备，以及危险物品的容器、运输工具，必须按照国家有关规定，由专业生产单位生产，并经取得专业资质的检测、检验机构检测、检验合格，取得安全使用证或者安全标志，方可投入使用。检测、检验机构对检测、检验结果负责。"

《危险化学品安全管理条例》（2011年国务院令第591号）第一章第六条对危险化学品的生产、储存、使用、经营、运输实施安全监督管理的有关部门（以下统称负有危险化学品安全监督管理职责的部门），依照下列规定履行职责。

（1）安全生产监督管理部门负责危险化学品安全监督管理综合工作，组织确定、公布、调整危险化学品目录，对新建、改建、扩建生产、储存危险化学品的建设项目进行安全条件审查，核发危险化学品安全生产许可证、危险化学品安全使用许可证和危险化学品经营许可证，并负责危险化学品登记工作。

（2）公安机关负责危险化学品的公共安全管理，核发剧毒化学品购买许可证、剧毒化学品道路运输通行证，并负责危险化学品运输车辆的道路交通安全管理。

（3）质量监督检验检疫部门负责核发危险化学品及其包装物、容器（不包括储存危险化学品的固定式大型储罐，下同）生产企业的工业产品生产许可证，并依法对其产品质量实施监督，负责对进出口危险化学品及其包装实施检验。

（4）交通运输主管部门负责危险化学品道路运输、水路运输的许可以及运输工具的安全管理，对危险化学品水路运输安全实施监督，负责危险化学品道路运输企业、水路运输企业驾驶人员、船员、装卸管理人员、押运人员、申报人员、集装箱装箱现场检查员的资格认定。铁路主管部门负责危险化学品铁路运输的安全管理，负责危险化学品铁路运输承运人、托运人的资质审批及其运输工具的安全管理。民用航空主管部门负责危险化学品航空运输以及航空运输企业及其运输工具的安全管理。

（5）工商行政管理部门依据有关部门的许可证件，核发危险化学品生产、储存、经营、运输企业营业

执照，查处危险化学品经营企业违法采购危险化学品的行为。

《民用爆炸物品安全管理条例》（2006年国务院令第466号）第三条规定：国家对民用爆炸物品的生产、销售、购买、运输和爆炸作业实行许可证制度。未经许可，任何单位或者个人不得生产、销售、购买、运输民用爆炸物品，不得从事爆破作业。

《中华人民共和国道路运输条例》第二十四条：申请从事危险货物运输经营的，还应当具备下列条件。

① 有5辆以上经检测合格的危险货物运输专用车辆、设备。

② 有经所在地设区的市级人民政府交通主管部门考试合格，取得上岗资格证的驾驶人员、装卸管理人员以及押运人员。

③ 危险货物运输专用车辆配有必要的通信工具。

④ 有健全的安全生产管理制度。

7.1.1 运输设备

1. 海运

（1）装运危险货物应选派技术条件良好的适载船舶。船舶的舱室应为钢质机构，电气设备、通风设备、避雷防护、消防设备等技术条件应符合要求，并持有有效的船舶检验证书。500t以下的船舶以及乡镇运输船舶、水泥船、木质船装运危险货物由当地主管机关批准并制定相应的安全措施。

（2）在国内航线上，客货船和客滚船载客时，原则上不得装运危险货物。确需装运时，船舶所有人（经营人）应根据船舶条件和危险货物的性能制定限额要求，部属航运企业报交通部备案，地方航运企业报省、自治区、直辖市交通主管部门和海事管理机构备案，并严格按限额要求装载。

2. 航空运输

通常情况下，不得将危险品带入飞机客舱或驾驶舱。此外，只要客机的主货舱符合B级飞机货舱的所有适航标准，则可以将危险品装入该舱。贴有"仅限货机（Cargo Aircraft Only）"标签的危险品，不得装上客机，只能装上货机，并且必须符合可接近性原则。

3. 道路运输

各运输方式中接触面最广、对环境影响最大的是公路汽车运输，所以交通部最早对汽车危险货物承运人的主体资格做出了严格的规定。

根据修订的《汽车运输危险货物规则》（JT 617—2004）和《汽车运输、装卸危险货物作业规程》（JT 618—2004）及其所引用的标准，运输危险货物的车辆必须满足以下要求：

（1）装运危险货物的车辆技术等级必须达到一级。同时其附属设备和工夹具，必须符合《汽车运输危险货物规则》规定的条件。

（2）装运包装件危险货物的车辆，平台必须平坦完好，周围栏板必须牢固，并配齐防雨、防散失的工具。装运爆炸、剧毒、放射性物品的车辆，应用厢式车。栏板或车厢外表应有危险货物性能标志。

（3）装运散装危险货物的罐（槽）车，其罐（槽）体应适合所装货物的性质，具有足够的强度，并应根据货物的性质，配置相应的安全装置和防护设施，必须保证所装货物不发生泄漏。

(4) 装运散装易燃液体的罐(槽)车，必须符合行业标准《运油车、加油车技术条件》(QC/T 653—2000)的要求。

(5) 装运液化石油气和有毒气体的压力容器罐(槽)车，其罐(槽)体及附属设备，必须符合国家质量监督检验检疫总局发布的《液化气体汽车罐车安全监察规程》的要求。

(6) 装运危险品集装箱、大型气瓶、可移动罐(槽)等的车辆，必须设置有效的紧固装置。

(7) 装运放射性物质的车辆，必须符合国家标准《放射性物质安全运输规程》(GB 11806—2004)的要求。

(8) 装运危险货物的车辆必须有《道路运输危险货物车辆标志》(GB 13392—2005)规定的标志灯和标志牌。

(9) 装运爆炸品、剧毒品、放射性物质等需持特批通行证运输的危险货物的车辆需配有必要的通信工具(移动电话、行车记录仪、定位系统装置)。

(10) 各种车辆都应配齐灭火机、危险品信号标志、排气管火星熄灭装置、电源总开关、导静电拖地带等。

(11) 专用罐(槽)车的罐体外表以及放射性货物专用车屏蔽装置外表应有所装货物的危险性能标志。

(12) 各种机械装卸和工夹具要有足够的安全系数，装卸易燃、易爆危险货物的机械和工夹具，必须有消除产生火花的措施。

(13) 从事危险货物运输的单位，应具备对车辆、设备、工夹具和劳动保护用品进行清洗消毒和排污处理的设施。

7.1.2 人员培训和管理

《危险化学品安全管理条例》第四十四条规定：危险化学品道路运输企业、水路运输企业的驾驶人员、船员、装卸管理人员、押运人员、申报人员、集装箱装箱现场检查员应当经交通运输主管部门考核合格，取得从业资格。具体办法由国务院交通运输主管部门制定。

《危险化学品经营许可证管理办法》第6条规定：危险化学品经营销售单位，应当具备以下基本条件：……(三)单位主要负责人和主管人员、安全生产管理人员和业务人员经过专业培训，并经考核，取得上岗资格。

各级人民政府交通主管部门，道路运输管理机构的工作人员更应接受危险货物运输的专业培训。

2006年11月16日交通部以交水发[2006]646号文，发布了《关于加强国内水路客运液货危险品运输市场准入管理的通知》。其中对申请从事水路客运、液货危险品运输市场准入管理做出进一步的规定。明确对新设立客运、液货危险品运输企业要求其至少一名持股25%以上的股东具有3年以上经营相应船舶种类的海船、海船运输经历，且在过去3年内无重大安全责任事故和违法违章经营记录。

交通部决定自2006年12月1日起，新投入营运以及原有委托经营合同到期的客船、液货危险品船，不得再采用委托经营的方式。原委托经营未到期的客船、液货危险品船，应于2008年12月31日前，采用组建符合经营资质条件的新公司或光租给具有经营资格的公司等方式实现公司化经营。

《国际危规》将需培训人员分为 3 个层次：管理层人员、现场指挥层人员和操作层人员，并规定了各层人员分别要求了解的内容、熟悉的内容和必须掌握的内容。

IATA《危险品规则》将危险货物空运涉及的相关人员分为 12 类，将需要各类人员掌握的危险货物培训相关业务知识分为 14 部分，最终列出各类人员培训课程的最低要求，见表 7-1。

表 7-1　航空运输危险货物培训课程的最低要求

关于危险物品航空运输至少应熟悉的方面	托运人和包装人		货运代理人			运营人和地面服务代理机构						安检人员
	1	2	3	4	5	6	7	8	9	10	11	12
基本原理	×	×	×	×	×	×	×	×	×	×	×	×
限制条款	×		×						×	×	×	×
对托运人的一般要求	×		×									
分类	×	×	×			×						
危险物品表	×	×	×			×						
包装要求	×	×	×			×				×		
标签与标记	×	×	×			×						
危险物品运输文件及其他有关文件	×		×			×						
收运程序						×						
对未申报危险物品的识别	×	×	×	×	×	×	×	×	×	×	×	×
储存及装载程序					×			×		×		
驾驶员通知单						×		×		×		
对旅客及机组成员的规定	×	×	×	×	×	×	×	×	×	×	×	×
紧急程序	×	×	×	×	×	×	×	×	×	×	×	×

（1）托运人及承担托运人责任的人。

（2）包装人。

（3）从事危险物品收运工作的货运代理人员工。

（4）从事货物(非危险物品)收运工作的货运代理人员工。

（5）从事货物搬运、储存和装载工作的货运代理人员工。

（6）收运危险物品的运营人和地面服务代理机构的员工。

（7）收运货物(非危险物品)的运营人和地面服务代理机构员工。

（8）负责货物和行李搬运、储存和装载工作的运营人和地面服务代理机构员工。

（9）旅客服务人员。

（10）飞行机组和配载人员。

（11）机组成员(飞行机组除外)。

（12）从事旅客及其行李和货物安检工作的保安人员。

从事危险货物运输的单位，必须有5年以上从事运输经营管理的经验；必须有健全的安全操作规程、岗位责任制、车辆设备保养维修，安全质量、劳动保护等规章制度和事故应急预案；还必须投保危险货物承运人责任险。

7.1.3 仓库和运输工具停驻场地

非直接"门到门"的汽车长途运输企业和水路、铁路、民航运输企业，如欲经营危险货物运输，其用于短期储放危险货物的仓库，必须是危险品专用仓库。危险品专用仓库的设计、建造必须遵守有关的安全防火规定，并根据物品的种类、性质、设置相应的通风、防爆、防火、防雷、报警、灭火、防晒、调温、消除静电、防护围堤等安全设施。

库场周围应划定禁区，设置明显的警告标志。库场应配备专职的保管人员，负责危险货物的仓储管理。

危险货物运输工具在中止运输时，必须要有专用的停驻场地。危险货物轮船要有专用港口码头；火车要有专用车站；飞机要有接受停驻机场；汽车要有专用停车场地、停车区域。上述专用停驻场地都要有与所运危险货物相应的安全保安、消防应急、清除污染和环境保护的设施条件。

7.2 危险货物的收运

承运人中的发货站承诺托运人委托运输的要求，并接受委托人交给的货物的过程是托运的受理。受理完毕，发货站签署货运单，运输合同即告成立，各承运当事人都有按约定完成合同的义务。

承运人除受理普通货物的一般规定必须遵守外，发货站还必须按危险货物的运输要求对托运人提交的运输单证和货物对照《危规》的各项规定进行全面、详尽和严格地审核。

1. 对托运单的审核

制作托运单的各项要求和规定是托运人的责任，托运人要对其递交的托运单的准确性负责。发货站也有责任审核其所接受的托运单的准确性，并就其准确性对承运人的其他各方负责。《汽车运输危险货物规则》第7.2条指出："受理托运时承运人应核实所装运危险货物的收发货地点、时间以及托运人提供的相关单证是否符合规定，并核实货物的品名、编号、规格、数量、件重、包装、标志、安全技术说明书、安全标签和应急措施及运输要求"。

2. 对所托货物的审核

托运人必须确保其所托运递交的货物的性能、包装、标志等各种情况与托运书的说明完全一致，托运人要对此负法律责任。在对所托货物是否要由承运人再行审核的问题上，各种运输方式采用的做法不完全一致。

远洋运输和铁路运输，运输批量大，承运方的受理人员不可能对托运交付的货物逐件检查，又考虑到在运送途中如发现货物有问题，采取相宜的措施比较方便（如可向船舱内灌水，将货物投弃等），所以海运和铁路运输的《危规》对发货港在受理危险货物时是否要逐件检查货物都不作明文规定。

汽车货物运输，运输批量相对小，受理人员可以对所托货物逐件检查。这里又分两种情况：一是零担运输和班车运输：货物的交付和运送是时间和空间分离的两个环节，承运人必须对所受理的危险货物的包装和标志逐件审核，审核的具体内容和要求即是托运人的责任；二是"门到门"的整车运输：这种运输形式，货物的交付不是与托运手续的办理同时进行，而是与运送连续进行，即没有仓储环节，货物在运送前交付，货物交付后即装车运送。《汽车运输、装卸危险货物作业规程》（以下简称《规程》）4.2.3.4条"装卸作业前应对照运单，核对危险货物名称、规格及数量，并认真检查货物包装。货物的技术说明书、安全标签、标识、标志等与运单不符或包装破损、包装不符合有关规定的货物应拒绝装车。"《规程》5.5.3.1条"对加入稳定剂或需控温运输的氧化剂和有机过氧化物，装车作业时应认真检查包装，密切注意包装有无渗漏及膨胀（鼓桶）情况，发现异常应拒绝装运。"实质上提出了对货物包装进行逐件审核的要求。同时，还明确规定了审核的具体内容要求。

航空货物运输，运输批量小，受理人员可以对所托货物逐件检查，且航空运输的特点决定了不允许在运送途中的危险货物有任何危及航空安全的情况发生，所以空运《危规》都规定了审核托运交付的货物的程序和要求。中国民航对受理审核的程序作了详细的规定，并设计了"非放射性危险品收运检查单"（见表7-2）和"放射性危险品收运检查单"供受理人员使用。该检查单是帮助业务人员工作用的工具，不具备任何法律或法规的效力。下列推荐的检查清单意指在始发站核实装运货物；在所有项目检查之前不得收运或拒收装运货物；由操作人员检查下列各项内容是否正确。

表7-2 非放射性危险品收运检查单

操作人员检查下列各项内容是否正确	是	否	不适用
托运人危险品申报单			
1. 英文申报单一式两份按IATA格式填写[8.1.1, 8.1.2]			
2. 托运人和收货人名称及地址全称[8.1.6.1, 8.1.6.2]			
3. 如无航空货运单号，填上[8.1.6.3]			
4. 共有的页数[8.1.6.4]			
5. 删除不适用的飞机机型[8.1.6.5]			
6. 如无起飞/目的地机场或所在城市的全称，填上[8.1.6.6和8.1.6.7]			
7. 删除"放射性"字样[8.1.6.8]			
识别			
8. UN或ID代号，代号前冠以UN或ID字样[8.1.6.9.1, 步骤1]			
9. 运输专用名称及必要时写在括号内的技术名称[8.1.6.9.1, 步骤2]			
10. 类别或项别，对于第1类，配装组代号[8.1.6.9.1, 步骤3]			
11. 次要危险性，紧跟于类别/项别后的括号内[8.1.6.9.1, 步骤4]			
12. 包装等级[8.1.6.9.1, 步骤5]			
包装数量及类型			
13. 包装件的数量及类型[8.1.6.9.2, 步骤6]			

续表

操作人员检查下列各项内容是否正确	是	否	不适用
14. 每一包装件的含量及计量单位(净重或适用时的毛重)[8.1.6.9.2,步骤 6]符合相关限制			
15. 当不同种类危险品包装在同一外包装中时,符合以下规定:			
——包装件的适应性依据表 9.3.A			
——装有 6.2 项危险品的 UN 包装件[5.0.2.11(c)]			
——"All packed in one(type of packing)"字样[8.1.6.9.2,步骤 6(f)]			
——计算的"Q"值不得超过 1[5.0.2.11(g)&(h);5.0.3.2;8.1.6.9.2,步骤 6(g)]			
16. 合成包装件			
——根据表 9.3.A 可包装在一起[5.0.1.5.1,5.0.1.5.3]			
——"Overpack Used"字样[8.1.6.9.2,步骤 7]			
17. 包装代号[8.1.6.9.3,步骤 8]			
批准			
18. 确认相关特殊规定的适用性,如果代号为 A1、A2、A51、A81、A88、A89、A99 或 A130[8.1.6.9.4,步骤 9]			
19. 指明附有政府批准证书,包括英文副本[8.1.6.9.4,步骤 9]			
20. 关于其他条款的额外批准[8.1.6.9.4,步骤 9]			
附加操作信息			
21. 对于 4.1 项中的自身反应物质及相关物质,5.2 项的有机过氧化物,或其样品以及 PBE,强制性的文字要求[8.1.6.11.1、8.1.6.11.2 和 8.1.6.11.3]			
22. 6.2 项传染性物质责任人的姓名及电话[8.1.6.11.4]			
23. 包含附加的空运声明[8.1.6.12]			
24. 签署者姓名及职务(或部门),地点及日期[8.1.6.13 和 8.1.6.14]			
25. 托运人签字[8.1.6.15]			
26. 更改或修订时有托运人签字[8.1.2.6]			
航空货运单			
27. 在操作信息栏显示"Dangerous Goods as per attached Shipper's Declaration"或"Dangerous Goods as per attached DGD"[8.2.1(a)]			
28. "Cargo Aircraft Only"或"CAO"字样,若适用[8.2.1(b)]			
29. 包含非危险品时,标明危险品的件数[8.2.2]			
包装件和合成包装件			
30. 包装符合包装说明,无破损和泄露[相应的包装说明及 9.1.3]			
31. 交付的包装件及合成包装件的数量及类型与托运人申报单中所注明的相同[9.1.3]			

续表

操作人员检查下列各项内容是否正确	是	否	不适用
标记			
32. UN规格包装，是否按6.0.4和6.0.5的要求做标记：			
——符号和规格代号			
——X、Y、Z，与包装等级/包装说明一致			
——不超过最大毛重（固体、内包装或IBCs(特殊规定A179))			
——感染性物质的包装标记[6.5.3.1]			
33. UN/ID代号[7.1.5.1(a)]			
34. 运输专用名称包括必要时的技术名称[7.1.5.1(a)]			
35. 托运人及收货人的姓名和地址全称[7.1.5.1(b)]			
36. 一票货物中有多件时（除第7类），包装件上标注净重或必要时标毛重后跟"G"，除非所有危险品都相同.[7.1.5.1(c)]			
37. 固体二氧化碳（干冰），包装上标注净重[7.1.5.1(d)]			
38. 对6.2项感染性物质，责任人的姓名及电话[7.1.5.1(e)]			
39. 包装说明202所要求的特殊标记[7.1.5.1(f)]			
40. 有限数量标记			
标签			
41. 主要危险性标签，依据4.2节E栏[7.2.3.2；7.2.3.3(b)]			
42. 依据4.2节D栏，次要危险性标签粘贴在主要危险性标签旁[7.2.3.2；7.2.6.2.3]			
43. 仅限货机标签，与危险标签粘贴在同一侧面上，且毗连危险性标签[7.2.4.2；7.2.6.3]			
44. "方向"标签，如适用[7.2.4.4]			
45. "冷冻液体"标签，如适用[7.2.4.3]			
46. "远离热源"标签，如适用[7.2.4.5]			
47. 正确粘贴上述所有标签[7.2.6]，且除去无关的标记及标签[7.1.1；7.2.1]			
关于合成包装件			
48. 包装使用的标记、危险性标签及操作标签必须清晰可见，否则需重新书写或粘贴在合成包装件的表面[7.1.4.1，7.2.7]			
49. 如果标记和标签不可见，则需有"Overpack"字样[7.1.4]			
50. 多个合成包装件时，需标注每个合成包装件的标记及净含量			
51. "仅限货机"限制[5.0.1.5.3]			

续表

操作人员检查下列各项内容是否正确	是	否	不适用
一般情况			
52. 国家及运营人差异均符合[2.8]			
53. 仅限货机的货物，所有航段均由货运飞机运输			

意见：

检查人：

地点：

日期：

签字：

时间：

注：如填写任何栏出现"NO"时，不应收运货物，而将填好的此表副本交给托运人1份。

至于包装内容物，受理人员不可能也不必对其性能和成分作审核。在包装完好无损、火漆封志或铅封丸完整的情况下，承运方不对包装的内容物负责。托运方要对其所交付的货物的理化特性负全部责任。但受理方保留必要的审核权，在受理人员认为必要时，可以要求托运方启封开箱检查。但这不能理解成如果受理人员不行使保留审核权即是对包装内容物的默认，而应理解为相信托运人的陈述，由托运人对自己陈述的诚实性、准确性负责，这在法律上称为诚信法则。铁路和海运以及某些大批量的汽车运输，不对货物的包装和标志作逐步审核，奉行的仍是"诚信法则"。

 7.3 危险货物的储存

储存也称仓库储存或仓储。仓储是生产流通消费的中间环节，仓储从整个社会再生产的过程说是发生在生产后流通（运输）前和流通（运输）后消费前。就货物运输生产的过程而言，仓储是发生在受理后运送前和运送后交付前。社会再生产过程的仓储与运输过程的仓储相比，前者仓储的规模大、储存时间长，后者仓储的规模小、储存时间短。就运输中的各种不同方式而言，海运的仓储规模最大、时间最长，铁路运输其次，航空运输再次之，公路运输仅在部分的长途运输中有仓储，其规模一般不会超过航空运输的仓储。

危险货物的仓储保管不仅关系到港口、车站、机场的安全，而且直接关系到社会的安全。所以，任何国家和地区都对危险货物仓储保管进行立法管理。国务院发布的《危险化学品安全管理条例》的第二章，运输企业要设立仓储就必须遵守仓储所在地政府的有关危险货物储存保管的法规，并经批准才能建立。同时，必须建立健全各项危险货物储存管理、收发的规章制度，确保储存的货物完整无损。

7.3.1 危险货物储存的场所

1. 危险货物仓库的分类、设置和构造

危险货物的仓库可以分为爆炸物品仓库、气瓶仓库、化学危险物品仓库以及放射性物品仓库。

爆炸物品的库址必须选择在人烟稀少的空旷地带。在山区和丘陵地带，可利用自然地形作屏障或挖掘山洞建库，它与周围的居住区及建筑设施必须有一定的安全距离。目前，我国国内对爆炸物品仓库的建库规范有原兵器工业部颁发的《火药、炸药、弹药及火工品工厂设计安全规范》和原燃料化学工业部颁布的《火药制造厂暂行保安规程》。

按上述制度，海港、车站和机场等地方内都不宜建爆炸物品仓库。船舶、铁路在承运爆炸物品时，取消了仓储环节，采用车船衔接和车车衔接的作业方法，即地面短途汽车运输把爆炸物品装到海港和火车站后，直接装上轮船和火车。由于这两种运输方式的周转时间比较长，装卸作业量大，计划的提前量也相应比较大，所以可以采用这种衔接运输的办法。航空运输时间要求精度高，运送飞行时应变能力差，所以各种空运《危规》都规定航空运输禁运爆炸品。

化学危险物品仓库按其使用性质和规模大小，可分为 3 种：大型的商业、外贸、物资和交通运输等部门的专业性储备中转仓库；中型的厂矿企业的附属仓库；小型的一般使用性的仓库。化学危险物品仓库容易发生火灾爆炸事故，火势蔓延迅速，所以，仓库建筑应采用较高的耐火等级，要有足够的防火间距。每座库房的占地面积不宜过大，并应用防火墙隔成间隔，以便在发生火灾时阻止火势蔓延，有利于扑救，减少损失。仓库要配备足够的消防设施以备不测。库址应与邻近建筑物保持 150m 以上的距离。

按我国的有关规定，将储存化学危险物品的火灾危险性分为甲、乙两类。这两类仓库的适用范围以及耐火等级、层数和面积等要求都有具体的规定，见表 7-3、表 7-4。仓库应有隔热降温措施。库房檐口高不低于 3.5m，库房应采用双层通风式的层顶，便于通风。硝化纤维类物品的仓间顶部，应装有层顶通风管，兼有通风、泄压作用。要防止阳光照入库内，库房的门窗外部应设置遮阳板，并加设门斗。窗的下部离地面不低于 2m，窗玻璃应采用毛玻璃或涂色漆的玻璃，以防阳光的透射和因玻璃上的气泡疵点而引起的聚集起火事故。仓库主要依靠自然通风，除高窗外还应有离地 30cm（窗的下方）的墙脚通风洞。利用早晚凉爽时打开门窗通风。夏季中午应避免打开库房门窗，以免室外大量热空气涌入，使库内温度升高。仓库的外形结构如图 7.1 所示。

表 7-3　化学危险物品的储存火灾灾害性分类及仓库的适用

甲类物品仓库			乙类物品仓库		
物品的危险特征	危规类级	物品举例	物品的危险特征	危规类级	物品举例
常温下能自行分解或在空气中氧化即能导致迅速自燃或爆炸		硝化棉、胶棉、硝化纤维胶片、喷漆棉、黄磷	不属于甲类的化学易燃危险固体		硫黄、镁粉、铝粉、樟脑、赛璐珞片、萘、生松香、硝化纤维、漆布
常温下受到水或空气中水蒸汽的作用会产生可燃气体并爆炸		金属钾、钠、锂、钙、锶、氢化锂	常温下与空气接触能缓慢氧化，积热不散引起自燃		桐油漆布及其制品、油纸、油绸及其制品

续表

甲类物品仓库			乙类物品仓库		
物品的危险特征	危规类级	物品举例	物品的危险特征	危规类级	物品举例
受撞击、摩擦或与氧化剂、有机物接触时能引起燃烧爆炸		赤磷、五硫化磷	助燃气体		氧气、压缩空气、氟气
闪点＜23℃的易燃液体		己烷、戊烷、石脑油、环戊烷、二硫化碳、苯、甲苯、甲醇、乙醇、乙醚、蚁酸、甲酯、硝酸乙酯、汽油、丙酮、丙烯腈、乙醛	闪点≥23℃至60℃的易燃、可燃液体		煤油、松节油、丁烯醇、异戊醇、丁醚、醋酸丁酯、硝酸戊酯、乙酰丙酮、环己胺、溶剂油、冰醋酸、樟脑油、蚁酸、糠醛
爆炸下限＜10%的可燃气体，以及受到水或空气中水蒸汽作用能产生上述气体的固体物质		乙炔、氢、甲烷、乙烯、丙烯、丁二烯、环氧乙烷、液化石油气、电石、氯乙烯	爆炸下限≥10%的可燃气体		氨气
遇酸受热撞击摩擦以及遇有机物或硫黄等易燃的无机物极易引起爆炸或燃烧的强氧化剂		氯酸钾、氯酸钠、过氧化钾、过氧化钠	不属于甲类的氧化剂		硝酸铜、铬酸、亚硝酸钾、重铬酸钠、铬酸钾、硝酸汞、硝酸钴、漂白粉

注：运输人员可以在表内填上相应的"危规类级"。

表7-4 化学危险物品库房的耐火等级、层数和面积

储存物品和仓库类别	耐火等级	允许层数	最大允许占地面积/m²			
			单 层		多 层	
			每座库房	防火墙隔间	每座库房	防火墙隔间
甲 1.2.3项 4.5.6项	一级	1	180	60	—	
	一、二级	1	750	250		
乙 1.4.6项	一、二级	1	1000	250	—	
	三级	1	500	250		
乙 2.3.5项	一、二级	3	1500	500	1200	400
	三级	1	900	300	—	

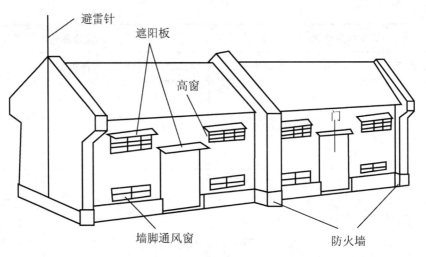

图 7.1　危险物品仓库外形图

储存氧化剂、易燃液体、固体和剧毒物品的库房,其地面应易于冲洗。地面受铁器撞击应不会产生火花。仓库内,除安装防爆的电气照明设备外,不准安装其他电气设备。库房安全出口的数目不得少于两个。库房周围应设立防火禁戒区。禁戒区的外界与库房的间距不得少于30m。禁戒区要设置明显的警告标志。

2. 危险货物的储存保管

大型仓库,应根据专库分储的原则,做到定品种、定数量、定库房、定人员进行保管。小型仓库应该分间、分类、分桩储存。运输部门的短期储存仓库,如条件确有困难的,不同类别的危险货物同库储存时,必须保持一定的安全距离,隔离存放。灭火方法不同的化学危险物品,也不得同库储存,如金属钠和硝化棉,丙酮与电石等。

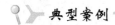典型案例

危险货物未能正确储存,引发爆炸火灾

深圳市安贸危险物品储运公司(简称安贸公司)清水河化学危险品仓库发生特大爆炸事故。爆炸引起大火,1小时后着火区又发生第二次强烈爆炸,造成更大范围的火灾。直到次日凌晨5时,才扑灭这场大火。这起事故造成15人死亡,200多人受伤(其中重伤25人),直接经济损失超过2.5亿元,已经威胁到深圳市的安全。

经事故调查,专家组认定:清水河的干杂仓库违章改作化学危险品仓库以及仓库内危险品违章存放是事故的主要原因;4号干杂仓库仓内混存的氧化剂(过硫酸铵)和还原剂(硫化碱)接触发生激烈氧化还原反应,是引发事故的直接原因。此特大爆炸火灾是一起严重的责任事故。

事故原因:

(1) 深圳市城市规划忽视安全要求。市政府某些工作人员安全意识薄弱,对清水区的总体布置未按国家规定进行审查,使易燃、易爆、剧毒化学危险品仓库、牲畜和食品仓库以及液化石油气储罐等设施集中设置,并且其与居民区和交通道路之间均不符合安全的规定要求。

(2) 不按国家有关安全规定对安贸公司的申办报告进行严格审查,就批准成立安贸危险物品储运公司,属失察失职。

(3) 作为民用爆炸物品发放许可证的政府主管部门，深圳市公安局执法不严，监督不力。未按规定严格审查，便向安贸公司颁发许可证，使其在不具备国家规定的安全条件下，经营民用爆炸物品合法化。

(4) 安贸公司是中国对外贸易开发集团下属的储运公司与市公安局派出的爆炸危险物品服务公司联合投资建立的。对消防及危险化学品负有监督职能的市公安局未能严格执行双重性监督职能，为其下属单位经营开方便之门。

(5) 安贸公司凭借与公安局的特殊关系，长期违反危险化学品的安全管理规定，冒险蛮干，违章混存危险化学品，埋下了祸根。

危险货物仓库必须有严格的管理制度。危险货物仓库管理的规章，必须包括下述内容：

(1) 货物入库必须检验。入库应有入库单和交接手续。入库后要登账，出库后要销账。入库时要详细核对货物品名、规格重量、容器包装等。发现品名不符、包装不合规格、容器渗漏时，必须立即移至安全地点处理，不得进库。

(2) 化学危险品仓库的安全检查，每天必须进行两次。对性质不稳定容易分解变质的物品，应定期进行测温，做好记录。

入库储放的每种物品应明显地标明物品的名称、燃烧特征及灭火方法。某些需要特别储存条件的应另外标明。

夏季气温很高的地区，要严密注意高气温对低沸点货物的影响；暴雨或梅雨季节要注意湿度对货物特别是遇水反应货物的影响等。

(3) 仓库进出货物后，对可能遗留或散落在操作现场的危险品，要及时进行检查、清扫和处理。

(4) 仓库区内严禁一切明火。如需动火，必须经有关部门批准，先撤离库内和附近的物品，在指定的地点，按指定的项目进行，并派专人准备好灭火器材进行监护。

(5) 允许进入仓库区的运货汽车应有特殊的防火设备，如排气管应安装火星熄灭器和防止易燃物滴落在排气管上的防护挡板或隔热板等。汽车与库房之间，应划定安全停车线，一般为5m，防止汽车与库门距离过近。严禁在仓库区内检修汽车，特别是装有危险物品的汽车。

(6) 不准在库房内或在危险物品堆垛的附近进行试验、分装、打包、封焊及其他可能引起火灾的任何不安全操作。每天工作结束时，应作防火检查，关闭门窗，切断电源。库房内不准住宿，不准在库房内或危险物品堆垛旁休息。

(7) 仓库内的避雷针、电线和建筑设施，应定期检查。在每年雷雨季节之前，进行检查整修，保证安全使用。

(8) 化学危险物品仓库，根据规模大小，设有足够的消防水源和必需的消防器材以及抢救防护用具等，并经常进行检查保养，以免失效。

(9) 仓库应有严格的人员出入库、机械操作、明火管理等安全管理制度。对某些剧毒的或贵重的或爆炸的危险物品严格贯彻"五双管理制度"，即双人保管，双人收发，双人领料，双本账，双锁管理制度。

(10) 危险货物出库必须认真复核。把好危险货物"出库复核关"可以防止发生差错，防止包装不良或有隐患的危险货物出库，对于保证运输安全，保证生产需要是十分必要的。发货出库要按合法凭证规定的货位编号、品名、规格、国别或产地、发站和收货人、包装、件数等,把货物准确地点交给提货人员或装人有关的车辆及其他运具。在货物出仓前,对每笔货物必须实行两人以上的复核制。有些仓库实行三员核对制,即实行保管员以单对卡,以卡对实物,以实物对提货单;搬运员以提货单对卡、对实物;值勤员以提货单对实物、对件数,然后点交提货人。三员核对后,在提货单上的货位、品名、发站和收货人、规格、数量的项目中划钩做记号,称为"五剔"。

就运输过程的仓储而言,货物的出库有两种情况:一是到货站的货物出库,是收货人来取货,说明整个运输过程安全完成;二是发货站的货物出库,货物从受理托运承诺运输的发货站转交给运送人,则危险货物的保管责任也随之移交给运送人。

7.3.2 危险货物储存的注意事项

1. 一般保管注意事项

(1) 各类危险货物库场堆存隔离,先从"危险货物隔离表"查到隔离代码,进行隔离。

(2) 经常装卸危险货物的港口,应建有存放危险货物的专用库场;建立健全管理制度,配备经过专业培训的管理人员及安全保卫和消防人员,配有相应的消防器材;库场区域内,严禁无关人员进入。

(3) 非危险货物专用库场存放危险货物,应经港口管理机构批准,并根据货物性质安装电气照明设备,配备消防器材和必要的通风、报警设备。库场应保持干燥、阴凉。

(4) 危险货物入库场前,应严格验收。性质不明或出口货物包装、标志不符合规定的有权拒收;进口的货物包装破损、撒漏、外包装有异状、受潮或沾污其他货物的危险货物应单独存放,及时妥善处理。

(5) 危险货物堆码要整齐、稳固,垛顶距灯不少于1.5m;垛距墙不少于0.5m、垛距不少于1m;性质不相容的危险货物、消防方法不同的危险货物不得同库场存放,确需存放时应符合《危规》的隔离要求。消防器材、配电箱周围1.5m内禁止存放任何物品。堆场内消防通道不少于6m。

(6) 存放危险货物的库场应经常进行检查,并做好检查记录,发现异常情况迅速处理。

(7) 危险货物出运后,库场应清扫干净,对存放危险货物而受到污染的库场应进行洗刷,必要时应联系有关部门处理。

(8) 对无票、无货主或经催提后收货人仍未提取的货物,港口可依据国家《关于港口、车站无法交付货物的处理办法》的规定处理。对危及港口安全的危险货物,港口管理机构有权及时处理。

2. 各类危险货物的保管注意事项

(1) 爆炸品一般应直接提装,如临时存放应使用专用仓库,由专人保管。仓库、场地应设置必要的通风、降温、防汛、避雷、消防等安全设施,并采取有效的防火隔离措施,所使用的电器均应是防爆型的。在库、场保管期间不得打开包装件检查,确需检查时,应移至安全处所,严格遵守各项安全操作规程。存放爆炸品的仓库,必须加强库温的控制,每日定时观测,做好记录,根据需要做好降温或防冻工作。爆炸品禁止与氧化剂、酸、碱、盐类以及易燃物和金属粉末等同库存放。

（2）存放气体的场所应远离火源、热源，库场应保持阴凉通风，防止日光曝晒。存放易燃气体的仓库照明应采用绝缘良好的防爆型灯具，禁止使用明火灯具。容器应平放，加楔垫以防滚动，如采用框架可立放，但不得倒置，且需保持容器稳固。性质相抵触的气体，如易燃气体与助燃气体不得同库存放。氧气钢瓶与油脂不得同库存放。禁止气体与爆炸品、氧化剂、易燃物品、自燃物品和腐蚀品同库存放。在保管期间，除定时检查外，应随时查看有无漏气和堆垛不稳的情况。

（3）存放易燃液体的场所应保持阴凉、通风良好，避免日晒，隔绝热源和火种。仓场照明设备应采用防爆型灯具。高温季节应采取降温措施。易燃液体禁止与氧化剂、强酸和自燃物品同库存放。

（4）第4类货物应存放在阴凉、通风、干燥处所，禁止与氧化剂、强酸同库存放。与水发生反应的货物禁止露天存放。易产生热量的货物堆码不宜过高，垛底应用清洁干燥的木板铺垫，以利通风散热。对温度有控制的货物，库温应始终保持在规定的温度之内。堆存黄磷应注意防止黄磷桶漏水而引起燃烧。

（5）第5类货物应存放在阴凉、通风良好的处所，防止日晒、受潮，不得与酸类和可燃物同库存放，注意通风散热。破损的包件禁止入库，撒漏地脚应及时收集，妥善处理。不得在库内或库房附近处理残损的包件。

（6）毒害品必须单独存放在专用库场内，专人保管。存放处所应阴凉、通风良好，并备有相应的防护用品和急救药品。货物地脚应及时清扫，交货主处理。

（7）放射性货物应专库存放，如无专库存放时，应组织车船直取。特殊情况也可选择干燥通风的普通仓库存放，但应划定专用货位，远离其他危险货物，派专人看管，禁止无关人员接近，严防失窃。包装件要合理摆放，辐射水平低的包装件应摆放在辐射水平高的包装件周围。存放低比度放射性物质或表面污染物体以及Ⅰ级白色标志包装件的数量可不受限制；存放Ⅱ、Ⅲ级黄色标志的包装件或罐柜或集装箱的数量，一间库房应视同船舶的一个货舱，其运输指数不得超过50，整个仓库运输指数不得超过200。

（8）腐蚀品应存放在清洁、通风、阴凉、干燥的处所，防止日晒、雨淋。堆放场所不得留有稻草、木屑、油脂等有机物或可燃物，不得与有机物、氧化剂、金属粉末等同库存放。同类货物中性质相抵触的不得同库存放。

7.4　危险货物的装卸

危险货物即使是没有划为毒害品或腐蚀品，对人体也有一定的伤害作用。所以在进行危险货物装卸操作时，必须穿戴防护用具。装卸对皮肤、眼睛、呼吸道有较强刺激、腐蚀、毒害作用的货物，必须有相应的预防措施，否则不得进行作业。防护用具使用后，要单独分别清洗、消毒，以免交叉污染和扩大污染。

装卸操作人员在进入危险货物的货仓（舱）和集装箱前，应先开仓（舱）通风，排除可能产生和聚积的有毒气体，必要时应进行测定。工作现场的有毒物质的浓度必须在最大允许浓度以下，才能装卸作业。

典型案例

危险货物未能正确装载，导致自燃

1997年8月15日，东方海外公司接受中化山东烟台土畜产进出口集团有限公司的订舱，运输货物二氧化硫脲，船名"鳄鱼坚强"号，起运港青岛，卸货港洛杉矶。1997年8月19日晚，当"鳄鱼坚强"轮停泊在上海港时，船上发现二舱冒烟，经消防部门及港务公司共同检测，倒箱166个，将货物自燃冒烟的OOLU3360121集装箱卸下船，堆放在港区的危险品码头，同时卸下的还有编号为OOLU3429526的集装箱，因该箱散发浓烈的气味，开箱检查时，有6名工人发生轻微中毒。上海市浦东新区环境监测站到场检查，认定是OOLU3360121集装箱内装载的货物二氧化硫脲自燃。

事故原因：

按照《国际危规》，二氧化硫脲为白色至淡黄色结晶粉末，几乎无味。强还原剂，在100℃以上时强烈放热分解，释放大量的氧化硫、氨、一氧化碳、二氧化碳、氧化氮和硫化氢气体。在50℃以上时，水分可能使其明显分解。根据该规则，二氧化硫脲已被定为第4.2类危险品，包装应当气密封口，积载时仅限舱面。

二氧化硫脲的自燃，经检验，是由于集装箱内的货物本身的包装不良，在装入集装箱时又未尽职尽力，未将货物与集装箱箱壁之间的缝隙用衬垫物固定，导致货物在运输过程中因震动等原因，包装破裂，货物暴露于空气中，与空气中的水分反应引起自燃。

危险货物装货堆桩时，装卸人员应认真检查货物包装（包括封口）的完好状况。"破包不进仓（舱）"应是危险货物装卸作业的铁的纪律。

各种装卸机械、工夹具用于危险货物的装卸，其安全系数要比用于普通货物大1倍以上。装卸易燃易爆危险货物的各种装卸搬运机械，如吊车、铲车、运输车（用于仓库的短距离的小型机动车），都必须有防止火花产生的防护装置，并禁止使用会摩擦产生火星的工夹具。

进行危险货物装卸作业时，必须严格遵守各类货物的装卸操作规程。轻装、轻卸、防止货物撞击、重压、倒置，严禁摔甩翻滚。使用的工夹具不得沾有与所装货物性质相抵触的污染物，不得损伤货物包装。操作过程中，有关人员不得擅自离开操作岗位。

装卸危险货物前要准备好相应的消防器材和急救用品。按危险货物的危险性强弱，最危险的货物应最后装货、最先卸货。

危险性能相抵触或消防方法不同的危险货物不能混载在同一运送工具或同一舱里。不同性质危险货物的配装按各运输方式《危规》有关货物配装的规定。

装卸气瓶，气瓶的防护帽必须齐全紧固。装卸气瓶不得肩扛、背负、冲击和溜坡滚动。

装卸易燃易爆物品，装卸作业现场必须远离火种、热源，操作人员不得身带火种和穿着有铁钉的鞋。

装卸遇水反应的危险货物，雨雪天禁止作业。茶水汤桶不得带入作业现场。

装氧化剂前，必须检查堆桩氧化剂的舱面不得有任何酸类、煤木屑、糖面粉、硫磷金属粉末及其他各种可燃物质的残留物。

装卸毒害品，作业过程中及完工后手脸未经清洗消毒前不准进食、饮水、吸烟。

危险货物的堆桩必须稳妥、整齐、牢固，便于点数、不易倒桩。各种形式的包装的堆桩方式和堆垛的大小高低都必须符合运送工具和货物性质的要求。各种桶都不准横卧堆垛，而必须直立错位堆垛，桶口必须向上。各种箱都不准横置倒置。各种袋的封口必须一致向外。箱袋在对位堆垛一定的高度后必须错位。任何易碎的内容器，如无外包装可以在仓库存放，但不准堆垛，不可以装载运送；如有外包装，但没有封盖可以由陆上运输方式装载运送，但不准堆垛，在空运和海运被禁止装载运送。

货物在运输工具的货舱里堆垛以后，必须采取紧固措施，使货物在运送过程中，即使运输器震荡、晃动、摇摆也不致倒塌或移垛。

各种货物在运输器里装载的位置，必须符合各运输方式的有关的积载规定，如航空运输中磁性物质要远离驾驶舱，又如放射性货包运输指数与客舱的距离等。

从承运人内部的责任划分，装卸工作是车站、港口、机场的职责范围。所以港口等与运送者之间要有明确的交接手续。装货完毕，装货港不光要向运送者递交装货清单，尤其要向运送者指明各种危险货物的装载位置。运送者确认无误，应在交接清单上签字。至此，危险货物的保管责任即移交给运送者，运送者正式接受了危险货物的保管责任。

7.4.1　海运危险货物的积载与隔离

危险货物积载与隔离除了应按普通货物积载与隔离要求以外，还有其特殊的积载与隔离要求。正确合理地积载与隔离是保证危险货物运输安全的重要措施。

1. 船舶积载类型

1) 爆炸品积载的船舶类型

（1）货船：是指专门从事货物运输的船舶，但包括载客限额不超过12人的客船。

（2）客船：是指载客超过限制数额的其他客船。

2) 除爆炸品外危险货物积载的船舶类型

（1）货船：是指专门从事货物运输的船舶，但包括载客限额不超过25人或船舶总长每3m不超过1人的客船。

（2）客船：是指载客超过限制数额的其他客船。

2. 危险货物的积载

1) 积载的类别

（1）除爆炸品外，危险货物的积载类范围是从积载类A至E，见表7-5。

表7-5　危险货物(除爆炸品外)的积载类范围

积载方式 船舶类型	积载类A	积载类B	积载类C	积载类D	积载类E
货船①	舱面或舱内	舱面或舱内	只限舱面	只限舱面	舱面或舱内
客船②	舱面或舱内	只限舱面	只限舱面	禁止装运	禁止装运

注：① 是指专门从事货物运输的船舶，但包括载客限额不超过25人或船舶总长每3m不超过1人的客船。
② 指载客超过限制数额的其他客船。

（2）爆炸品积载类范围从积载类01至15，见表7-6。

表 7-6　第 1 类危险货物积载方式

积载类	货船(不超过 12 名旅客)	客　船
01	舱面或舱内	舱面或舱内
02	舱面或舱内	在舱面封闭式货物运输组件内；或在舱内封闭式货物运输组件内
03	舱面或舱内	只限在舱面封闭式货物运输组件内
04	舱面或舱内	禁止装运
05	在舱面封闭式货物运输组件内或舱内	在舱面封闭式货物运输组件内或舱内
06	在舱面封闭式货物运输组件内或舱内	在舱面封闭式货物运输组件内；或在舱内封闭式货物运输组件内
07	在舱面封闭式货物运输组件内或舱内	只限在舱面封闭式货物运输组件内
08	在舱面封闭式货物运输组件内或舱内	禁止装运
09	在舱面封闭式货物运输组件内；或在舱内封闭式货物运输组件内	在舱面封闭式货物运输组件内；或在舱内封闭式货物运输组件内
10	在舱面封闭式货物运输组件内；或在舱内封闭式货物运输组件内	只限在舱面封闭式货物运输组件内
11	在舱面封闭式货物运输组件内；或在舱内"C"型弹药舱内	只限在舱面封闭式货物运输组件内
12	在舱面封闭式货物运输组件内；或在舱内"C"型弹药舱内	禁止装运
13	在舱面封闭式货物运输组件内；或在舱内"A"型弹药舱内	只限在舱面封闭式货物运输组件内
14	只限在舱面封闭式货物运输组件内	禁止装运
15	在舱面封闭式货物运输组件内；或在舱内封闭式货物运输组件内	禁止装运

2) 舱面积载的 3 种方式

（1）舱面。

（2）有遮盖的舱面。

（3）有防护的舱面。

3) 船舶条件

（1）选用以液体燃料为动力的钢质船舶，水泥船、木材船应采取严格的安全措施。

（2）消防系统良好。

（3）使用防爆型电机、具有防火星通风系统、有可靠的避雷设备。

（4）货舱清洁、干燥、不渗漏、通风良好等。

4) 危险货物积载的一般要求

（1）根据积载类别如允许舱面或舱内积载的危险货物，应尽量在舱内积载，在下列情况下选择在舱面（在集装箱船舶上一般在舱面积载）。

① 要求经常查看的货物。
② 因特殊要求需接近检查的货物。
③ 有形成爆炸性混合气体的、产生剧毒蒸气的或对船舶有严重腐蚀作用的物质。

(2) 遇水易损坏的包件应在舱内积载。如在舱面积载，应严加防护，任何时候不能使其受天气和海水的侵袭。

(3) 由于危险货物意外事故的突发可能影响到全船，因此那些需要在短时间内撤离大量人员的"其他客船"不得载运某些具有特殊危险的货物。

(4) 如果危险货物有可能在货舱内发生溢漏，应采取预防措施，防止通过机器处所的污水管路和泵系将溢物不当地排放。

(5) 危险货物包件堆积试验的最低高度是3m，在考虑到积载支撑程度和加固等情况下，允许船长自行选择较高的积载。

(6) 危险货物在舱面积载时，要保证消防栓、测量管及其他类似设备和通道不受影响，并与之远离。

(7) 对具有特殊危险的货物应按特殊积载要求进行。

(8) 对于某些危险货物要求隔热保护，这些热源包括火花、火焰、蒸气管道、热线圈、加热的燃油舱和液货舱侧壁顶，以及机器处所的舱壁，对于爆炸品在机舱舱壁达到A—60外，还需与之"远离"积载。

(9) 对于有毒的气体或蒸气或有腐蚀性的气体或蒸气应避开生活居住处所积载。标有毒品的货物或其他感染性物质或放射性物质也都应避开生活区或食品积载。

(10) 有海洋污染物标记的货物，如果允许在"舱面或舱内"积载，除非在露天甲板能提供等效的防护，否则应选择舱内积载。如果要求"只限舱面"积载，应选择在有良好防护的甲板或露天甲板遮蔽处所中积载。

(11) 对于放射性物质，集装箱的装载以及包件、集合包件和集装箱累加时，应作如下控制：

① 除独家使用情况外，装在同一运输工具上的包件、集合包件和集装箱应予以限制，使该运输工具上的运输指数总和不超过下表7-7中所列的值，对LSA—I物质的运输指数总和没有限制。

表7-7 非独家使用条件下集装箱和运输工具的运输指数(TI)限值

集装箱或运输工具类型	在单个集装箱或同一运输工具上的运输指数总和的限值	集装箱或运输工具类型		在单个集装箱内或同一运输工具上的运输指数总和的限值
小型集装箱	50	海洋船舶	舱，室或特定区域	包件、集合包件、小型集装箱 50
大型集装箱	50			
车辆	50			大型集装箱 200
旅客航空器	50		整船	包件、集合包件、小型集装箱 200
货物航空器	200			
内陆水道船舶	50			大型集装箱 无限值

② 如果某一托运货物是在独家使用条件下运输，对单个运输工具上的运输指数总和应无限值。

③ 在常规运输条件下，运输工具外部表面任何一点的辐射水平不得超过 2mSv/h，并且离运输工具外部表面 2m 处的辐射水平不得超过 0.1mSv/h。集装箱的限制 TI 不大于 50。包件和集合包件的限制 TI 不大于 10。

④ 运输指数大于 10 的任何包件或集合包件或者临界安全指数大于 50 的任何托运货物，应仅在独家使用条件下运输。

3. 危险货物的隔离

隔离是根据危险货物之间的相容性或不相容性所规定的配装要求。在安排积载计划时应特别注意，严格按照《国际危规》中规定的隔离要求进行配装，防止因不相容的危险货物混装造成危险后果。如果两种物质或物品在一起积载时，会因溢漏或其他事故而发生危险，那么这两种物质或物品即被认为是不相容的。隔离原则如下所示：

（1）性质不相容的物品应进行有效的隔离。
（2）某种特殊货物与助长其危险性的货物不能配装。
（3）易燃物品与遇火可能爆炸的物品不能配装。
（4）性质相似，但消防方法不同的货物不能配装。
（5）性质相似，但危险性大，发生事故不易扑救的货物不能配装。

1) 隔离表

危险货物隔离表见表 7-8。

（1）隔离表中代码和符号的含义如下：

"1"——远离。

"2"——隔离。

"3"——用一整个舱室或货舱隔离。

"4"——用一介于中间的整个舱室或货舱做纵向隔离。

"×"——无一般隔离要求，如有应查阅"危险货物一览表"。

"﹡"——爆炸品之间的隔离，见表 7-9。

表 7-8 危险货物隔离表

类 项	1.1 1.2 1.5	1.3	1.4	2.1	2.2	2.3	3	4.1	4.2	4.3	5.1	5.2	6.1	6.2	7	8	9
爆炸品 1.1, 1.2, 1.5	﹡	﹡	﹡	4	2	2	4	4	4	4	4	4	2	4	2	4	×
爆炸品 1.3	﹡	﹡	﹡	4	2	2	4	3	3	4	4	4	2	4	2	2	×
爆炸品 1.4	﹡	﹡	﹡	2	1	1	2	2	2	2	2	2	×	4	2	2	×
易燃气体 2.1	4	2	2	×	×	×	2	1	2	×	2	2	1	×	2	1	×
无毒不燃气体 2.2	2	2	1	×	×	×	1	×	1	×	×	1	×	×	2	1	×
有毒气体 2.3	2	2	1	×	×	×	2	×	2	×	×	2	×	×	2	1	×
易燃液体 3	4	4	2	2	1	2	×	×	2	1	2	2	×	3	2	×	×
易燃固体 4.1	4	3	2	1	×	×	×	×	1	×	1	2	×	3	2	1	×

续表

类 项		1.1 1.2 1.5	1.3	1.4	2.1	2.2	2.3	3	4.1	4.2	4.3	5.1	5.2	6.1	6.2	7	8	9
易自燃物质	4.2	4	3	2	2	1	2	2	1	×	1	2	2	1	3	2	1	×
遇湿易燃物品	4.3	4	2	2	×	×	×	1	2	×	1	2	2	2	2	2	1	2
氧化剂	5.1	4	4	2	2	×	2	2	1	2	2	×	2	1	3	1	2	×
有机过氧化物	5.2	4	4	2	2	×	2	2	2	2	2	2	×	1	3	2	2	×
有毒的物质	6.1	2	2	×	×	×	×	×	×	×	1	1	×	1	×	1	×	×
感染性物质	6.2	4	4	4	4	×	4	3	2	3	3	3	3	×	3	3	×	
放射性物质	7	2	2	2	2	1	1	2	×	2	2	1	2	2	×	3	2	×
腐蚀品	8	4	2	2	1	×	2	×	1	1	1	2	2	×	2	3	2	×
杂类危险物质和物品	9	×	×	×	×	×	×	×	×	×	×	×	×	×	×	×	×	×

表 7-9 爆炸品隔离表

配装表	A	B	C	D	E	F	G	H	J	K	L	N	S
A	X												
B		X											X
C			X	X^6	X^6		X^1					X^4	X
D			X^6	X	X^6		X^1					X^4	X
E			X^6	X^6	X		X^1					X^4	X
F						X							X
G			X^1	X^1	X^1		X						X
H								X					X
J									X				X
K										X			X
L											X^2		
N			X^4	X^4	X^4							X^3	X^5
S		X	X	X	X	X	X	X	X	X		X^5	X

(2) 爆炸品隔离表中代码和符号的含义如下:

"X"——表示可以在同一舱室、弹药箱、货物运输组件或车辆中积载的相应配装类的货物。

"1"——配装类 G 的爆炸性物品(除烟火及需要特殊积载的物品外)。只要同一舱室、弹药箱、货物运输组件或车辆内没有爆炸性物质,可以与配装类 C、D 和 E 的爆炸性物品一起积载。

"2"——托运的配装类 L 的货物只能与同一类型的配装类 L 的货物一起积载。

"3"——第 1.6 类的不同种类,配装类 N 的物品,只有当被证实物品之间没有共性爆炸的额外危险时,才可以运输,否则应将其作为第 1.1 类对待。

"4"——当配装类 N 物品与配装类 C、D 或 E 物品或物质一起运输时，配装类 N 物品应作为配装类 D 对待。

"5"——当配装类 N 的物品与配装类 S 的物品或物质一起运输时，整个装载应按配装类 N 的标准进行。

"6"——配装类 C、D 和 E 中任何物品的组合均应视作 E 的物品，对于配装类 C、D 中的任何物质的组合，可以根据组合装载中的主要特点，按最适合的配装类进行处理。整个划分规则应在成组装载或货物运输组件的每一标志或标牌上标明。

(3) 使用隔离表的注意事项如下：

① "隔离表"表示的是不同类别危险货物间一般的隔离要求，某些特殊物质、材料或物品隔离的特殊规定见《国际危规》中"危险货物一览表"，当与一般规定不一致时应优先符合这些特殊规定，如乙炔，溶解的，第 2.1 类，UN1001，在危险货物一览表中特殊隔离要求为：与氯气"隔离"。

② 由同一种物质构成，只是含水量不同的不同类别的危险货物之间不需要隔离，如第 4.2 类和第 8 类中的硫化钠。

③ 当危险货物在一起积载时，不论危险货物是否装在运输组件内，它们之间的相互隔离必须严格按照有关危险货物的隔离要求进行隔离。

④ 当规则要求危险货物包件粘贴一张副危险标志时，如果次危险性比主要危险性要求更严格，则应选择适合次危险性的隔离。

⑤ 与第 1 类副危险标志相应的隔离要求指第 1 类的第 1.3 小类。

⑥ 如包件贴有三个危险标志的危险货物的隔离要求，应按《国际危规》中"危险货物一览表"的特殊要求隔离，如溴氯化物，第 2.3 类，UN2901，副危险性为第 5.1 类和第 8 类，在危险货物一览表中特殊隔离要求为：按第 5.1 类隔离，并与第 7 类隔离。

⑦ 就隔离而言，在"危险货物一览表"中使用了例如"与某类远离"的术语，"某类"应当被认为是："某类"中的所有物质和要求贴有"某类"副危险标志的所有物质。

⑧ 同类别相容货物可以不考虑次危险性的隔离要求而在一起积载。条件是这些物质不会相互发生危险反应和引起下列反应：

第一，燃烧和/或产生大量的热；

第二，产生易燃、有毒或令人窒息的气体；

第三，生成腐蚀性物质；

第四，生成不稳定物质。

⑨ 就隔离不相容的危险货物而言，"舱室"或"货舱"两词系指由钢质舱壁或船壳板和钢质甲板围蔽起来的装货处所。该处所的接缝处应是防火防液的。

⑩ 在围蔽的中间甲板货物处所积载，不视为"舱面积载"。

(4) 包件隔离的术语如下：

"1"——远离，只要在水平垂直投影距离不少于 3m，可以在同一舱室或甲板的不同高度积载。

"2"——隔离，应装载在不同的舱室（舱室之间的甲板必须是防火防液的），若在舱面积载，水平距离应不少于 6m。

"3"——用一整个舱室或货舱隔离，水平或垂直都可，舱室之间的甲板必须是防火防液的，若在舱面积载，水平距离应不少于 12m。

"4"——用一介于中间的整个舱室或货舱做纵向隔离,仅指纵向,若在舱面积载,水平距离应不少于24m。

2) 货物运输组件内危险货物的隔离

需相互隔离的危险货物不应在同一货物运输组件内装运。需相互"远离"的危险货物经主管机关批准,可以在同一运输组件内装运,但必须坚持等效的安全标准。

(1) 常规形式积载的危险货物与开敞式货物运输组件中所装的危险货物之间的隔离应按照上述常规形式积载的危险货物包件的隔离进行。

(2) 常规形式积载的危险货物与封闭式货物运输组件中所装的危险货物之间的隔离,除下列情况外,应按照常规形式积载的危险货物包件的隔离进行。

① 要求"远离"时,包件与封闭式货物运输组件之间无隔离要求。

② 要求"隔离"时,包件与封闭式货物运输组件之间按照"远离"积载。

3) 集装箱船上货物运输组件间的隔离

(1) 适用范围。适用于全集装箱船上所装货物运输组件的隔离;如果其他类型的船舶适当装备有能在运输中为集装箱提供永久积载的货物位置,那么这些要求也适用于那些船舶的甲板、货舱和舱室内所积载集装箱的隔离。集装箱船上集装箱的隔离见表7-10。

表7-10 集装箱船上集装箱的隔离表

隔离要求	垂直			水平					
	封闭式与封闭式	封闭式与开敞式	开敞式与开敞式	封闭式与封闭式		封闭式与开敞式		开敞式与开敞式	
				舱面	舱内	舱面	舱内	舱面	舱内
远离1	允许一个装在另一个上面	允许开敞式的装在封闭式的上面,否则按开敞式与开敞式的要求处理	除非以一层甲板隔离,否则不允许在同一直垂线上	首尾向 无限制	无限制	无限制	无限制	一个箱位	一个箱位或一个舱壁
				横向 无限制	无限制	无限制	无限制	一个箱位	一个箱位
隔离2	除非以一层甲板隔离,否则不允许在同一垂直上	按开敞式与开敞式的要求处理		首尾向 一个箱位	一个箱位或一个舱壁	一个箱位	一个箱位或一个舱壁	一个箱位	一个舱壁
				横向 一个箱位	一个箱位	一个箱位	两个箱位	两个箱位	一个舱壁
用一整个舱室或货舱隔离3				首尾向 一个箱位	一个舱壁	一个箱位	一个舱壁	两个箱位	两个舱壁
				横向 两个舱壁	一个箱位	两个舱壁	一个箱位	三个箱位	两个舱壁
用一介于中间的整个舱室或货舱作纵向隔离4	禁止			首尾向 最小水平距离24m	一个舱壁且最小水平距离不小于24m	最小水平距离24m	两个舱壁	最小水平距离24m	两个舱壁
				横向 禁止	禁止	禁止	禁止	禁止	禁止

> 典型案例

未能正确集装箱配载，导致倒箱

2004年春天，某轮0012E航次停靠在比利时的安特卫普港装货，欧控操作部负责公司船舶在欧洲地区的集装箱配载工作。做预配时，欧控德籍配载员将五个8类危险品小柜配在39BAY舱内，根据该轮"危险品适装证书"记载规定，第五货舱内不允许积载危险品箱，而39BAY属于第五货舱的前半部分，显然是配错了地方。在装货前，该轮船长、大副没有认真检查码头提供的预装船图，没有及时发现问题。船航行到下一港西班牙的瓦伦西亚，被港口当局检查发现，造成倒箱73个，损失两天船期和被迫出具10万欧元的担保，给公司造成很大的经济损失，并损害了公司的声誉。

事故原因：

（1）通过欧控的事故报告和当时的工作记录分析，欧控操作部德籍配载员没有认真研究分析该轮的"危险品适装证书"记载规定，没有掌握船舶的货舱结构，集装箱配载位置是由BAY区分，"危险品适装证书"记载的是货舱位置，没有弄清楚两者间的关系是导致事故发生的直接原因。

（2）码头公司集装箱配载员没有对危险品配载引起高度重视，没有审核船舶的"危险品适装证书"，而完全按照预配方案实配集装箱，未能发觉所配危险品的位置是错误的。

（3）该船船长、大副没有把好集装箱装载的最后一关，根据危险品装载的相关规定，船舶船长、大副必须严格审核危险品的装载计划，按照《国际危规》和"危险品适装证书"的记载规定，确定危险品的装载，文件明确船舶船长对危险品的装载有最后的决定权。

防范措施：

（1）配载员必须按照《国际危规》的各项隔离要求和船舶"危险品适装证书"及相关法规的规定来安排指定危险品的积载位置，各口岸现场代理要督促和协调好港方优先安排落实危险品箱的积载，若发现配载不合理，应及时向配载员提出并通知港方按要求调整。

（2）装载危险货物的集装箱船舶船长、大副必须认真审核码头危险货物集装箱装船计划，尤其是危险品品名、类别、联合国编号、位置和隔离等是否符合相关证书及法规的规定，检查危险货物集装箱装船的一切手续和证明是否符合装船要求，在满足各项规则、规定、证书等各项要求的基础上，方能签字同意装船，认真仔细把好危险品运输最重要的一关。在审定预配计划时，有权对危险货物集装箱的配载位置提出修改意见，同时需核对《国际危规》及船存危险货物集装箱的实际情况，重新制定危险货物集装箱装载计划。

（3）船舶在装载危险品货箱时，当值驾驶员应亲临现场进行监装，认真核对箱号、箱位是否与预配图相一致。核实危险品箱是否按规定贴妥相应的IMO危险品标志，甲板、梯口是否悬挂了严禁吸烟或严禁明火作业的警示牌，并在开航前仔细检查和落实危险品箱的绑扎情况。

（2）集装箱箱位编号方法：用6位数确定每个集装箱在船上的积载位置。

① 行位(BAY)：纵向排列；两位阿拉伯数字；40ft用双数；20ft用单数；不足两位用0补足。

② 列位(SLOT)：横向排列；两位阿拉伯数字；船中向两边编号；中间00、左为双号右为单号。

③ 层位(TIER)：上下排列；双数表示；船底向上02起；甲板向上82起。

（3）集装箱箱位表示法。

① BAY 02，如图7.2所示。

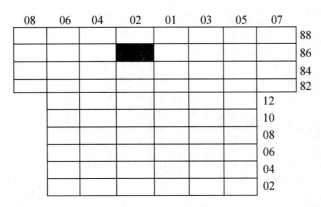

图 7.2 集装箱箱位表示法

② 集装箱船上货物运输组件间的隔离。

首尾隔 1 个箱位、横向隔 1 个箱位，俯视图如图 7.3 所示。

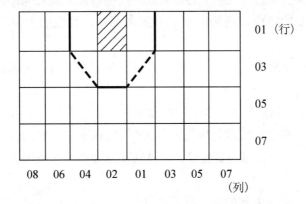

图 7.3 首尾隔 1 个箱位、横向隔 1 个箱位俯视图

首尾隔 1 个箱位、横向隔 2 个箱位，俯视图如图 7.4 所示。
首尾隔 2 个箱位、横向隔 3 个箱位，俯视图如图 7.5 所示。

4）滚装船上货物运输组件的隔离

适用于装在滚装船上或滚装船货物处所的货物运输组件的隔离。滚装货物运输组件的标准尺寸：长度为 12m，宽度为 2.5m。

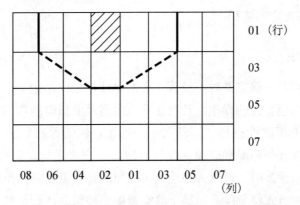

图 7.4 首尾隔 1 个箱位、横向隔 2 个箱位俯视图

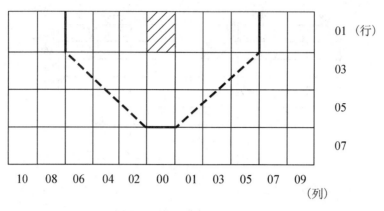

图 7.5　首尾隔 2 个箱位、横向隔 3 个箱位俯视图

5）载驳船上船载驳装运危险货物的隔离

适用于专门设计和装备的载驳船上的装运危险货物的船载驳之间的隔离。船载驳上装载的危险货物应按包装或散装危险货物的积载和隔离要求。载驳船上船载驳之间的隔离如下所示：

（1）当船载驳上装有两种或两种以上隔离规定不同的物质时，船载驳之间应遵从较严的一种隔离规定。

（2）船载驳之间无"远离"和"隔离"的要求。

（3）隔离 3，"用一整个舱室或货舱隔离"，对于具有垂向货舱的载驳船，就是装在不同的货舱中；对于具有水平载驳层的载驳船，就是装在不同的水平载驳层上，但其不应在同一垂线上。

（4）隔离 4，"用一介于中间的整个舱室或货舱做纵向隔离"，对于具有垂向货舱的载驳船，就是用一介于中间的货舱或机舱隔离；对于具有水平载驳层的载驳船，就是装于不同的水平载驳层，但纵向距离应不少于两个船载驳的位置。

总之，危险货物的正确装卸是确保危险货物运输安全的重要环节，只有正确的装卸才能避免危险货物在正常运输过程中发生燃烧、爆炸、腐蚀、毒害、放射射线、污染等事故，是保障安全运输的基础。

7.4.2　航空运输危险货物的装卸

1. 装载的基本要求

当危险品按照要求装入航空器时，经营人必须保证该危险品包装件不得破损。必须特别注意在运输准备过程中包装件的操作，其所在飞机类型及装机时所需的方式，以避免由于拖曳或不正确操作产生的事故性损坏。运营人必须保证，包装件在装上飞机和装入集装器之前，经过检查并确认无任何渗漏和破损。任何出现损坏或渗漏的包装件必须从飞机内搬出，然后做安全处置。出现渗漏时，经营人必须确保其他的货物免受损害和污染。

运营人必须以某种方式将危险品固定于航空器中，并保证体积小的包装件不会通过网孔从集装板上掉下；散装的包装件不会在机舱内移动；桶形包装件难以用尼龙带束缚固定时，要用其他货物卡紧；用其他货物卡住散装的包装件时，必须从5个方向(前、后、左、右、上)卡紧。

2. 不相容危险品的隔离

彼此能产生危险反应的危险品的包装件，不得在航空器上靠在一起码放，或使码放的位置有可能因渗透而相互发生反应。表7-11(DGR表9.3.A)列出了对各类危险品包装件的隔离要求。

表7-11 包装件的隔离(DGR表9.3.A)

危险性标签	1除1.4S	1.4S	2	3	4.2	4.3	5.1	5.2	8
1除1.4S	见9.3.2.2.2	见9.3.2.2.3	×	×	×	×	×	×	×
1.4S	见9.3.2.2.3	—	—	—	—	—	—	—	—
2	×	—	—	—	—	—	—	—	—
3	×	—	—	—	—	—	×	—	—
4.2	×	—	—	—	—	—	—	—	—
4.3	×	—	—	—	—	—	—	—	×
5.1	×	—	—	×	×	—	—	—	—
5.2	×	—	—	—	—	—	—	—	—
8	×	—	—	—	—	—	—	×	—

由于第4.1项及第6类、7类和9类不需与其他类别的危险品隔开，因此，本表中不包含这类危险品。

在行和列的交叉点上注有"×"，表明装有这些类或项的危险品的包装件必须相互隔开。若在行和列的交叉上注有"—"，则表明装有这些类或项的危险品包装件无须相互隔开。在确定分隔要求时，表7-11(DGR表9.3.A)中的项目仅考虑主要危险性的类别或项别，而不考虑其他次要危险性。

不相容的危险品包装件在任何时候不得相互接触或处于相邻位置。在实际操作中，不相容的危险品要装入不同的货舱、不同的集装箱或集装板，或用普通货物隔开。性质相抵触的危险品包装件在任何情况下都不得临近放置，在运输与存储时应满足以下条件：

(1) 在仓库中存储时，应保持2m以上的间隔距离。

(2) 装在集装板上装入散货舱时，可采用如下方法中的任何一种。

① 将性质相抵触的危险品分别用尼龙袋固定在集装板或飞机货舱地板上，两者之间至少间隔1m，如图7.6所示。

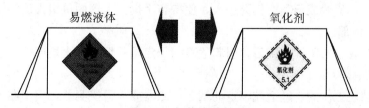

图7.6 包装件隔离1

② 用普通货物的包装件将性质相抵触的两个危险品分开，两者之间至少间隔 0.5m，如图 7.7 所示。

图 7.7　包装件隔离 2

有些危险品与一些类型的非危险品也不相容，有关装载警告见表 7-12。

表 7-12　危险品装载警告

货物 \ 危险品类别	毒性和感染性物质 6	放射性物质Ⅱ级与Ⅲ级 7	干冰和冷冻液体 9
活体动物	×	▲	◆
种蛋		▲	◆
未曝光胶片		▲	
食品或其他食物（鱼、海产品、肉）	×		

注：×——表示不可以装载于同一货舱；

　　◆——表示需要物理方法隔离；

　　▲——表示需要最短隔离距离。放射性物质与活体动物最小隔离距离参看 DGR 9.3.14.2；放射性物质与未曝光胶片的最短隔离距离参看 DGR 表 9.3.F。

贴有"向上"标签的包装件必须按照指示方向进行装运和码放。顶端封盖的液体单一包装件必须保证封盖朝上码放。

3. 客机装载限制

1) 货舱分类

（1）A 类货舱或行李舱。

① 机组人员在其所处的位置能够很容易发现火情。

② 在飞行中，货舱或行李舱的每一个部位都易于接近。

（2）B 类货舱或行李舱。

① 在飞行中，货舱或行李舱极易进入，使持有手提灭火器的机组人员能够有效地到达货舱或行李舱的任何部位。

② 当采取了有效的防护措施后，引起危险的一定量的烟雾、火焰或灭火剂将不会进入机组或旅客所处的客舱。

③ 安装有独立工作的、经适航审定的烟雾探测器或火警探测器，用于在飞行员或飞行机械师的位置上发出警告。

(3) C类货舱或行李舱。不符合A类或B类要求,但符合下列条件:

① 安装有独立工作的、经适航审定的烟雾探测器或火警探测器,以便在飞行员或飞行机械师的位置上发出警告。

② 安装有经适航审定的内置灭火系统,并且在飞行员或飞行机械师的位置上可以对其进行控制。

③ 具有从驾驶舱或客舱清除大量有害烟雾、火焰的灭火剂装置。

④ 舱内具有控制通风和气流的手段,以便使用的灭火剂能控制火源可能在舱内的火势。

(4) D类货舱或行李舱。

① 货舱或行李舱内起火将会被完全地限制在其内,不会危及飞机或机上人员的安全。

② 具有从机组或旅客所处的客舱里清除有害数量的烟雾、火焰或其他有毒气体的装置。

③ 每个货舱或行李舱内的通风和气流可控,使在货舱或行李舱内可能发生任何燃烧被控制在安全限度内。

④ 考虑到了飞机货舱或行李舱内邻近飞机关键部位的热效应。

(5) E类货舱或行李舱。指仅用于货物运输的飞机的货舱,并符合下列条件:

① 安装有独立工作的、经适航审定的烟雾探测器或火警探测器,以便在飞行员或飞行机械师的位置上发出警告。

② 有关闭货舱内或通向舱内的通风装置,且这些装置的控制按钮是在飞机驾驶舱内飞行员能够接触到的位置。

③ 在飞机驾驶舱内有可以消除有害数量烟雾、火焰或有毒气体的装置。

④ 在装载任何货物的情况下,机上机组人员应急出口是可接近的。

2) 装载限制

除DGR 2.3.2~2.3.5和DGR 2.5.1允许的和放射性物质例外包装件外,不得将危险品装入飞机驾驶舱或者有旅客的客舱。此外,只要客机的货舱符合B级或C级飞机货舱所有试航标准,则可以将危险品装入该舱。带有"仅限货机"标签的危险品,不得用客机装运,如图7.8所示。

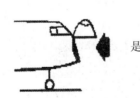  

图7.8 "仅限货机"货物的装载

4. 货机的装载限制

带有"仅限货机"标签的危险品包装件或合成包装件,必须装载在货机上。并且放置在合适的位置,以便能看到并接触到,如图7.9所示。而且,如果包装件的体积和重量允许时,应与机上的其他货物分开放置。

此项要求不适用于下列物质:

(1) 第3类物质,Ⅲ级包装。

(2) 毒性物质和感染性物质(第6类)。

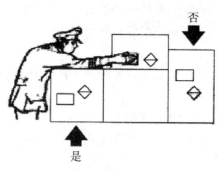

图 7.9 "仅限货机"货物的可接触

(3) 放射性物质(第 7 类)。

(4) 杂项危险品(第 9 类)。

7.4.3 道路运输危险货物的装卸

汽车运输主要是"门到门"的运输,作业范围广,流动性大,没有固定的装卸作业地点,货舱积载量小,紧固设备差。车载危险货物混杂在道路车流中,与社会公众的接近程度远大于铁路、水路、航空运载的危险货物。这些都提高了汽车运输装卸危险货物安全管理的难度。

《汽车运输、装卸危险货物作业规程》初订于 1991 年,修订于 2004 年。以 JT 618—2004 发布,是汽车运输危险货物装卸作业的行业标准。

【知识链接】

《汽车运输、装卸危险货物作业规程》节选

4 通则

4.1 基本要求

4.1.1 汽车运输危险货物应符合 JT 617—2004 的规定。

4.1.2 危险货物的装卸应在装卸管理人员的现场指挥下进行。

4.1.3 在危险货物装卸作业区应设置警告标志。无关人员不得进入装卸作业区。

4.1.4 进入易燃、易爆危险货物装卸作业区应:

a) 禁止随身携带火种;

b) 关闭随身携带的手机等通信工具和电子设备;

c) 严禁吸烟;

d) 穿着不产生静电的工作服和不带铁钉的工作鞋。

4.1.5 雷雨天气装卸时,应确认避雷电、防湿潮措施有效。

4.2 作业要求

4.2.3 装卸

4.2.3.1 装卸作业现场要远离热源,通风良好;电气设备应符合国家有关规定要求,严禁使用明火灯具照明,照明灯应具有防爆性能;易燃易爆货物的装卸场所要有防静电和避雷装置。

4.2.3.2 运输危险货物的车辆应按装卸作业的有关安全规定驶入装卸作业区,应停放在容易驶离作业现场的方位上,不准堵塞安全通道。停靠货垛时,应听从作业区业务管理人员的指挥,车辆与货垛之间要留

有安全距离。待装卸的车辆与装卸中的车辆应保持足够的安全距离。

4.2.3.3 装卸作业前，车辆发动机应熄火，并切断总电源（需从车辆上取得动力的除外）。在有坡度的场地装卸货物时，应采取防止车辆溜坡的有效措施。

4.2.3.4 装卸作业前应对照运单，核对危险货物名称、规格、数量，并认真检查货物包装。货物的安全技术说明、安全标签、标识、标志等与运单不符或包装破损、包装不符合有关规定的货物应拒绝装车。

4.2.3.5 装卸作业时应根据危险货物包装的类型、体积、重量、件数等情况和包装储运图示标志的要求，采取相应的措施，轻装轻卸，谨慎操作。同时应做到：

a) 堆码整齐，紧凑牢靠，易于点数；

b) 装车堆码时，桶口、箱盖朝上，允许横倒的桶口及袋装货物的袋口应朝里；卸车堆码时，桶口、箱盖朝上，允许横倒的桶口及袋装货物的袋口应朝外；

c) 装载平衡。堆码时应从车厢两侧向内错位骑缝堆码，高出栏板的最上一层包装件，堆码超出车厢前挡板的部分不得大于包装件本身高度的二分之一；

d) 装车后，货物应用绳索捆扎牢固；易滑动的包装件，需用防散失的网罩覆盖并用绳索捆扎牢固或用毡布覆盖严密；需用多块毡布覆盖货物时，两块毡布中间接缝处须有大于15cm的重叠覆盖，且货厢前半部分毡布需压在后半部分毡布的上面；

e) 包装件体积为450L以上的易滚动危险货物应紧固；

f) 带有通气孔的包装不准倒置、侧置，防止所装货物泄漏或混入杂质造成危害。

4.2.3.6 装卸过程中需要移动车辆时，应先关上车厢门或栏板。若车厢门或栏板在原地关不上时，应有人监护，在保证安全的前提下才能移动车辆。起步要慢，停车要稳。

4.2.3.7 装卸危险货物的托盘、手推车应尽量专用。装卸前，要对装卸机具进行检查。装卸爆炸品、有机过氧化物、剧毒品时，装卸机具的最大装载量应小于其额定负荷的75%。

4.2.3.8 危险货物装卸完毕，作业现场应清扫干净。装运过剧毒品和受到危险货物污染的车辆、工具应按JT 617—2004中附录E车辆清洗消毒方法洗刷和除污。危险货物的撒漏物和污染物应送到当地环保部门指定地点集中处理。

5 包装货物运输、装卸要求

5.1 爆炸品

5.1.3 装卸

5.1.3.1 严禁接触明火和高温；严禁使用会产生火花的工具、机具。

5.1.3.2 车厢装货总高度不得超过1.5m。无外包装的金属桶只能单层摆放，以免压力过大或撞击摩擦引起爆炸。

5.1.3.3 火箭弹和旋上引信的炮弹应横装，与车辆行进方向垂直。凡从1.5m以上高度跌落或经过强烈震动的炮弹、引信、火工品等应单独存放，未经鉴定不得装车运输。

5.1.3.4 任何情况下，爆炸品不得配装；装运雷管和炸药的两车不得同时在同一场地进行装卸。

5.2 压缩气体和液化气体

此条款特指包装件为气瓶装的压缩气体和液化气体。

5.2.3 装卸

5.2.3.1 装卸人员应根据所装气体的性质穿戴防护用品，必要时需戴好防毒面具。用起重机装卸大型气瓶或气瓶集装架(格)时，应戴好安全帽。

5.2.3.2 装车时要旋紧瓶帽，注意保护气瓶阀门，防止撞坏。车下人员须待车上人员将气瓶放置妥当后，才能继续往车上装瓶。在同一车厢内不准有两人以上同时单独往车上装瓶。

5.2.3.3 气瓶应尽量采用直立运输，直立气瓶高出栏板部分不得大于气瓶高度的四分之一。不允许纵向水平装载气瓶。水平放置的气瓶均应横向平放，瓶口朝向应统一；水平放置最上层气瓶不得超过车厢栏板高度。

5.2.3.4 妥善固定瓶体，防止气瓶窜动、滚动，保证装载平衡。

5.2.3.5 卸车时，要在气瓶落地点铺上铅垫或橡皮垫；应逐个卸车，严禁溜放。

5.2.3.6 装卸作业时，不要把阀门对准人身，注意防止气瓶安全帽脱落，气瓶应直立转动，不准脱手滚瓶或传接，气瓶直立放置时应稳妥牢靠。

5.2.3.7 装运大型气瓶(盛装净重在 0.5t 以上的)或气瓶集装架(格)时，气瓶与气瓶、集装架与集装架之间需填牢填充物，在车厢后栏板与气瓶空隙处应有固定支撑物，并用紧绳器紧固，严防气瓶滚动，重瓶不准多层装载。

5.2.3.8 装卸有毒气体时，应预先采取相应的防毒措施。

5.2.3.9 装货时，漏气气瓶、严重破损瓶(报废瓶)、异型瓶不准装车。收回漏气气瓶时，漏气气瓶应装在车厢的后部，不得靠近驾驶室。

5.2.3.10 装卸氧气瓶时，工作服、手套和装卸工具、机具上不得沾有油脂；装卸氧气瓶的机具应采用氧溶性润滑剂，并应装有防止产生火花的防护装置；不得使用电磁起重机搬运。库内搬运氧气瓶应采用带有橡胶车轮的专用小车，小车上固定氧气瓶的槽、架也要注意不产生静电。

5.2.3.11 配装时应做到：

a) 易燃气体除与非助燃性的不燃气体、易燃液体、易燃固体、碱性腐蚀品、其他腐蚀品外，不得与其他危险货物配装；

b) 助燃气体(如，空气、氧气及具有氧化性的有毒气体)不得与易燃、易爆物品及酸性腐蚀品配装；

c) 不燃气体不得与爆炸品、酸性腐蚀品配装；

d) 有毒气体不得与易燃易爆物品、氧化剂和有机过氧化物、酸性腐蚀物品配装；

e) 有毒气体液氯与液氨不得配装。

5.3 易燃液体

5.3.3 装卸

5.3.3.1 装卸作业现场应远离火种、热源。操作时货物不准撞击、摩擦、拖拉；装车堆码时，桶口、箱盖一律向上，不得倒置；箱装货物，堆码整齐；装载完毕，应罩好网罩，捆扎牢固。

5.3.3.2 钢桶盛装的易燃液体，不得从高处翻滚溜卸车。装卸时应采取措施防止产生火花，周围需有人员接应，严防钢桶撞击致损。

5.3.3.3 钢制包装件多层堆码时，层间应采取合适衬垫，并应捆扎牢固。

5.3.3.4 对低沸点或易聚合的易燃液体，若发现其包装容器内装物有膨胀(鼓桶)现象时，不得装车。

5.4 易燃固体、自燃物品和遇湿易燃物品

5.4.3 装卸

5.4.3.1 装卸场所及装卸用工、属具应清洁干燥，不得沾有酸类和氧化剂。

5.4.3.2 搬运时应轻装轻卸，不得摩擦、撞击、震动、摔碰。

5.4.3.3 装卸自燃物品时，应避免与空气、氧化剂、酸类等接触；对需用水(如，黄磷)、煤油、石蜡(如，金属钠、钾)、惰性气体(如，三乙基铝等)或其他稳定剂进行防护的包装件，应防止容器受撞击、震动、摔碰、倒置等造成容器破损，避免自燃物品与空气接触发生自燃。

5.4.3.4 遇湿易燃物品，不宜在潮湿的环境下装卸。若不具备防雨雪、防湿潮的条件，不准进行装卸作业。

5.4.3.5 装卸容易升华、挥发出易燃、有害或刺激性气体的货物时，现场应通风良好、防止中毒；作业时应防止摩擦、撞击，以免引起燃烧、爆炸。

5.4.3.6 装卸钢桶包装的碳化钙(电石)时，应确认包装内有无填充保护气体(氮气)。如未填充的，在装卸前应侧身轻轻地拧开桶上的通气孔放气，防止爆炸、冲击伤人。电石桶不得倒置。

5.4.3.7 装卸对撞击敏感，遇高热、酸易分解、爆炸的自反应物质和有关物质时，应控制温度；且不得与酸性腐蚀品及有毒或易燃脂类危险品配装。

5.4.3.8 配装时还应做到：
a) 易燃固体不得与明火、水接触，不得与酸类和氧化剂配装；
b) 遇湿易燃物品不得与酸类、氧化剂及含水的液体货物配装。

5.5 氧化剂和有机过氧化物

5.5.3 装卸

5.5.3.1 对加入稳定剂或需控温运输的氧化剂和有机过氧化物，作业时应认真检查包装，密切注意包装有无渗漏及膨胀（鼓桶）情况，发现异常应拒绝装运。

5.5.3.2 装卸时，禁止摩擦、震动、摔碰、拖拉、翻滚、冲击。防止包装及容器损坏。

5.5.3.3 装卸时发现包装破损，不能自行将破损件改换包装，不得将撒漏物装入原包装内，而应另行处理。操作时，不得践踏、碾压撒漏物，禁止使用金属可燃物（如，纸、木等）处理撒漏物。

5.5.3.4 外包装为金属容器的货物，应单层摆放。需要堆码时，包装物之间应有性质与所运货物相容的不燃材料衬垫并加固。

5.5.3.5 有机过氧化物装卸时严禁混有杂质，特别是酸类、重金属氧化物、胺类等物质。

5.5.3.6 配装时还应做到：
a) 氧化剂不能和易燃物质配装运输，尤其不能与酸、碱、硫黄、粉尘类（炭粉、糖粉、面粉、洗涤剂、润滑剂、淀粉）及油脂类货物配装；
b) 漂白粉及无机氧化剂中的亚硝酸盐、亚氯酸盐、次亚氯酸盐不得与其他氧化剂配装。

5.6 毒害品和感染性物品

5.6.1 毒害品

5.6.1.3 装卸

5.6.1.3.1 装卸作业前，对刚开启的仓库、集装箱、封闭式车厢要先通风排气，驱除积聚的有毒气体。当装卸场所的各种毒害品浓度低于最高容许浓度时方可作业。

5.6.1.3.2 作业人员应根据不同货物的危险特性，穿戴好相应的防护服装、手套、防毒口罩、防毒面具和护目镜等。

5.6.1.3.3 认真检查毒害品的包装，应特别注意剧毒品、粉状的毒害品，外包装表面应无残留物。发现包装破损、渗漏等现象，则拒绝装运。

5.6.1.3.4 装卸作业时，作业人员尽量站在上风处，不能停留在低洼处。

5.6.1.3.5 避免易碎包装件、纸质包装件的包装损坏，防止毒害品撒漏。

5.6.1.3.6 货物不得倒置；堆码要靠紧堆齐，桶口、箱口向上，袋口朝里。

5.6.1.3.7 对刺激性较强的和散发异臭的毒害品，装卸人员应采取轮班作业。

5.6.1.3.8 在夏季高温期，尽量安排在早晚气温较低时作业；晚间作业应采用防爆式或封闭式安全照明。积雪、冰封时作业，应有防滑措施。

5.6.1.3.9 忌水的毒害品（如，磷化铝、磷化锌等），应防止受潮。装运毒害品之后的车辆及工具要严格清洗消毒，未经安全管理人员检验批准，不得装运食用、药用的危险货物。

5.6.1.3.10 配装时应做到：
a) 无机毒害品不得与酸性腐蚀品、易感染性物品配装；
b) 有机毒害品不得与爆炸品、助燃气体、氧化剂、有机过氧化物及酸性腐蚀物品配装；
c) 毒害品严禁与食用、药用的危险货物同车配装。

5.6.2 感染性物品

5.6.2.3 装卸

5.6.2.3.1 根据不同的医疗废物分类，作业人员在工作中应穿戴好相应的防护服装、手套、防毒口罩、面具和护目镜等。

5.6.2.3.2 作业人员受到医疗废物刺伤、擦伤等伤害时，应采取相应的处理措施，并及时报告相关部门。

5.7 放射性物品

放射性物品的运输装卸应按 GB 11806—2004 的有关规定执行。

5.8 腐蚀品

5.8.3 装卸

5.8.3.1 装卸作业前应穿戴具有防腐蚀的防护用品,并穿戴带有面罩的安全帽。对易散发有毒蒸气或烟雾的,应配备防毒面具,并认真检查包装、封口是否完好,要严防渗漏,特别要防止内包装破损。

5.8.3.2 装卸作业时,应轻装、轻卸,防止容器受损。液体腐蚀品不得肩扛、背负;忌震动、摩擦;易碎容器包装的货物,不得拖拉、翻滚、撞击;外包装没有封盖的组合包件不得堆码装运。

5.8.3.3 具有氧化性的腐蚀品不得接触可燃物和还原剂。

5.8.3.4 有机腐蚀品严禁接触明火、高温或氧化剂。

5.8.3.5 配装时应做到:

a) 特别注意:腐蚀品不得与普通货物配装;

b) 酸性腐蚀品不得与碱性腐蚀品配装;

c) 有机酸性腐蚀品不得与有氧化性的无机酸性腐蚀品配装;

d) 浓硫酸不得与任何其他物质配装。

5.9 杂类

杂类危险货物汽车运输,应按货物特性采取相应措施。

6 散装货物运输、装卸要求

6.1 散装固体

6.1.1 运输散装固体车辆的车厢应采取衬垫措施,防止撒漏;应带好装卸工、属具和苫布。

6.1.2 易撒漏、飞扬的散装粉状危险货物,装车后应用苫布遮盖严密,必要时应捆扎结实,防止飞扬,包装良好方可装运。

6.1.3 行车中尽量防止货物窜动、甩出车厢。

6.1.4 高温季节,散装煤焦沥青应在早晚时段进行装卸。

6.1.5 装卸硝酸铵时,环境温度不得超过 40℃,否则应停止作业。装卸现场应保持足够的水源以降温和应急。

6.1.6 装卸会散发有害气体、粉尘或致病微生物的散装固体,应注意人身保护并采取必要的预防措施。

6.2 散装液体

6.2.1 运输易燃液体的罐车应有阻火器和泄压阀,应配备导除静电装置;排气管应安装熄灭火星装置;罐体内应设置防波挡板,以减少液体震荡产生静电。

6.2.2 装卸作业可采用泵送或自流灌装。

6.2.3 作业环境温度要适应该液体的储存和运输安全的理化性质要求。

6.2.4 作业中要密切注视货物动态,防止液体泄漏、溢出。需要换罐时,应先开空罐,后关满罐。

6.2.5 易燃液体装卸始末,管道内流速不得超过 1m/s,正常作业流速不宜超过 3m/s。其他液体产品可采用经济流速。

6.2.6 装卸料管应专管专用。

6.2.7 装卸作业结束后,应将装卸管道内剩余的液体清扫干净;可采用泵吸或氮气清扫易燃液体装卸管道。

6.3 散装气体

6.3.3 装卸

6.3.3.1 装卸作业现场应通风良好。装卸人员应站在上风处作业。

6.3.3.2 装卸前要连好防静电装置。易燃易爆品的装卸工具要有防止产生火花的性能。装卸时应轻开、轻关孔盖,密切注视进出料情况,防止溢出。

6.3.3.3 装料时，认真核对货物品名后按车辆核定吨位装载，并应按规定留有膨胀余位，严禁超载。装料后，关紧罐体进料口，将导管中的残留液体或残留气体排放到指定地点。

6.3.3.4 卸料时，贮罐所标货名应与所卸货物相符；卸料导管应支撑固定，保证卸料导管与阀门的连接牢固；要逐渐缓慢开启阀门。

6.3.3.5 卸料时，装卸人员不得擅离操作岗位。卸料后应收好卸料导管、支撑架及防静电设施等。

6.4 液化气体

此条款的液化气体是指第5.2条"压缩气体和液化气体"中的液化气体。

6.4.1 一般规定

6.4.1.1 车辆进入贮罐区前，应停车提起导除静电装置；进入充灌车位后，再接好导除静电装置。

6.4.1.2 灌装前，应对罐体阀门和附件（安全阀、压力计、液位计、温度计）以及冷却、喷淋设施的灵敏度和可靠性进行检查，并确认罐体内有规定的余压；如无余压的，经检验合格后方可充灌。

6.4.1.3 严格按规定控制灌装量，做好灌装量复核、记录，严禁超量、超温、超压。

6.4.1.4 发生下列异常情况时，一律不准灌装，操作人员应立即采取紧急措施，并及时报告有关部门。

a) 容器工作压力、介质温度或壁温超过许可值，采取各种措施仍不能使之下降；
b) 容器的主要受压元件发生裂缝、鼓包、变形、泄漏等缺陷而危及安全；
c) 安全附件失效、接管端断裂或紧固件损坏，难以保证运输安全；
d) 雷雨天气，充装现场不具备避雷电作用；
e) 充装易燃易爆气体时，充装现场附近发生火灾。

6.4.1.5 禁止用直接加热罐体的方法卸液。卸液后，罐体内应留有规定的余压。

6.4.1.6 运输过程中应严密注视车内压力表的工作情况，发现异常，应立即停车检查；排除故障后方可继续运行。

6.4.2 非冷冻液化气体

6.4.2.1 非冷冻液化气体的单位体积最大质量(kg/L)不得超过50℃时该液化气体密度的0.95倍；罐体在60℃时不得充满液化气体。

6.4.2.2 装载后的罐体不得超过最大允许总重，并且不得超过所运各种气体的最大允许载重。

6.4.2.3 罐体在下列情况下不得交付运输：

a) 罐体处于不足量状态，由于罐体压力骤增可能产生不可承受的压力；
b) 罐体渗漏时；
c) 罐体的损坏程度已影响到罐体的总体及其起吊或紧固设备；
d) 罐体的操作设备未经过检验，不清楚是否处于良好的工作状态。

6.4.3 冷冻液化气体

6.4.3.1 不可使用保温效果变差的罐体。

6.4.3.2 充灌度应不超过92%，且不得超重。

6.4.3.3 装卸作业时，装卸人员应穿戴防冻伤的防护用品（如防冻手套），并穿戴带有面罩的安全帽。

6.5 有机过氧化物（第5.5条）和易燃固体（第5.4条）中的自反应物质

此条款适用于运输自行加速分解温度(SADT)为55℃或以上的有机过氧化物和易燃固体项中的自反应物质。

6.5.1 罐体应配置感温装置。

6.5.2 罐体应有泄压安全装置和应急释放装置。在达到由有机过氧化物的性质和罐体的结构特点所确定的压力时，泄压安全装置就应启动。罐壳上不允许有易熔化的元件。

6.5.3 罐体的表面应采用白色或明亮的金属。罐体应有遮阳板隔热或保护。如果罐体中所运物质的自行加速分解温度(SADT)为55℃或以下，或者罐体为铝质的，罐体则应完全隔热。

6.5.4 环境温度为15℃时，充灌度不得超过90%。

6.6 放射性物质

6.6.1 运输放射性物质的可移动罐体不得用于装运其他货物。

6.6.2 运输放射性物质的可移动罐体的充灌度不得超过90%或代以经主管机关批准的其他数值。

6.7 腐蚀品

6.7.1 运输腐蚀品的罐体材料和附属设施应具有防腐性能。

6.7.2 运输腐蚀品的罐车应专车专运。

6.7.3 装卸操作时应注意：

a) 作业时，装卸人员应站在上风处；

b) 出车前或灌装前，应检查卸料阀门是否关闭，防止上放下漏；

c) 卸货前，应让收货人确认卸货贮槽无误，防止放错贮槽引发货物化学反应而酿成事故；

d) 灌装和卸货后，应将进料口盖严盖紧，防止行驶中车辆的晃动导致腐蚀品溅出；

e) 卸料时，应保证导管与阀门的连接牢固后，逐渐缓慢开启阀门。

7 集装箱货物运输、装卸要求

7.1 装箱作业前，应检查所用集装箱，确认集装箱技术状态良好并清扫干净，去除无关标志、标记和标牌。

7.2 装箱作业前，应检查集装箱内有无与待装危险货物性质相抵触的残留物。发现问题，应及时通知发货人进行处理。

7.3 装箱作业前，应检查待装的包装件。破损、撒漏、水湿及沾污其他污染物的包装件不得装箱，对撒漏破损件及清扫的撒漏物交由发货人处理。

7.4 不准将性质相抵触、灭火方法不同或易污染的危险货物装在同一集装箱内。如符合配装规定而与其他货物配装时，危险货物应装在箱门附近。包装件在集装箱内应有足够的支撑和固定。

7.5 装箱作业时，应根据装载要求装箱，防止集重和偏重。

7.6 装箱完毕，关闭、封锁箱门，并按要求粘贴好与箱内危险货物性质相一致的危险货物标志、标牌。

7.7 熏蒸中的集装箱，应标贴有熏蒸警告符号。当固体二氧化碳（干冰）用作冷却目的时，集装箱外部门端明显处应贴有指示标记或标志，并标明"内有危险的二氧化碳（干冰），进入之前务必彻底通风！"字样。

7.8 集装箱内装有易产生毒害气体或易燃气体的货物时，卸货时应先打开箱门，进行足够的通风后方可装卸作业。

7.9 对卸空危险货物的集装箱要进行安全处理；有污染的集装箱，要在指定地点、按规定要求进行清扫或清洗。

7.10 装过毒害品、感染性物品、放射性物品的集装箱在清扫或清洗前，应开箱通风。进行清扫或清洗的工作人员应穿戴适用的防护用品。洗箱污水在未作处理之前，禁止排放。经处理过的污水，应符合GB 8978—1996的排放标准。

8 部分常见大宗危险货物运输、装卸要求

8.1 液化石油气

此条款是指汽车罐车运输液化石油气。

8.1.2 装卸

8.1.2.1 作业前应接好安全地线，管道和管接头连接应牢固，并排尽空气。

8.1.2.2 装卸人员应相对稳定。作业时，驾驶人员、装卸人员均不得离开现场。在正常装卸时，不得随意起动车辆。

8.1.2.3 新罐车或检修后、首次充装的罐车，充装前应作抽真空或充氮置换处理，严禁直接充装。

8.1.2.4 液化石油气罐车充装时须用地磅、液面计、流量计或其他计量装置进行计量，严禁超装。罐车的充装量不得超过设计所允许的最大充装量。

8.1.2.5 充装完毕，应复检重量或液位，并应认真填写充装记录。若有超装，应立即处理。

8.1.2.6 液化石油气罐车抵达厂(站)后,应及时卸货。罐车不得兼作贮罐用。一般情况不得从罐车向钢瓶直接灌装;如临时确需从罐车直接灌瓶,现场应符合安全防火、灭火要求,并有相应的安全措施,且应预先取得当地公安消防部门的同意。

8.1.2.7 禁止采用蒸气直接注入罐车罐内升压,或直接加热罐车罐体的方法卸货。

8.1.2.8 液化石油气罐车卸货后,罐内应留有规定的余压。

8.1.2.9 凡出现下列情况,罐车应立即停止装卸作业,并作妥善处理:

a) 雷击天气;
b) 附近发生火灾;
c) 检测出液化气体泄漏;
d) 液压异常;
e) 其他不安全因素。

8.2 油品

此条款是指用常压燃油罐车运输燃油。

8.2.2 装卸

8.2.2.1 在灌油前和放油后,驾驶人员应检查阀门和管盖是否关牢,查看接地线是否接牢,不得敞盖行驶,严禁罐车顶部载物。

8.2.2.2 燃油罐车可采用泵送或自流灌装。

8.2.2.3 罐车进加油站卸油时,要有专人监护,避免无关人员靠近。

8.2.2.4 卸油时发动机应熄火。雷雨天气时,应确认避雷电措施有效。否则应停止卸油作业。

8.2.2.5 卸油时应夹好导静电接线,接好卸油胶管,当确认所卸油品与贮油罐所贮的油品种类相同时方可缓慢开启卸油阀门。

8.2.2.6 卸油前要检查油罐的存油量,以防止卸油时冒顶跑油。卸油时应严格控制流速,在油品没有淹没进油管口前,油品的流速应控制在 0.7m/s～1m/s 以内,防止产生静电。

8.2.2.7 卸油过程要做到不冒、不洒、不漏,各部分接口牢固,卸油时驾驶人员不得离开现场,应与加油站工作人员共同监视卸油情况,发现问题随时采取措施。

8.2.2.8 卸油时,卸油管应深入罐内。卸油管口至罐底距离不得大于 300mm,以防喷溅产生静电。

8.2.2.9 卸油要尽可能卸净,当加油站工作人员确认罐内已无贮油时方可关闭放油阀门,收好放油管,盖严油罐盖。

8.2.2.10 测量油量要在卸完油 30min 以后进行,以防测油尺与油液面、油罐之间静电放电。

【本章小结】

本章主要介绍了危险货物的操作,首先介绍了危险货物运输的管理控制,包括:运输设备的要求、人员培训和管理的要求、仓库和运输工具停驻场地;接着介绍了危险货物收运的要求;最后讲述了危险货物储存与保管,重点是危险货物的收运和隔离。

【课后练习】

一、判断题

1. 船舶装载危险货物应严格按照《危规》规定正确合理地积载与隔离。   （   ）

2.《国际危规》将需培训人员分为3个层次：管理层人员、现场指挥层人员和操作层人员。（ ）

3. 第5类货物应存放在阴凉、通风良好的处所，防止日晒、受潮，可以与酸类和可燃物同库存放，注意通风散热。（ ）

4. 存放低比度放射性物质或表面污染物体以及Ⅰ级白色标志包装件的数量受限制。（ ）

5. 装卸遇水反应的危险货物，雨雪天禁止作业。（ ）

6. 装卸危险货物前要准备好相应的消防器材和急救用品。按危险货物的危险性强弱，最危险的货物应最先装货、最后卸货。（ ）

二、选择题

1.（ ）部门负责危险化学品安全监督管理综合工作，组织确定、公布、调整危险化学品目录。
  A. 公安机关   B. 工商部门
  C. 交通管理部门   D. 安全生产监督管理部门

2.（ ）部门负责危险化学品的公共安全管理，核发剧毒化学品购买许可证、剧毒化学品道路运输通行证，并负责危险化学品运输车辆的道路交通安全管理。
  A. 公安机关   B. 工商部门
  C. 交通管理部门   D. 安全生产监督管理部门

3.（ ）部门负责核发危险化学品及其包装物、容器（不包括储存危险化学品的固定式大型储罐，下同）生产企业的工业产品生产许可证，并依法对其产品质量实施监督。
  A. 安全生产监督管理部门   B. 工商部门
  C. 交通管理部门   D. 质量监督检验检疫部门

4. 危险货物堆码要整齐，稳固，垛顶距灯不少于（ ）m；垛距墙不少于（ ）m、垛距不少于（ ）m；性质不相容的危险货物、消防方法不同的危险货物不得同库场存放。
  A. 0.5，1.5，1.0   B. 0.5，1.0，1.5
  C. 1.0，1.5，0.5   D. 1.5，0.5，1

5. 存放Ⅱ、Ⅲ级黄色标志的包装件或罐柜或集装箱的数量，一间库房应视同船舶的一个货舱，其运输指数不得超过（ ），整个仓库运输指数不得超过（ ）。
  A. 50，100   B. 100，200   C. 50，200   D. 50，100

6. 在常规运输条件下，运输工具外部表面任何一点的辐射水平不得超过（ ）mSv/h，并且离运输工具外部表面2m处的辐射水平不得超过（ ）mSv/h。
  A. 1.0，0.5   B. 0.5，1.0   C. 1.0，2.0   D. 2，0.1

三、简答题

1. 什么是隔离？隔离的原则是什么？
2. 危险货物仓库管理要求有哪些？
3. 危险货物保管一般需注意哪些事项？

第8章

危险货物的运输和应急

WEIXIAN HUOWU DE YUNSHU HE YINGJI

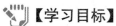【学习目标】

- 掌握危险货物的运输要求。
- 掌握危险货物的洒漏处理。
- 掌握危险货物的应急。

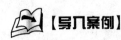【导入案例】

1992年，原交通部上海海运治理局"大庆62号"油轮在长江上海宝山水道石洞口电厂上游江面，发生因违章电焊引起的油轮爆炸起火特大事故。

1. 事故概况

"大庆62号"油轮载原油22 000t，于1月11日驶离大连；13日18时40分抵达上海金山石化总厂陈山码头；15日12时20分卸毕原油驶离陈山；15日22时锚泊吴淞2号临时锚地等候补给；18日11时14分，由"供油10号"补上渣油200t，15时42分在驶经上海石洞口电厂上游江面时，油轮爆炸起火。

"大庆62号"油轮爆炸起火后，舯楼前主甲板向船头方向炸开，甲板天桥、桅杆倒塌，舯楼严重烧损；舯楼后的两根桅杆严重向内倾斜；船体被炸变形、破裂，致使船舱进水，船舶下沉搁浅。事故中有4名船员受伤，4名船员失踪，初步估算直接经济损失1000万元以上（不包括打捞等费用）。

2. 事故经过

1月18日11时45分，该轮在吴淞2号临时锚地补装渣油200t后，14时30分许，起锚驶往杨林油污水处理站。途中为了做好洗舱预备，14时35分左右，直接使用蒸气灭火管道向货油舱内施放压力为6kg/cm²的蒸气进行蒸舱。蒸舱过程中，因发现机舱内蒸气管道旁通阀右侧的旁通管被蒸气压力冲穿一小洞（约1.5cm），于14时55分封闭了蒸气灭火管道的总阀门。停止供气后，为修复管道继续蒸舱，轮机长严某用一块7cm×7cm×0.3cm的铁板覆盖在蒸气管道被冲穿的洞口处，从右至左焊接。焊接至7cm时，严某用剩余焊条清除焊接熔渣，发现焊接处又烧穿一个3mm左右的小洞，随即调换了一根电焊条直接对准小洞焊补，引起了管道至货油舱连续爆炸和燃烧。

事故原因：从停止供蒸气后到动火过了约有50min，此时蒸气管道逐渐冷却，管道内蒸气消失并处于负压状态，油舱内的蒸气也随着温度下降而变成了水分。但舱内残留的油蒸气及蒸舱时蒸发出的油蒸气与空气混合形成了爆炸性气体，一部分气体倒进处于负压状态的蒸气管道内。当严某直接对孔洞焊补时，电焊明火与管道内的爆炸性气体接触，引起爆炸和燃烧。

各种运输方式下的危险货物运输都有特定的要求及应急处理方式，应严格遵守。

 ## 8.1 危险货物的运输要求

8.1.1 海运危险货物的运输要求

（1）船舶装运危险货物前，承运人或其代理人向托运人收取有关单证。

（2）载运危险货物的船舶，在航行中要严格遵守避碰规则。停泊、装卸时应按规定白天悬挂国际通用语信号"B"字旗，或长方形红旗，夜间悬挂一盏红色环照灯。除指定地点外，严禁吸烟。

（3）装运爆炸品、一级易燃液体和有机过氧化物的船，原则上不得与其他驳船混合编队、拖带。如必须混合编队、拖带时，船舶所有人（经营人）要制定切实可行的安全措施，经海事管理机构批准后，报交通运输部备案。

（4）装载易燃、易爆危险货物的船舶，不得进行明火、烧焊或易产生火花的修理作业。如有特殊情况，应采取相应的安全措施。在港时，应经海事管理机构批准并向港口公安消防监督机关备案；在航时应经船长批准。

（5）除客货船外，装运危险货物的船舶不准搭乘旅客和无关人员。若需搭乘押运人员时，需经海事管理机构批准。

（6）船舶装载危险货物应严格按照《危规》规定，正确合理地积载与隔离。积载处所应清洁、阴凉、通风良好。积载要确保其安全和应急消防设备的正常使用及过道的畅通。

（7）发生危险货物落入水中或包装破损溢漏等事故时，船舶应立即采取有效措施并向就近的海事管理机构报告详情并做好记录。

（8）危险货物装船后，应编制危险货物清单，并在货物积载图上标明所装危险货物的品名、编号、分类、数量和积载位置。

（9）承运人及其代理人应按规定做好船舶的预报工作，并向港口经营人提供卸货所需的有关资料。

（10）船舶载运危险货物进、出港口，或者在港口过境停留，应当在进出港口之前 24h，直接或者通过代理人向海事管理机构办理申报手续，经海事管理机构批准后，方可进出港口。

8.1.2 集装箱运输危险货物的要求

1. 概述

集装箱运输是需要通过多种运输工具进行综合运输的一种新的运输形式。故用集装箱运输危险货物时，更需要充分了解和掌握有关包装、装卸、加固运输等环节对危险货物的具体要求和规定。

（1）保证所使用的集装箱没有缺陷。

（2）装入箱内的包件完好无损。

（3）箱内未装有不相容物质。

（4）包件装箱正确，衬垫加固合理。

货物由装箱到拆箱，要经过陆上、江河、大海，甚至空运的联合运输。由于经过陆上、海上运输过程中的振动、颠簸和摆晃，虽然集装箱的结构是强固的，但箱内货物之间因急剧运动产生撞击和摩擦是会导致货损的，这些货损轻则会造成污染或经济上的损失，重则会导致燃烧爆炸，带来不可估量的损失。因此在装箱和采取措施时，要把由于这种外力作用而影响安全的可能性减少到最低限度。

其次，集装箱适合于大部分不同货物的运输，但并不是所有这些货物都能互相适应同装一箱的。由于集装箱的空间是有限的，加上危险货物的品种繁多，性能不一，配装在同一箱内的不同货物时，应当仔细判断，按规定相互适应的才能同箱装载。

再有，集装箱装满货物后，箱门是闭锁的，在运输过程中要纠正不适当的积载是很困难的。除特殊情况经主管当局同意者外，不应将危险货物与不相容的货物装在同一集装箱内。

2. 集装箱使用前的检查

集装箱在使用前，必须经过严格的检查。首先检查集装箱的外表有无损伤，如发现表面有弯曲、凹、擦伤等痕迹时，则应在这些损伤处的附近严加注意，要尽量发现其破口在何处，并在该损伤处的内侧也要特别仔细地检查。

箱内必须完全清洁，没有任何残留物和灰尘。对拟使用的集装箱在装货前必须了解清楚在此之前曾装运过何种货物，如果与此次所装货物性质不相容，必须打扫和洗刷干净后方能使用。冲洗过的集装箱，应待彻底干燥后才能装货。

3. 装箱注意事项

（1）在危险货物装箱前，先要调查清楚该危险货物的特性、处理方法以及防火措施等。作业场所最好选在避免日光照射、隔离热源和火源，以及通风良好的地点。

（2）集装箱应位于稳固、平整的地面上或公路拖车上。如果在拖车上，应注意装箱时拖车不要倾斜。特别是在使用叉车时，如有必要拖车前端应用腿支撑，易受振动的车轮应施加制动器。

（3）装箱前，根据所装货物应制定出积载计划。制定积载计划时还要考虑到各种货物、包件和包装及其性质的相容性、形式与强度、货物气味和粉尘不会产生交叉污染、物理上的相容性等。

（4）计划积载的重量不应超过集装箱通常标明的净载质量。也就是说集装箱所允许的最大毛重（包括净载重量），不会超过规定数。同时还应考虑船舶、码头、起货设备的负荷能力。

（5）制定积载计划时还应考虑到：集装箱的设计是假设货物平均地分配在箱底平面上的，如果出现非标准积载，这时应考虑集装箱受力点的承载能力。必要情况时，可使用木板和其他木材，使受力面积扩大，此时应征询有关人员的意见。

（6）在装卸危险货物前，收发人应提供危险性质及数量。发货人应保证其包装、标记、标签符合规定的要求，否则不应进行作业。

（7）作业前应根据危险货物的特性，作业现场采取相应的防灾和防火措施，灭火的器具能在最短的时间内投入使用。

（8）作业时应检查货物包件的名称是否与所粘贴的标签的性质相符合。

（9）如果货物是以托盘或其他成组件的形式运输，其包装的方式不应使包件受到损坏。成组件使用的捆扎材料应与货物性质相容。

（10）关于危险货物的混载问题。原则上没有规定危险货物不能与一般杂货混装在同一集装箱内，但是如果该杂货与危险货物互相产生危险，或会引起化学反应的，则应禁止在同一箱内装载。

（11）计划好货物衬垫加固的方法，并备妥所需的材料、工具或机械。

4. 箱内的衬垫、支撑和固定

为了杜绝或将由于货损而导致发生危险的可能性减少到最低限度，就要对箱内所装的货物进行必要的衬垫和固定。

集装箱在装箱作业前必须准备好固定货物时需要的用具和材料。

1）木板

为了不至使货物在箱内的滑动、摩擦，与铁器部位有效地隔离或保护包装强度较弱的货物，分散上层货物的负荷，在货物之间加上临时用木板做的间壁或用木板作衬垫。考虑到货物的性质，带有树皮的木板不能使用。

2）木棱或木块

当货物在箱内只构成一部分时或不可避免地留有空隙时，就需用木棱或方形木块予以支撑或塞紧，有时使用木棱在货物的端部作支柱或栅栏，防止货物的移动或倒塌。但有木节或横纹的木料不能使用。

3）胶合板

胶合板的用途与木板作用基本相同。胶合板虽价格较贵，可是作为隔板使用时操作简便、效果好，但在使用时一方面要考虑不能使用残缺不全的，同时还要注意胶合板在承受货物压力时不致断裂。

4）绳索

绳索只能用作固定货物时的辅助用具，考虑到货物的前后滑动或摇晃时不能单纯使用绳索。

5）填补器

如果集装箱内满载同样形状和尺寸的货物时，由于箱壁与货物之间将留有固定不变的空隙，可以预先用木板制作一个与该空隙一样大小的木框架（尺寸应与集装箱长度一致）填入空隙中，这是一种行之有效，既省工又省料的固定用具。

6）空气垫

使用时先把无气的气垫插入货物周围的空隙中，利用车辆制动器的气泵打气，使气垫膨胀起来。它除了能固定货物外，还能起缓冲作用。

5. 集装箱/车辆装载证明

当危险货物装入货物运输组件（如货物集装箱、平板车、拖车或其他用于海运的车辆）时，负责监督货物运输组件装货的人员应提供"集装箱装载证明"，证明该组件的装载作业按照以下条件进行。

（1）该货物运输组件是清洁的、干燥的，并且外观上看适合接受货物。

（2）如果托运除第1.4类外的第1类货物，则集装箱在结构上符合其特殊要求。

（3）除非得到主管机关的特别许可，否则不相容货物不应同装在集装箱/车辆中。

（4）所有包件外部都进行了损坏、泄露、撒漏检查，保证所装的均是完好的包件。

（5）除非得到主管机关的许可，否则盛装物桶均应竖直积载。

（6）所有包件已经正确地包装并紧固在货物运输组件中。

（7）使用散货包装运输的货物，在散货包装中应均匀分布。

（8）货物运输组件和包件均应正确地标记、标志和标牌。

（9）当用固体二氧化碳（CO_2，干冰）作为冷却剂时，在货物运输组件的表面显著地方作标记或标志，如在门边附有："内有 CO_2 危险气体（干冰）——进入前应彻底通风（DANGEROUS CO_2 GAS(DRYICE)INSIDE. VENTILATE THOROUGHLY BEFORE ENTERING）"字样。

（10）任何包装在货物运输组件里的托运危险货物已收到所要求的危险货物运输单证。

6. 各类危险货物的积载和固定

近几年来，使用集装箱运输危险货物的数量已有了很大的增长，由于使用了集装箱，事故率也有了减少，但是货损或装箱不符合规定的现象还时有发生。其主要原因是装箱人对于货物的性质不十分明了而导致箱内的装载和固定不合理。由于危险货物的性质不同，包装方法不一，因此在装箱时对其衬垫、加固亦有不同程度的要求。为了便于掌握和使用，分别将各类危险货物的装载、衬垫和加固方法予以详细的介绍。

第1类　爆炸品

(1) 曾装运过强酸、强碱类的集装箱在未彻底清刷干净之前，严禁装入爆炸品。
(2) 包装应良好，木板箱包装不能有钉子外露。
(3) 要逐件检查包装有无异状，如破损、水湿、油污、虫蛀等。
(4) 装箱时应自里向外，由下至上装载。堆码要整齐平稳，不能留有空当。如不可避免时，应用木块或使用填补器填塞牢固。
(5) 箱壁的四周应用衬垫木板使货物与金属铁器部位隔离。
(6) 所装的货物在箱内不能铺满一层时，应用木棱固定，以防货物移动或倒桩塌堆。
(7) 装货完毕，箱门处留有的空隙应采用填补器或其他的加固方法。
(8) 进行箱内的固定工作须使用不致产生火花的工具，用力不要过猛，严防撞击、振动，同时注意所使用的钉子不能撒落在箱内。
(9) 装卸作业时，必须轻拿轻放，不得在包装上踩踏，搬运时不得在水泥地上滚动，禁止背负。
(10) 在使用叉车装箱时，最好使用电瓶车。如使用内燃机铲车时，应选用燃烧完全的机车，并在排气管上安装消除火星的网罩。
(11) 作业时所使用的机具，应降低规定负荷的25%。夜间作业时应使用防爆型照明灯具。
(12) 积载不能超过包装堆积试验的高度。
(13) 雷管及引信等极敏感的物质应装于货物的表面。
(14) 高温季节应遵守当地有关部门规定的作业时间。
(15) 在爆炸品这一类中分为6个小类和13个配装类，在装箱时注意其配装类。

第2类　压缩、液化和加压溶解气体

(1) 检查钢瓶的安全帽是否拧紧，检测有无异味，以防气体冒出。瓶帽如有松动，应采取有效的紧固措施；其他的附件如阀门、瓶体、漆色是否符合要求；瓶壁的腐蚀程度；有无凹陷及损坏现象。
(2) 钢瓶的保护皮圈应齐全，否则不能装入箱内。
(3) 钢瓶不可单个散放，最好以每几个为一组或以托盘的形式装箱，这样可防止钢瓶在箱内滚动。箱的侧壁和两端应用木板与金属部位隔离。
(4) 作业时不能手持钢瓶的安全帽，严禁抛掷、碰撞、滚滑。
(5) 堆放时，箱内钢瓶的安全帽必须朝同一方向。
(6) 在进行有毒或剧毒气体的钢瓶作业时，在作业地点附近应备有防毒面具以备用。
(7) 在进行作业时，严禁穿着沾有油污的工作服和使用沾有油污的手套及工具。
(8) 沾有油污的集装箱不能使用(箱内)。
(9) 所使用的工具或机具，应不致产生火花。使用机车装箱时其排烟管应有防止火星冒出的防护网罩。
(10) 进行货物固定时，钉子或钉帽不能露于表面之外。
(11) 夏季作业时，要有遮阳设施，防止日光曝晒并遵守当地有关部门规定的作业时间。
(12) 如集装箱内全部装满，则不需要特别加以固定，但箱门端的空隙应用木板或胶合板使箱门与货物隔离。

如钢瓶在箱内拟装两层时，则须在下层钢瓶上铺设有足够厚度的木板或胶合板。如上层的钢瓶数不能铺满一层时，货物除用绳索捆扎外同时应施加固定。

钢瓶原则上竖装，但由于尺寸的要求必须横装时，则每垛的前后应有隔板隔开。如在纵向留有空隙，则采用木框或增加隔板的厚度来填塞。

为了防止货物的摩擦和滚动，上下层钢瓶之间要插入衬垫材料。如有条件，最好采用薄的橡胶板，连续弯曲地衬垫在货物之间。

第3类　易燃液体

（1）检查桶盖有无松动；桶的焊接缝处有无渗漏后的渍迹，如有桶盖松动的现象应及时采取紧固措施，紧固时所使用的工具应为铜质的。如果焊接缝处有渗漏现象，严禁装入箱内并应及时运向仓库或远离装货现场。

（2）观察每一包件有无相应的标记和标签。桶的两端有无膨胀现象或表现出外裂现象。

（3）现场作业人员不能随身携带火种，如火柴、打火机等，不能穿着钉有铁掌的鞋靴。

（4）作业前，现场应备置相应的灭火器材，以便在尽短的时间内投入使用。

（5）装箱时应自里向外，平铺码靠，如需装载第二层货物时，应在下面货物上铺垫木板，以防向箱内搬、滚动桶时产生摩擦或撞击，并在每层之间使用木板衬垫。

（6）箱壁的四周（如是金属质地）应用木板或其他木质衬垫材料加以有效地隔离。

（7）桶与桶之间不能留有空隙，桶的凸缘应错开，错开的方法可采用垫高板。

（8）当不能铺满一层时，考虑重心偏心的空隙所留的余位，应加以有效地紧固，使其不致滚动或移动。

（9）在作业过程中如发现因温度较高而引起容器膨胀时，这样的货物不能装入箱内。发现地上有渗漏的痕迹时，应仔细检查包装。

（10）闪点低于23℃的易燃液体在高温季节作业时应遵守当地有关部门规定的作业时间，夜间作业时应使用防爆型照明灯具。

（11）使用机车装箱时其排气管应具有防止火星冒出的装置，并应降低其负荷的25％。

（12）在进行固定工作时，应使用不致产生火星的工具，固定时所用的钉子不能外露。

如果箱门附近留有较大的空隙，可采用侧壁支撑的方法进行固定。就是用同集装箱宽度尺寸相同的木棱，撑于两侧槽内。但应该注意的是侧壁强度较弱，使用这种固定方法时，应首先由箱底板起，垫一个厚木板条贴于槽内，其长度应高于木棱的支撑点，然后方可固定，以扩大其受力面积。

如有条件，可利用专用装置上的导轨和方形木条来固定货物，这是一种可靠的固定方法。

第4类　易燃固体、易自燃或遇湿易燃物品

（1）根据货物的特性，对于撞击、摩擦较敏感的货物，在装箱时，箱壁的四周应用木板或胶合板加以有效的隔离。

（2）铁桶的包件，每层应用木板衬垫。

（3）箱内所留有的空隙用木板和木框架填补器塞牢以固定。

（4）使用铲车作业时，要采取有效的安全措施，防止摩擦、撞击出火星。

（5）袋装货在堆装时一定要注意其堆码方法，可采用砌墙法（也称各层二连装货法）或其他的装载方法。箱门附近的空隙需加以固定。

(6) 堆码应整齐，作业时禁止使用手钩。
　　(7) 发现有破包或有水渍、油及污染现象的包件，不能装入箱内。
　　(8) 对有温度要求的货物，应按货物性能的要求备置控制或检测温度的装置。
　　(9) 电石、黄磷、金属钙等如发现其包件、桶的两端膨胀时，及时报有关人员处理，在未经过处理或放气前不要搬运晃动。
　　(10) 箱内潮湿的集装箱严禁使用。

第5类　氧化剂和有机过氧化物

　　(1) 所使用的集装箱内部应清洁干燥，没有油污，不得留有任何酸类、煤炭、木屑、硫化物及其他粉状可燃有机物等物质。
　　(2) 认真检查包件是否完好，桶盖有无松动，关闭环是否卡紧，外表有无裂痕。
　　(3) 装货时应自里向外堆码，在装第二层桶装货物时，在下层货物的上面铺垫一层木板，以防摩擦或损坏包装。
　　(4) 箱壁的四周应用木板加以隔离。
　　(5) 箱内所留有的空隙应用木板、填补器或用支撑的方法加以固定，其钉子不能外露。
　　(6) 箱内所用的固定、衬垫材料应质地良好，木板上不能带有树皮；严禁使用草席或残缺不全的碎木板、铁丝或钢丝绳等铁质索具。
　　(7) 严禁在箱门附近进行锯、刨、砍等工作，掉落的木屑应打扫干净，以防带入箱门。
　　(8) 作业时操作人员应戴防护手套，必要时需戴口罩和穿着工作服。
　　(9) 所使用的机具应与货物的性质相适应。铲车的排气管应加有防火星冒出的装置。
　　(10) 忌高热，作业时应有遮阳设施，防止日光直晒。
　　(11) 有机过氧化物应在《国际危规》规定的条件下或经主管当局对预期航程情况做出应有的考虑后所规定的条件下用集装箱运输。
　　(12) 使用温控集装箱(冷藏集装箱)时应事先检查其温控设备是否处于良好状态。
　　(13) 袋装货的装载应按各层二连装货法，作业时禁止使用手钩。
　　(14) 由于包装破漏，撒落的货物应及时清除，溢漏物不可重新装入原包装内。

第6类　毒害品和感染性物品

　　(1) 作业中禁止肩扛、背负、冲撞、摔碰和翻滚。搬运时要平稳、轻放，防止包装破损。
　　(2) 对易燃性质的毒害品，夏季要防止日晒。
　　(3) 搬运一般毒品时应穿工作服、戴口罩、手套等。
　　(4) 搬运腐蚀性、刺激性、易引起呼吸中毒的挥发性液体毒害品时，除须穿着工作服、戴口罩、手套外，还应系胶质围裙、穿胶靴、戴防护眼镜和防护帽等，外露皮肤涂防护药膏。
　　(5) 搬运剧毒物品必须戴着防毒面具。
　　(6) 如货物系托盘成组件，装第二层高时应注意下面的货是否能承受得住压力并铺衬垫木板。如在箱内双排装载时，所留的空隙应稳妥地固定。
　　(7) 袋装货的积载应采用各层二连装货法，箱门端留有的空隙仍需用填补器固定。
　　(8) 进行剧毒品作业时应远离生活区，防止有毒气体或粉尘渗入。
　　(9) 忌湿、晒的毒害品应避免在雨雪天作业，防止日晒。在验收货或装箱前应了解在运输途中有否雨淋、水湿现象。

(10) 撒落在地面上的毒物，应用潮湿锯末及时清扫干净。

第7类　放射性物品

(1) 认真检查包装，保证装入箱内的包装完好无损。其包装应符合《国际危规》的要求。

(2) 作业中严禁肩扛、背负、翻滚和倒放，并注意轻拿轻放。

(3) 摆放要平稳、牢靠，以防在运输途中滑动、倒塌。

(4) 装箱时要做到放射性强度大的装于集装箱中部，将放射性强度小的装于周围，这样也能起到一定的屏蔽作用。

(5) 如装载的数量较少，不能装满一箱时，应装于箱的中部，四周用填料顶紧。

(6) 无机械设备时，可用手推车。操作人员应注意轮换。

(7) 袋包装的放射性矿石和矿砂装箱时应堆码严紧，采用两横一竖堆装方法，其包装表面不得留有矿粉。

(8) 放射性物品的包装不同，在装箱时根据不同的包装形式进行装载或固定。

(9) 对于放射性物质应当优先装运，做到随进货、随装箱、随挂运和装船。力争货不落地，不积压。

(10) 作业完毕，应用肥皂、清水将手、脸彻底洗干净。

第8类　腐蚀品

对于腐蚀性物品的包装，除了前面所提到的各种包装外，还有塑料桶包装。这种包装虽有很多长处，但也有一些弱点，如冬季时包装较脆，不能摔碰；夏季炎热时包装又变软怕压。因此在装箱时应适当考虑这些特点。

(1) 装货时检查包件的桶盖是否松动，包件有无渗漏或裂变。

(2) 塑料桶的堆码高度不得超过堆积试验允许的高度。

(3) 如实际装载超过允许的高度时，应在第二层塑料桶上面打一木隔板，立柱支撑于箱底板上，然后方可继续装货。这样可以防止下层塑料桶被压坏，造成货物的外溢。

(4) 各种形式的容器和包装的液体物品，严禁倒放。每层之间用木板衬垫。

(5) 使用玻璃和陶瓷容器盛装本类货物时，应检查封口是否完好，有无渗漏。装箱应采取有效的紧固措施，固定的方法可参照前例。

(6) 在搬运中，禁止直接用手接触，装载时应平稳牢固。

第9类　其他危险物品

这些物质是指经验已经证明或可以证明其危险已达到《国际危规》中规定的任何其他物质。这类货物性能不一，包装各异。在实际装箱时可根据其性质和包装形式参照前几类的装箱方法进行装载和固定。

8.1.3　航空运输危险货物的要求

危险货物使用航空的方式运输时，危险品的信息必须用以下方式提供。

1) 向机长提供的信息

危险货物装上飞机以后，危险物品航空运输的承运人必须于飞机起飞前向机长提供有关危险物品的书面材料，告知将要作为货物运输的危险品的情况。该书面资料为《特种货物机长通知单》(附录6)。该材料应至少包括如下内容：

(1) 航空货运单号码。
(2) 运输专用名称(如果有需要应补充其技术名称)。
(3) UN 或 ID 编号。
(4) 用数字表示的危险物品类或项及其次要危险性,如果属于第 1 类危险物品,则还要注明其配装组字母。
(5) 包装等级。
(6) (对于非放射性物品来说)包装件数目,每个包装件内物品的净数量或毛重。
(7) (对于放射性物品来说)包装件数目,合成包装件或集装箱的数目、放射性等级和运输指数(如适用)。
(8) 货物在飞机上准确的装载位置。
(9) 包装件是否仅限货机运输。
(10) 目的站机场的名称。
(11) 关于该危险物品在某一国家豁免的条件下运输的说明(如适用)。

运营人若打算用向机长提供电话号码的方式,代替根据 DGR 9.5.1.3 的规定提供机上的危险品详情,则必须在机长通知单上提供此电话号码,并保证此电话号码在飞行中能够获得。

机长通知单必须用专用表格填写,不得使用货运单、托运人危险品申报单及发票等其他表格代替。在收到通知单时,机长必须在通知单上签收或以其他方式表明机长已经收到了机长通知单。

机长通知单必须包含已由装机负责人员签字确认装机的货物无任何破损与渗漏迹象或其他说明。

机长通知单必须方便机长在飞行中随时使用。

地面部门必须保留一份清晰的机长通知单,上面必须注明或随附说明机长已经签收此通知单。通知单中所包含的信息将提供给下一预定到站和最后始发站,直到通知单所涉及的班机飞行结束。

除了运营人国家所使用的语言外,机长通知单中还应使用英文。

考虑到紧急情况下机长通知单的大量内容适合通过飞行中的无线电话进行传输,运营人还应另提供一份通知单的概要,其中至少要包括每个货舱中危险品的数量以及类别和项别。

运营人必须保证对于需要"托运人危险品申报单"的货物,能够随时提供正确的信息,用于航空运输涉及危险品的事故和事件的应急。这些信息必须向机长提供并可通过下列资料提供。

① 《与危险物品有关的航空器事故征候应急响应指南》(ICAO Doc. 9481－AN/928);
② 其他能够提供相似的涉及机上危险品信息的文件。

如果在飞行中出现紧急情况,机长应在情况允许下,尽快通过相关空中交通管制单位通知机场主管部门,作为货物装载在飞机上的所有危险品的信息。如果情况允许,通知内容应包括危险品的运输专用名称和/或 UN/ID 编号、类别/项别、对于第 1 类的配装组、任何确定的次要危险性、数量、机上装载位置,或从机长通知单上获得的电话号码。当不可能包括所有信息时,应该提供与紧急情况最相关的部分或每个货舱内所装危险品的数量以及类别或项别的概述。

2) 向运营人雇员提供的信息

运营人必须在运行手册和/或其他手册中提供使机组成员和其他雇员能够履行其关于危险品作业职责的信息。如适用，这些信息还必须提供给地面服务人员。此信息必须包括以下内容：

(1) 如发生涉及危险品紧急情况时应采取的措施。

(2) 货舱装载位置和编号的详细资料。

(3) 每个货舱允许装载干冰的最大量。

(4) 如果载运放射性物质，此类危险品的装载说明。

3) 向旅客提供的信息

每一运营人及机场运营人必须保证通过宣传方式，告诫旅客哪些种类的危险品是禁止带上飞机的。

运营人或其服务代理人必须保证已提供信息，使旅客了解哪些类型的危险品是禁止带上飞机运输的。此类信息至少应由以下方式组成。

(1) 在客票上或以其他的方式在旅客登机前或登机过程中获知这些信息。

(2) 在机场的售票点、旅客办理乘机手续处、登机区及行李提取处应备有足够数量的醒目通告。

(3) 旅客办理乘机手续的任何其他地方。

除运营人外，与航空客运相关的任何组织或企业（如旅行社）都应该向旅客宣传哪些类型的危险品是禁止带上飞机的。至少这些信息应在与旅客接触的场所构成最低限度的通知。

运营人必须对办理登机手续的人员进行充分的培训，来帮助他们能够识别并发现旅客携带的除 DGR 2.3 中所允许以外的危险品。

办理登机手续的人员怀疑旅客携带的任何物品中含有危险品时，应与旅客进行确认，以防止旅客在行李中将不允许携带的危险品带上飞机。许多看似无害的物品都可能含有危险品，经验表明 DGR 2.2 中列明的这些一般描述的物品经常存在此情况。

4) 向托运人提供的信息

运营人必须保证在货物收运地点的明显位置提供有关危险品运输的信息。

8.1.4 道路运输危险货物的要求

在各种运输方式运送的过程中，汽车运输的环境最复杂，不确定因素最多，事故概率最高。《汽车运输危险货物规则》(JT 617—2004)第 9 章规定了运输要求。

【知识链接】

《汽车运输危险货物规则》节选

9 运输

9.1 危险货物运输车辆严禁超经营范围运输。严禁超载、超限。

9.2 运输危险货物时应随车携带"道路运输危险货物安全卡"。

9.3 运输不同性质危险货物，其配装应按"危险货物配装表"规定的要求执行。

9.4 运输危险货物应根据货物性质，采取相应的遮阳、控温、防爆、防静电、防火、防震、防水防冻、防粉尘飞扬、防撒漏等措施。

9.5 运输危险货物的车厢应保持清洁干燥,不得任意排弃车上残留物;运输结束后被危险货物污染过的车辆及工、属具,应到具备条件的地点进行车辆清洗消毒处理。

9.6 运输危险废物时,应采取防止污染环境的措施,并遵守国家有关危险货物运输管理的规定。

9.7 运输医疗废物时,应使用有明显医疗废物标识的专用车辆;医疗废物专用车辆应达到防渗漏、防遗撒以及其他环境保护和卫生要求;专用车辆使用后,应当在医疗废物集中处置场所内及时进行消毒和清洁;运送医疗废物的专用车辆不得运送其他物品。

9.8 夏季高温期间限制运输的危险货物,应按有关规定执行。

9.9 运输危险货物的车辆禁止搭乘无关人员。

9.10 运输危险货物的车辆不得在居民聚居点、行人稠密地段、政府机关、名胜古迹、风景游览区停车。如需在上述地区进行装卸作业或临时停车,应采取安全措施。

9.11 运输爆炸物品、易燃易爆化学物品以及剧毒、放射性等危险物品,应事先报经当地公安部门批准,按指定路线、时间、速度行驶。

《汽车运输、装卸危险货物作业规程》将道路汽车运送细分为出车前的准备和车辆运行中两个环节,具体规范运送各类危险货物在这两个环节的作业标准。

【知识链接】

《汽车运输、装卸危险货物作业规程》节选

4 通则

4.1 基本要求

4.1.6 运输危险货物的车辆在一般道路上最高车速为 60km/h,在高速公路上最高车速为 80km/h,并应确认有足够的安全车间距离。如遇雨天、雪天、雾天等恶劣天气,最高车速为 20km/h,并打开示警灯,警示后车,防止追尾。

4.1.7 运输过程中,应每隔 2h 检查一次。若发现货损(如丢失、泄漏等),应及时联系当地有关部门予以处理。

4.1.8 驾驶人员一次连续驾驶 4h 应休息 20min 以上;24h 内实际驾驶车辆时间累计不得超过 8h。

4.1.9 运输危险货物的车辆发生故障需修理时,应选择在安全地点和具有相关资质的汽车修理企业进行。

4.1.10 禁止在装卸作业区内维修运输危险货物的车辆。

4.1.11 对装有易燃易爆的和有易燃易爆残留物的运输车辆,不得动火修理。确需修理的车辆,应向当地公安部门报告,根据所装载的危险货物特性,采取可靠的安全防护措施,并在消防员监控下作业。

4.2 作业要求

4.2.1 出车前

4.2.1.1 运输危险货物车辆的有关证件、标志应齐全有效,技术状况应为良好,并按照有关规定对车辆安全技术状况进行严格检查,发现故障应立即排除。

4.2.1.2 运输危险货物车辆的车厢底板应平坦完好、栏板牢固,对于不同的危险货物,应采取相应的衬垫防护措施(如铺垫木板、胶合板、橡胶板等),车厢或罐体内不得有与所装危险货物性质相抵触的残留物。

4.2.1.3 检查运输危险货物的车辆配备的消防器材,发现问题应立即更换或修理。

4.2.1.4 驾驶人员、押运人员应检查随车携带的"道路运输危险货物安全卡"是否与所运危险货物一致。

4.2.1.5 根据所运危险货物特性,应随车携带遮盖、捆扎、防潮、防火、防毒等工、属具和应急处理设备、劳动防护用品。

4.2.1.6 装车完毕后，驾驶员应对货物的堆码、遮盖、捆扎等安全措施及对影响车辆起动的不安全因素进行检查，确认无不安全因素后方可起步。

4.2.2 运输

4.2.2.1 驾驶人员应根据道路交通状况控制车速，禁止超速和强行超车、会车。

4.2.2.2 运输途中应尽量避免紧急制动，转弯时车辆应减速。

4.2.2.3 通过隧道、涵洞、立交桥时，要注意标高、限速。

4.2.2.4 运输危险货物过程中，押运人员应密切注意车辆所装载的危险货物，根据危险货物性质定时停车检查，发现问题及时会同驾驶人员采取措施妥善处理。驾驶人员、押运人员不得擅自离岗、脱岗。

4.2.2.5 运输过程中如发生事故时，驾驶人员和押运人员应立即向当地公安部门及安全生产管理部门、环境保护部门、质检部门报告，并应看护好车辆、货物，共同配合采取一切可能的警示、救援措施。

4.2.2.6 运输过程中需要停车住宿遇有无法正常运输的情况时，应向当地公安部门报告。

4.2.2.7 运输过程中遇有天气、道路路面状况发生变化，应根据所装载危险货物特性，及时采取安全防护措施。遇有雷雨时，不得在树下、电线杆、高压线、铁塔、高层建筑及容易遭到雷击和产生火花的地点停车。若要避雨时，应选择安全地点停放。遇有泥泞、冰冻、颠簸、狭窄及山崖等路段时，应低速缓慢行驶，防止车辆侧滑、打滑及危险货物剧烈震荡等，确保运输安全。

4.2.2.8 工业企业厂内进行危险货物运输，应按 GB 4387—2008 执行。

5 包装货物运输、装卸要求

5.1 爆炸品

5.1.1 出车前

5.1.1.1 运输爆炸品应使用厢式货车。

5.1.1.2 厢式货车的车厢内不得有酸、碱、氧化剂等残留物。

5.1.1.3 不具备有效的避雷电、防湿潮条件时，雷雨天气应停止对爆炸品的运输、装卸作业。

5.1.2 运输

5.1.2.1 应按公安部门核发的道路通行证所指定的时间、路线等行驶。

5.1.2.2 运输过程中发生火灾时，应尽可能将爆炸品转移到危害最小的区域或进行有效隔离。不能转移、隔离时，应组织人员疏散。

5.1.2.3 施救人员应戴防毒面具。扑救时禁止用沙土等物压盖，不得使用酸碱灭火剂。

5.2 压缩气体和液化气体

此条款特指包装件为气瓶装的压缩气体和液化气体。

5.2.1 出车前

5.2.1.1 车厢内不得有与所装货物性质相抵触的残留物。

5.2.1.2 夏季运输应检查并保证瓶体遮阳、瓶体冷水喷淋降温设施等安全有效。

5.2.2 运输

5.2.2.1 运输中，低温液化气体的瓶体及设备受损、真空度遭破坏时，驾驶人员、押运人员站在上风处操作，打开放空阀泄压，注意防止灼伤。一旦出现紧急情况，驾驶人员应将车辆转移到距火源较远的地方。

5.2.2.2 压缩气体遇燃烧、爆炸等险情时，应向气瓶大量浇水使其冷却，并及时将气瓶移出危险区域。

5.2.2.3 从火场上救出的气瓶，应及时通知有关技术部门另做处理，不可擅自继续运输。

5.2.2.4 发现气瓶泄漏时，应确认拧紧阀门，并根据气体性质做好相应的人身防护：

a）施救人员应戴上防毒面具，站在上风处抢救；

b）易燃、助燃气体气瓶泄漏时，严禁靠近火种；

c）有毒气体气瓶泄漏时，应迅速将所装载车辆转移到空旷安全处。

5.2.2.5 除另有限运规定外，当运输过程中瓶内气体的温度高于 40℃ 时，应对瓶体实施遮阳、冷水喷淋降温等措施。

5.3 易燃液体

5.3.1 出车前

根据所装货物和包装情况(如,化学试剂、油漆等小包装),随车携带好遮盖、捆扎等防散失工具,并检查随车灭火器是否完好,车辆货厢内不得有与易燃液体性质相抵触的残留物。

5.3.2 运输

装运易燃液体的车辆不得接近明火、高温场所。

5.4 易燃固体、自燃物品和遇湿易燃物品

5.4.1 出车前

5.4.1.1 运输危险货物车辆的货厢、随车工、属具不得沾有水、酸类和氧化剂。

5.4.1.2 运输遇湿易燃物品,应采取有效的防水、防潮措施。

5.4.2 运输

5.4.2.1 运输过程中,应避开热辐射,通风良好,防止受潮。

5.4.2.2 雨雪天气运输遇湿易燃物品,应保证防雨雪、防湿潮措施切实有效。

5.5 氧化剂和有机过氧化物

5.5.1 出车前

5.5.1.1 有机过氧化物应选用控温厢式货车运输;若车厢为铁质底板,需铺有防护衬垫。车厢应隔热、防雨、通风,保持干燥。

5.5.1.2 运输货物的车厢与随车工具不得沾有酸类、煤炭、砂糖、面粉、淀粉、金属粉、油脂、磷、硫、洗涤剂、润滑剂或其他松软、粉状可燃物质等。

5.5.1.3 性质不稳定或由于聚合、分解在运输中能引起剧烈反应的危险货物,应加入稳定剂;有些常温下会加速分解的货物,应控制温度。

5.5.1.4 运输需要控温的危险货物应做到:

a) 装车前检查运输车辆、容器及制冷设备;

b) 配备备用制冷系统或备用部件;

c) 驾驶人员和押运人员应具备熟练操作制冷系统的能力。

5.5.2 运输

5.5.2.1 有机过氧化物应加入稳定剂后方可运输。

5.5.2.2 有机过氧化物的混合物按所含最高危险有机过氧化物的规定条件运输,并确认自行加速分解温度(SADT),必要时应采取有效控温措施。

5.5.2.3 运输应控制温度的有机过氧化物时,要定时检查运输组件内的环境温度并记录,及时关注温度变化,必要时采取有效控温措施。

5.5.2.4 运输过程中,环境温度超过控制温度时,应采取相应补救措施;环境温度超过应急温度,应启动有关应急程序。其中,控制温度低于应急温度,应急温度低于自行加速分解温度(SADT)。

5.6 毒害品和感染性物品

5.6.1 毒害品

5.6.1.1 出车前

除有特殊包装要求的剧毒品外,剧毒品应采用厢式货车运输。

5.6.1.2 运输

运输毒害品过程中,押运人员要严密监视,防止货物丢失、撒漏。行车时要避开高温、明火场所。

5.6.2 感染性物品

5.6.2.1 出车前

5.6.2.1.1 应穿戴专用安全防护服和用具。

5.6.2.1.2 认真检查盛装感染性物品的每个包装件外表的警示标识,核对医疗废物标签,标签内容包括:医疗废物产生单位、产生日期、类别及需要的特别说明等。标签、封口不符合要求时,拒绝运输。

5.6.2.2 运输

5.6.2.2.1 运输感染性物品,应经有关的卫生检疫机构的特许。
5.6.2.2.2 运输医疗废物,应符合 JT 617—2004 的 9.7 的要求。
5.6.2.2.3 运输医疗废物,应按照有关部门规定的时间和路线,从产生地点运送至指定地点。
5.6.2.2.4 车厢内温度应控制在所运医疗废物要求的温度范围之内。
5.8 腐蚀品
5.8.1 出车前
根据危险货物性质配备相应的防护用品和应急处理器具。
5.8.2 运输
5.8.2.1 运输过程中发现货物撒漏时,要立即用干砂、干土覆盖吸收;货物大量溢出时,应立即向当地公安、环保等部门报告,并采取一切可能的警示和消除危害措施。
5.8.2.2 运输过程中发现货物着火时,不得用水柱直接喷射,以防腐蚀品飞溅,应用水柱向高空喷射形成雾状覆盖火区;对遇水发生剧烈反应,能燃烧、爆炸或放出有毒气体的货物,不得用水扑救;着火货物是强酸时,应尽可能抢出货物,以防止高温爆炸、酸液飞溅;无法抢出货物时,可用大量水降低容器温度。
5.8.2.3 扑救易散发腐蚀性蒸气或有毒气体的货物时,应穿戴防毒面具和相应的防护用品。扑救人员应站在上风处施救。如果被腐蚀物品灼伤,应立即用流动自来水或清水冲洗创面 15min。30min 之后送医院救治。

6 散装货物运输、装卸要求
6.3 散装气体
6.3.1 出车前
6.3.1.1 根据所装危险货物的性质选择罐体。与罐壳材料、垫圈、装卸设备及任何防护衬料接触可能发生反应而形成危险产物或明显减损材料强度的货物,不得充灌。
6.3.1.2 装卸前应对罐体进行检查,罐体应符合下列要求:
a) 罐体无渗漏现象;
b) 罐体内应无与待装货物性质相抵触的残留物;
c) 阀门应能关紧,且无渗漏现象;
d) 罐体与车身应紧固,罐体盖应严密;
e) 装卸料导管状况应良好无渗漏;
f) 装运易燃易爆的货物,导除静电装置应良好;
g) 罐体改装其他液体时,应经过清洗和安全处理,检验合格后方可使用。清洗罐体的污水经处理后,按指定地点排放。
6.3.2 运输
6.3.2.1 在运输过程中罐体应采取防护措施,防止罐体受到横向、纵向的碰撞及翻倒时导致罐壳及其装卸设备损坏。
6.3.2.2 化学性质不稳定的物质,需采取必要的措施后方可运输,以防止运输途中发生危险性的分解、化学变化或聚合反应。
6.3.2.3 运输过程中,罐壳(不包括开口及其封闭装置)或隔热层外表面的温度不应超过 70℃。

8 部分常见大宗危险货物运输、装卸要求
8.1 液化石油气
此条款是指汽车罐车运输液化石油气。
8.1.1 运输
8.1.1.1 运输液化石油气罐车应按当地公安部门规定的路线、时间和车速行驶,不准带拖挂车,不得携带其他易燃、易爆危险物品。罐体内温度达到 40℃时,应采取遮阳或罐外淋水降温措施。
8.1.1.2 运输过程中,液化石油气罐车若发生大量泄漏时,应切断一切火源,戴好防护面具与手套;同时应立即采取防火、灭火措施，关闭阀门制止渗漏，并用雾状水保护关闭阀门的人员；设立警戒区，组织人员向逆风方向疏散。一般不得起动车辆。

8.2 油品

此条款是指用常压燃油罐车运输燃油。

8.2.1 运输

当罐车的罐体内温度达到 40℃时，应采取遮阳或罐外淋水降温措施。

危险货物送抵目的站后，一般由目的站的装卸人员卸货入库等候收货人取货。卸货完毕应办理交接手续。目的站应迅速通知收货人领取货物。在待领期间，目的站应对危险货物妥善保管。即使收货人逾期不领，也不能因此免除承运人（目的站）的保管责任。

8.2 危险货物洒漏处理

在整个运输过程中，危险货物经过多次搬运装卸，因为环境温度或压力的变化，重载重卸操作不当，包装容器多次回收利用，强度下降，或者桶盖垫圈失落没有拧紧，气瓶阀门开启，安全阀变形断裂等各种各样的原因，都可能造成气体泄漏扩散，液体滴漏渗逸，固体破漏散落等不同程度的危险货物洒漏。广义的洒漏还包括危险货物的丢失。危险货物一旦洒漏很可能就是一场事故，所以做好危险货物的洒漏处理，对防止事故确保运输安全有重要的意义。

1. 危险货物洒漏是事故的先兆

典型案例

危险液体泄漏，导致大量人员伤亡

1984 年 12 月 3 日午夜，坐落在印度博帕尔市的联合碳化杀虫剂工厂一个贮有异氰酸甲酯的储槽的保安阀有漏缝，45t 异氰酸甲酯溢出。异氰酸甲酯是易燃液体，闪点小于 －7℃，副性质有毒。沸点 39.1℃，极易挥发。溢出的异氰酸甲酯脱离了容器的控制，迅速挥发成气体扩散，使 2500 多人中毒死亡，4000 多人濒于死亡，20 万人受到不同程度的毒害，10 万人终身残疾，5 万人双目失明。至 1984 年底，死亡人数已超过 2 万人。

危险货物对环境和人有强烈的危害作用。危险货物的包装容器之所以有严格的规定和标准，就是要用包装容器来限制危险货物，不使其在运输过程中有接触环境和人的可能性。可是，如果危险货物一旦洒漏，危险货物本身固有的易燃易爆、腐蚀毒害和放射射线等性质就会突破包装物的限制而肆虐。其后果或直接造成事故，或为事故准备了前提条件。极大部分的危险货物事故的前奏是洒漏。

2. 危险货物洒漏的现场处理

洒漏如果发生在托运人交运货物时，承运人必须坚决拒绝，由托运人改换包装。洒漏如果发生在起运以后，承运人必须采取相应的措施，在确保安全的前提下，使运输继续进行。如果危及安全，则应将破漏包装另行处理直至丢弃销毁。丢弃销毁时要注意对环境的影响。

(1) 气体泄漏的处理。发现气瓶漏气时，应根据气体的性质，做好相应的人身防护工作，动员无关人员迅速向上风方向撤离现场。设法关闭阀门，首先，向气瓶喷射二氧化碳灭火器或倾泼冷水，降低气瓶温度。如仍不能制止气体泄漏，可将气瓶浸入水中。大型液化气体钢瓶渗漏，可滚动气瓶使渗漏处转动到上方，改液相渗漏为气相泄漏，因为液体漏出气化后会迅速扩大危害范围。可燃气体和剧毒气体泄漏，应立即布置警戒区，在警戒区内熄灭明火，疏散人员，稀释、中和或驱散可燃、剧毒气体。稀释中和可因地制宜采用不同方法，投入惰性气体或水蒸汽是一种有效方法，对光气、氟化氢气体还可用氨气中和。

(2) 液体渗漏的处理。发现装有液体的包装容器渗漏时，首先要让汽车发动机熄灭，然后根据液体性质做好相应的人身防护。处理时先使容器渗漏处向上，不让液体继续渗漏，并设法用黏合剂、环氧树脂或油灰封堵裂口。小型容器破裂渗漏，可将小容器放置在大容器内，防止液体滴落。易燃液体渗漏应设法调换容器，在渗漏没有彻底消除的情况下，不能启动车辆，防止渗漏的易燃液体接触车辆启动时喷出的火花或赤热金属表面而引起火灾。

(3) 固体洒漏的处理。固体物料洒漏在车上、地上即成为垃圾废料。要对破漏包装进行处理，不使洒漏继续，并对洒漏物清除才可继续运输装卸作业。

(4) 危险货物丢失的处理。危险货物在仓储保管和运输过程中丢失，要立即向运输管理部门和公安部门报案并积极寻找。切忌不寻找失物，不报告案情。

(5) 放射性货物的洒漏处理。放射性货物的洒漏就是事故。在向公安和运输管理部门报告的同时，要向卫生监督机构报告事故，由其派专业人员处理。在等候处理时，在事故地点要划出适当的安全区，设置警戒线，悬挂警告牌，禁止人畜通过。要用适当的材料覆盖污染区，以降低辐射强度，防止污染扩大。铁板、铝片、铅片、有机玻璃、塑料、混凝土、石块、土壤、砖瓦等都可用作覆盖材料。

3. 危险货物洒漏物的处理

洒漏处理的另一个含义是对洒漏物的处理。就运输的某一环节而言，危险货物的运送作业已完成，而在作业现场如货舱、车厢、月台、仓库洒漏留有危险货物的残余物。要对这些洒漏物作妥善处理，清除污染才能保证今后的安全。

爆炸物品的洒漏物应及时用水润湿，撒以锯末或棉絮等松软物品，轻轻收集后并保持相当湿度，报请公安部门或消防人员处理。

易燃物品洒漏量大的要收集起来，另行包装，收集的残留物不能任意排放、抛弃，应作深埋处理。对与水反应的洒漏物收集清扫时不能用水，但收集清扫后的现场可用大量的水冲洗。

易燃液体一旦洒漏，应及时用砂土覆盖或用松软材料吸附，集中收集移至空旷安全处销毁。覆盖时特别要注意防止液体流入下水道、河流，以防污染，更主要的是如果易燃液体飘浮在下水道和河流的水面上，潜伏着火灾的危险性很大。在销毁收集物时，应充分注意燃烧时所产生的有毒气体对人的危害，必要时应穿戴防毒面具。

易自燃物品一旦洒漏就会自燃，最妥善的办法是控制其范围，不使火势扩大蔓延，让洒漏物燃尽为止。不宜轻率地采取不适当的扑救措施。

大量的氧化剂洒漏，应轻轻扫起另外罐装。这些从地上扫起收集重新包装的氧化剂，含有杂质，为防止发生变化不得再发运。须留在适当地点观察 24h 以后，才能重新入库另外存放，以待货主另行处理。

腐蚀品洒漏时，应用干砂、干土覆盖吸收，清扫干净再用水扫刷。如大量洒漏，或干砂、干土不足以吸收时，可视洒漏物的酸碱性，分别用稀碱或稀酸中和。中和时注意不要使反应太剧烈。用水扫刷洒漏现场时，不能直接喷射而只能缓缓地浇洗，防止带酸碱性的水珠飞溅伤人。

毒害品洒漏物，如是固体，扫集后装入另外容器交货主处理。如是液体，复以砂土、锯末等松软材料浸润吸附后收集，盛入容器交货主处理。对毒害品洒漏物切不可任意丢弃排放，以免扩大污染，甚至造成不可估量的危害。

现场的洒漏物虽被吸附收集清扫，洒漏现场或多或少总被洒漏物污染。清除污染的最有效的办法是用水冲洗。洒漏物黏附力极强，用水冲洗无效时，或直接用水冲洗不宜时，可用稀碱水、稀盐酸、硫代硫酸钠等浸润洗刷后再用水冲洗。还可采用高压水蒸汽或空气冲熏。

 8.3 危险货物的应急

8.3.1 危险货物事件应急程序

1. 危险品事故、事件的定义和申报

1）危险品事故

关于危险品运输的事故，将会导致对某人致命的严重伤害或极大的财产损失。

严重伤害是指的某人在一场事故中受到的伤害，其特征如下：

（1）需要住院 48h 以上，并在受到伤害的 7 天之内。

（2）任一骨折现象（手指，脚趾或鼻子之类简单的骨折）。

（3）表皮破口而导致的大出血，神经过敏，肌肉或腱的损伤。

（4）涉及任一内脏器官的损伤。

（5）涉及二级或三级烧伤，或影响到身体表面 5% 以上的烧伤。

（6）被证实暴露于传染性或有害的物质之下。

一起危险品事故也可能是一场飞行事故，通常上报飞行事故程序必须立即启动。

2）危险品事件

与危险品运输相关的一切严重威胁到航空器安全的事件或其构成因素亦被视为一起危险品事件。

危险品事件不同于危险品事故，没有导致上述的人身伤害。尽管与危险品航空运输有联系，却并不一定发生在航空器上。

财产损失、火灾、危险物品溢出、危险液体或放射性物质的泄漏甚至只要有迹象证明危险物品的包装已被破坏，以及在货物、邮件或交运行李中发现未经申报或错误申报的危险品，或旅客机组成员随身行李中有不允许随身携带的危险品，都属于危险品事件，要立即向主管当局报告，并采取相应措施。

3）危险货物事件报告单

任何一种危险品事件都必须上报，无论该危险品包含在货物或邮件或行李之内。

当在货物及旅客行李中发现未申报或错误申报的危险物品时，对于任何这样的事件，运营人必须向其所属国家主管当局和事件发生国主管当局报告。"危险品事件报告单"见表 8-1。

表 8-1 危险品事件报告单

1. 运营人		2. 事件发生日期	3. 事件发生的当地时间
4. 飞行日期		5. 航班号	
6. 起飞机场		7. 目的地机场	
8. 机型		9. 航空器注册	
10. 事件发生地点		11. 物品来源	
12. 对事件的描述，包括受伤、损失等方面的细节（如有必要，在本表格的背面继续填写）			
13. 运输专用名称（包括技术名称）			14. UN/ID 编号（在已知的情况下）
15. 类别/项别（在已知的情况下）	16. 次要危险性	17. 包装等级	18. 等级（仅针对第 7 类）
19. 包装类型	20. 包装规格标记	21. 包装说明编号	22. 量（或运输指数）
23. 航空货运单的说明编号			
24. 服务人员的工作袋，行李的标签，或旅客机票的说明编号			
25. 托运人，代理人，旅客等的姓名，地址			
26. 其他相关信息（包括疑似起因，已采取的措施）			
27. 报告撰写人的姓名及职称		28. 电话号码	
29. 公司		30. 报告编号	
31. 地址		32. 签字	
		33. 日期	
对事件的描述（续）			

危险品事件报告单，必须及时填写，尽可能快地上交，即使并没有得到全部的信息。事故的另一份报告，无论如何都要在事故发生的 24h 之内上交政府当局。

所有相关文件及照片均应同本报告一同上交。

在安全的情况下，同事件相关的全部危险品、包装、文件等都应被保存下来，直到第一份报告已经送交给了国家主管当局，由专家宣布这些物品是否应该继续保存下去。

2. 危险品事件地面应急反应措施

对危险品事件，首先要对其潜在的危险性进行初步的评估，如果有火灾、泄漏或溢出现象，而机场火警并未得到信息时，立即通知火警，采取下述应急措施。要记录下应急措施的过程细节，包括全体参与人员名单。

1) 传染性物质泄漏应急措施

(1) 减轻危害程度措施。

① 将污染区域进行隔离。

② 将无关人员撤离。

③ 搞清有关物质的特性,如有可能将泄漏报告给主管当局。

④ 不要接触泄漏物质。

⑤ 未穿防护服不要接触损坏的容器或漏出物质。

⑥ 小心避免接触碎玻璃或尖锐物品而引起刺伤或划伤,增大感染危险性。

⑦ 含冷冻剂干冰的破损包装件,因空气中的水蒸汽冷凝可能生成水或霜,这些液体或固体可能已被污染,不要接触。

⑧ 可能存在液氮,避免烧伤。

⑨ 用土、砂或其他不燃性物质吸收漏出物质,同时避免直接接触。

⑩ 用湿毛巾或湿布遮盖住损坏的包装件或漏出物质并用液体漂白粉或其他消毒剂保持毛巾或布的湿润。液体漂白粉会有效地将泄漏物质灭活。

⑪ 必须由专业人员进行清洗或处理。

(2) 人员急救。

① 给卫生急救部门打电话。

② 脱掉污染的衣服和鞋并予以隔离。

③ 如已与感染性物质接触,立即用流动的水冲洗皮肤和眼睛至少 20min。

④ 与泄漏物质接触(吸入、入口或皮肤接触)的影响将可能延迟。

⑤ 进一步求助于卫生主管当局。

⑥ 告知卫生救护人员有关泄漏物质的情况,以便他们有意识地自身保护。

⑦ 将沾染感染性物质的人员转移至安全隔离区域。

注意:接触过感染性物质的人员可能是污染源。

2) 火灾、重大泄漏或溢出的应急措施

(1) 清理直接接触区域;不要接触或移动危险品或任何容器;不要试图打扫溢出或渗漏出的物质;如有浓烟,尽量不要呼吸。

(2) 如机场火警并未得到信息,立即打电话通知火警。

(3) 在可能且无受伤的危险时,仔细观察承载物品的容器(名称,UN 编号等)。

(4) 查找托运文件以确认或证实事件的真实性;将之保留起来以备进一步调查之用。

(5) 若无法得到机场火警的救援或需要采取别的措施,参看后续措施部分的内容。

(6) 若需要进行进一步调查,保证容器及其内部物品处于一个安全的位置(在人们认为采取这样的措施是安全的时候);确保完整且正确的细节都被记录了下来。

(7) 若运营人尚不明了该起事件,确保其能被告知。

3) 轻微渗漏(例如:外部包装受潮变湿)的应急措施

(1) 使人员不得靠近周围区域;如有浓烟,尽量不要呼吸。

(2) 如果认为理由充分,考虑通知机场火警。

(3) 仔细观察承载物品的容器(名称,UN 编码等)。

(4) 查找托运文件以确认或证实事件的真实性;将之保留起来以备进一步调查之用。

(5) 若无法得到机场火警的救援或需要采取别的措施，参看后续措施部分的内容。

(6) 如果由机场火警处理该事件，需要进一步进行调查时，应确保容器及其内部物品处于一个安全的位置上（在有可能且安全的情况下）；同时确保完整且正确的细节都被记录了下来。

(7) 若有相关，还应确保相关运营人得到该事件的通知。

4）同旅客相关事件

(1) 使人员不得靠近周围区域；如有浓烟，尽量不要呼吸。

(2) 要求旅客辨认出危险品或有潜在危险的物品。

(3) 若无法得到机场火警的救援或需要采取别的措施，参看后续措施部分的内容。

(4) 如果由机场火警处理该事件，需要进一步进行调查时，应确保容器及其内部物品处于一个安全的位置上（在有可能且安全的情况下）；同时确保完整且正确的细节都被记录了下来。

5）后续措施

(1) 如容器上标明了应急措施，按照说明处理事件。

(2) 如货物能被辨认出为何种物品，在没有标明应急措施或措施无法完成的情况下，向专家寻求帮助。

(3) 勿用水、布或纸来清理任何溢出物质，除非能肯定上述做法是安全的。

(4) 如无法立即辨认出物品的种类，但可以安全移动容器（没有渗漏迹象，也没有浓烟），便将之移动到一个通风良好的位置，戴上橡皮手套以保护双手，并再次检查标签或标记。

(5) 搜寻已经泄漏的容器，以便阻止进一步的渗漏。

(6) 如果一旦发现有浓烟冒出或在更密切的观察后发现有较为严重的渗漏，立刻停止一切活动，打电话寻求机场火警或其他专家的帮助。

(7) 在有浓烟冒出的情况下，可以用塑料的隔膜或包裹罩在溢出的物质之上，这样，浓烟将会被塑料罩住（除非应急措施证明这样做很可能会带来有害反应），但要清楚这样做很可能会使浓烟在塑料下面膨胀起来，因此要保持一定的安全距离。

(8) 可以用砂子围在溢出的物质周围以阻止其扩散（除非应急措施证明这样做很可能会带来有害反应）。

(9) 把干砂子盖在溢出处，除非该物品被确认为酸性。

(10) 若溢出物质为酸性时，把碳酸氢钠覆盖在其上，不过要清楚这样做很可能会导致起泡和二氧化碳的产生（但不会有其他反应生成物）。

(11) 在清理这样的现场时，寻求专家的帮助，如果无法立即得到帮助，而且希望能移动容器、溢出物等，要判断继续是否安全。

(12) 戴上橡胶手套以保护双手，把容器装进一个塑料口袋之中；避免在浓烟中呼吸，将塑料带口扎紧。

(13) 将所有的塑料袋都放到另一个塑料袋中去，把口扎紧。

(14) 将口袋（可为多个）置于一个安全且通风的地方，远离其他堆放着其他物品的区域；如在户外开阔处，确保湿气和雨水等无法进入塑料袋中。

(15) 经常监察口袋，观察是否发生任何有害反应。

(16) 如物品不需要保存，寻求专家的帮助以将之处理掉。

8.3.2 海运危险货物应急

1.《船舶载运危险货物应急反应措施》

在危险货物的运输、装卸、保管过程中，虽然采取了一系列安全防范措施，但仍不可避免地会发生一些火灾、泄漏等事故。一旦发生事故，如何采取及时、有效的应急措施来控制事态的发展，使事故造成的危害降低至最低程度就特别重要。为此，每一个从事危险货物作业的企业和地区都必须建立一套应急方案，制订事故应急措施，建立消防应急队伍，配备消防应急器材。在《国际危规》补充本中附有《船舶载运危险货物事故应急措施》(EmS 指南)，对在《国际危规》中所列货物的火灾和溢漏事故应急提供建议。

《船舶载运危险货物应急反应措施》(EmS 指南)的英文全名为"The EmS Guide——Emergency Procedures for Ships Carrying Dangerous Goods"。该指南的目的是为处理船上装运的《国际危规》所列货物发生火灾和溢漏事故应急提供指导。指南明确说明不包括散装货物和非危险货物的其他火灾。修改后的 EmS 指南主要对原应急措施表进行了简化，与新版《国际危规》相协调，将火灾应急措施表的个数由 95 个减少到 10 个，溢漏应急措施表的个数由 95 个减少到 26 个，以使船员在紧急时刻能够快速、正确地获得指导。对此，危险货物一览表的第 15 栏进行了彻底修改。

EmS 指南是应在任何紧急事故发生之前通晓，并结合到船舶日常的训练制度中；在涉及包装危险货物事故发生时，应首先查阅的内容。该指南按每个现有的联合国编号顺序排列分别给出火灾应急措施表和溢漏应急措施表。包括：

1) 火灾(Fire)应急措施表

F—A：火灾应急措施总体建议

F—B：爆炸性物质和物品

F—C：非易燃气体

F—D：易燃气体

F—E：非遇水反应的易燃液体

F—F：控温的自反应物质和有机过氧化物

F—G：遇水反应物质

F—H：具有潜在爆炸危险的氧化物质

F—I：放射性物质

F—J：非控温的自反应物质和有机过氧化物

2) 溢漏(Spillage or Leakage)应急措施表

S—A：有毒物质

S—B：腐蚀性物质

S—C：易燃、腐蚀性液体

S—D：易燃液体

S—E：易燃液体、浮于水面

S—F：水溶性海洋污染物

S—G：易燃固体和自反应物质

S—H：易燃固体(熔融的物质)

S—I：易燃固体(可能重新包装)

S—J：浸湿的爆炸品和某些自热物质

S—K：控温的自反应物质

S—L：自燃、与水反应物质

S—M：引火性自燃物质

S—N：与水剧烈反应的物质

S—O：遇湿危险的物质(不可收集的物品)

S—P：遇湿危险的物质(可收集的物品)

S—Q：氧化物质

S—R：有机过氧化物

S—S：放射性物质

S—T：有生物危害的危险物质

S—U：气体(易燃、有毒或腐蚀性的)

S—V：气体(非易燃、无毒的)

S—W：氧化性气体

S—X：爆炸性物品

S—Y：爆炸性化学品

S—Z：有毒的爆炸品

3) EmS 表的查询

在危险货物一览表第 15 栏"EmS No."或该指南的最后设有 EmS 指南——索引，按每个现有的联合国编号顺序排列分别给出火灾应急措施表和溢漏应急措施表。第 15 栏"EmS No."系指《船舶载运危险货物应急反应措施》(EmS 指南)中火灾和溢漏的应急表号。

第一个 EmS 代码系指火灾应急表号(例如：火灾应急表字母"F—A"一般火灾应急表)；第二个 EmS 代码系指溢漏应急表号(例如：溢漏应急表字母"S—A"有毒物质)；下划线 EmS 号代码(特殊情况)表示一个物质、材料或物品在应急反应措施中给出附加指示；对于未另列明的或其他通用条目的危险货物，最适当的应急措施表可能由于危险成分的不同而不同。

2. 海运危险货物溢漏应急

1) 溢漏应急一般注意事项

(1) 船舶在港区、河流、湖泊和沿海水域发生危险货物泄漏事故，应立即向海事管理机构报告，并尽可能将泄漏物收集起来，清除到岸上的接受设备中去，不得任意倾倒。

(2) 船舶在航行中，为保护船舶和人命安全，不得不将泄漏物倾倒或将冲洗水排放到水中时，应尽快向就近的海事管理机构报告。

(3) 泄漏货物处理后，对受污染处所应进行清洗，消除危害。船舶发生强腐蚀性货物泄漏，应仔细检查是否对船舶造成结构上的损坏，必要时应申请船舶检验部门检验。

(4) 有关防污染要求，应符合有关环境保护法规的规定。

2) 各类危险货物溢漏应急注意事项

各类危险货物溢漏应急措施的详细内容可以根据该货物的联合国编号(UN No.)查阅

《国际危规》补充本中的"EmS指南——索引",也可在"危险货物一览表"第15栏中查得溢漏应急措施表号,然后查到具体溢漏应急措施表。处理溢漏时应注意以下事项:

(1) 爆炸品溢漏应用水将其湿润,再收集起来,或用大量水冲洗(对水域无污染的)。

(2) 有毒气体发生溢漏,应迅速将溢漏容器转移到安全处所,戴上防毒面具,在上风处进行处置,拧紧钢瓶气嘴。易燃气体溢漏时,必须严禁火种。船舶在航行中若怀疑货舱内有气体溢漏,在采取有效防范措施前,不允许进入货舱或其他封闭处所,在紧急情况下需要进入时,应由受过训练的人员,戴上自给式呼吸器去处理,必要时,还应穿戴防护服,在整个过程中,应始终在值班驾驶人员监督下进行。在航船舶,舱面积载的容器发生溢漏时,应调整航向使溢漏的气体从下风向消散。若风向有利于气体的安全消散,可按正常的方法处置。

气体发生溢漏时,若不能迅速制止漏气现象,应立即将钢瓶浸入水中,最好浸入石灰水中(液氨钢瓶不宜浸入石灰水中),以防止事故的扩大和剧毒气体的蔓延扩散。将漏气的钢瓶浸入水中,不仅可以降低钢瓶的温度、减小瓶内的压力,从而减弱或制止漏气现象,而且可以防止剧毒气体扩散到空气中去。因多数的剧毒气体能溶解于水,有的甚至能大量地溶解于水中。浸过剧毒气体的水,应撒入过量的石灰进行消毒。

(3) 易燃液体包件发生溢漏时,应及时将溢漏部位向上,移至安全通风处,溢漏物可用砂土覆盖后扫净,也可用不与其发生反应的吸收材料加以吸收,或用大量的水冲洗(对水域无污染的),但不得将水直接喷到溢漏物上。

(4) 第4类货物中在干燥状态下为爆炸品的物质以及黄磷溢漏时,应迅速用水浸湿,然后收集在封闭的容器中妥善处理;接触空气即能燃烧的货物溢漏时,应立即用干燥的惰性材料(如硅藻土等)覆盖,并用安全的方法清除;与水发生反应的货物溢漏时,禁止用水进行处理,收集后剩余的少量残留物可用大量水进行冲洗,但必须注意周围不得有任何火种。

(5) 氧化剂和有机过氧化物溢漏时应小心地用惰性材料将溢漏物收集起来,然后用大量的水冲洗残留物,严禁使用木屑、棉纱等可燃物作为吸收材料,严禁将收集起来的溢漏物重新装到完好的包装内,以免杂质混入而引起危险。

(6) 毒害品发生溢漏时,应谨慎地将溢漏物收集起来,撒漏处应及时洗刷消毒,并注意防止扩大污染。如在封闭处所发生溢漏,应注意通风,处理人员应穿戴防护用品、并有人监护。被污染的衣服、用具等应统一处理。清洗污水不得随意倾倒或排放。毒害品落水,应立即组织打捞。

(7) 感染性物质发生溢漏时应立即阻止溢漏,将溢漏物收集、隔离并覆盖,用类似漂白剂的产品彻底清洁被污染区域。立即通知有关卫生防疫部门及收货人、发货人。

(8) 发现放射性包件破损时,应由辐射防护人员进行检测,当内容物未溢漏时,操作人员应对包装件进行修复;当内容物溢漏而造成污染或环境辐射水平增高时,应立即划定区域并做出标记,尽快进行处理。

(9) 腐蚀品溢漏时,可用惰性吸收材料将溢漏物收集起来,并用大量的水冲洗溢漏处所。大量溢漏时,酸性物质可用碱性稀溶液中和,碱性物质可用酸性稀溶液中和。处理人员应穿戴防护用品,防止溢漏物飞溅到眼睛或皮肤上。

8.3.3 航空危险品事故的应急响应

航空运输大量的是客货混载,以客运为主,用客机的货舱载运旅客行李后,还有货舱运力空余，用来运货。因此，航空运输中多数种类的危险货物是与普通货物和旅客行李一起装上客机。航空运输危险货物的应急程序有其典型价值，可供借鉴。

ICAO附件14——机场，第9章应急及其他服务中要求机场当局建立一套危险品事故应急响应。

此外，DGR 9.5.2要求运营人在其业务手册中向机组人员及其他雇员提供有关危险品事故处理信息。对于所有人员都应当进行危险品应急响应培训。

1. 地面应急相应程序

危险品事故的一般响应程序如下：

（1）立即通知主管人员，并获得帮助。
（2）识别危险品（如果这样做是安全的）。
（3）若能保证安全，通过将其他包装件或财产移开来隔离该危险品。
（4）避免接触危险品。
（5）若身体或衣服接触到危险品应注意如下事项：
① 用大量的水冲洗身体。
② 脱掉被污染的衣服。
③ 不要吃东西或抽烟。
④ 手不要与眼睛、嘴和鼻子相接触。
⑤ 寻求医疗帮助。
（6）应对事故中所涉及的有关人员做好记录。

2. 机组人员应急相应程序

机组人员应按照以下应急检查单进行相应的应急程序。

1）遵循相应的机上灭火或清除烟雾的应急处理措施
（1）遵循机上应急灭火程序。
（2）开启"禁烟"指示灯。
（3）考虑尽快着陆。
（4）考虑关闭所有非必要部件的电源。
（5）确定烟雾、火焰和浓烟的根源。
（6）对于客舱中危险品事故，见客舱事故检查单及机组人员行动指南。
（7）确定危险品应急相应措施代码（从机长通知单或"红皮书"中得到）。
（8）使用机上危险事故应急处理措施列表指南帮助处理事故。
（9）如果可能，通知航管中心机上所载有的危险品。

2）飞机着陆后
（1）开启货舱舱门之前，先将旅客和机组人员撤离飞机。
（2）通知地面应急中心有关危险品的性质及装载的位置。
（3）在维修记录上做相应的记录。

3. 乘务人员应急程序

乘务人员应急程序须遵循相应的机上灭火或清除烟雾的应急处理措施。

1) 第一反应
(1) 通知机长。
(2) 识别货物(这样做是否安全)。
(3) 将该包装放置安全处(若未损坏),并监视其状况。
2) 如果起火
使用标准灭火程序/检查水的使用。
3) 如果溢出或泄漏
(1) 提取应急处理箱或收集其他有用的物品。
(2) 戴上橡胶手套或防护面罩。
(3) 将旅客从事故区撤离,并向旅客发放湿毛巾或湿布。
(4) 将危险品放入聚乙烯袋中。
(5) 隔离放置聚乙烯袋子。
(6) 把受到影响的设备当作危险品处理。
(7) 把地板/地毯上的溢出物盖住。
(8) 经常检查被隔离放置的物品及被污染的设备。
4) 飞机着陆后
(1) 通知地面人员机上危险品的放置位置。
(2) 在维修记录上做相应的记录。

8.3.4 危险货物火灾应急

1. 灭火的基本原理

物质的燃烧不是随时都可以发生的,它必须具备 3 个条件,即可燃物、助燃物、热量。破坏燃烧三条件中的任一条件,就达到了灭火的目的。另外也可利用中断化学反应链,使其达到灭火的目的。

2. 灭火的基本方法

(1) 冷却法:降低燃烧物质的温度于燃点之下,达到灭火的目的。
(2) 窒息法:隔绝空气或氧气,达到灭火目的。
(3) 隔绝法:使可燃物质与火脱离接触,不使燃烧蔓延,达到灭火的目的。
(4) 化学中断法:又叫抑制法,是用含氟、氯、溴的卤代烷灭火剂喷向火焰,让灭火剂参与到燃烧反应的过程中去,把反应过程中产生的活性物质(游离基)去掉,使燃烧反应链中断,达到灭火的目的。

3. 常用的灭火剂

(1) 水:具有很好的降温、稀释效果,对比重比水大的液体也有覆盖作用。
(2) 雾状水:通过喷雾装置,将水流分散成粗细不同的水雾,对于扑救火灾比密集水流具有更多的优越性。它喷射面广,吸热量大。可扑救可燃气体、粉状易燃固体和无机氧化剂等的火灾。
(3) 化学泡沫:它是酸性物质(硫酸铝)和碱性物质(碳酸氢钠)与泡沫稳定剂(空气泡沫

液或甘草萃液)相互作用而形成的膜状气泡群。泡沫的比重为 0.15~0.25。它是扑救油类火灾最有效的灭火剂。

(4) 空气机械泡沫：它是由一定比例量的泡沫液水和空气，经过水流机械作用相互混合组成。泡沫液的成分是动物或植物蛋白质类物质(如牛角、豆饼经水解制成)。泡沫的比重为 0.11~0.16。它可以有效地扑救易燃和可燃液体的火灾。

(5) 二氧化碳：二氧化碳的比重为 1.53，较空气重，灭火用的二氧化碳一般是以液态灌装在钢瓶内，在 20℃时，钢瓶内的压力为 60 个大气压。二氧化碳灭火剂是靠液态二氧化碳的蒸发作用，喷射出固体雪花状的二氧化碳(又称干冰)。干冰的温度为－78.5℃，能够冷却燃烧物和冲淡燃烧区空气中氧的含量，使燃烧停止。它最适合扑救电气火灾、着火范围不大的油类火灾、忌水物质和气体的燃烧。

(6) 四氯化碳：四氯化碳遇热蒸发成气体，能降低燃烧物质的反应热量和隔绝空气，使燃烧停止。四氯化碳的沸点为 76.8℃，1kg 四氯化碳可以气化成为 145L 蒸气，四氯化碳的蒸气比空气重，约为空气的 5.5 倍。在空气中含有 7.5％的四氯化碳，即可熄灭汽油和丙酮的燃烧，但扑灭火灾的范围较小。四氯化碳不导电，主要用于扑灭电气火灾。

(7) 固体灭火物质：有干粉、砂土等。化学干粉灭火机的药剂是由碳酸氢钠加硬脂酸铝、云母粉、石英粉或滑石粉等制成。它依靠压缩气体的压力作用，将干粉喷射到燃烧区灭火。由于干粉浓度密集、颗粒微细，在燃烧区内能隔绝火焰的辐射热，并散出不燃气体，冲淡空气中氧的含量，从而扑灭燃烧。化学干粉适宜扑灭范围不大的易燃液体的火灾、电气火灾及某些忌水物质的火灾。对于金属钾、钠、镁、钛和铝镁合金等轻金属火灾，要使用氯化钠(钾)、碳酸钠、石墨、黄沙等干粉状物质灭火。扑灭金属粉末的火灾，干粉喷射压力不宜过大，以免粉尘飞扬引起爆炸。

(8) 卤代烷灭火剂：碳氢化物中的氢原子被卤素原子取代，会使化学性质和物理性质起很大变化。一般来说，氟原子的存在能增加惰性和稳定性，氯原子、溴原子的存在能增加灭火效能。目前使用的卤代烷灭火剂主要有氯溴甲烷(1011)、二氟一氯一溴甲烷(1211)、二氟二溴甲烷(1202)、三氟一溴甲烷(1301)、四氟二溴乙烷(2402)等。卤代烷的代号命名法是碳、氟、氯、溴、碘五种元素的原子数所组成，但末尾的零可略。

4. 引起火灾或爆炸的火源(或热源)

在危险货物作业场所，应该严格控制以下火源(或热源)，防患于未然。

(1) 明火：是指敞开的火焰、火星和灼热的物体等，具有很高的温度和热量，是引起火灾的最主要火源。如：焊接、切割时的火花，烟囱火星、厨房火种、炉火、打火机、火柴等，烧红的电热丝或铁块等。

(2) 电器火花：是指各种电器设备由于超负荷、短路、接触不良等引起的火花。如电动机械非封闭式马达、闪电雷击、舱内(库内)电源短路、接触不良、电线陈旧老化等所产生的电火花。

(3) 撞击火花：是指物体相互碰撞或摩擦而产生的火花。如装卸的金属工具与包装容器相撞、穿带铁钉的鞋子与甲板摩擦、装卸中使用撬或进行敲铲作业等所产生的火花。

(4) 静电火花：是指两种不同的物质相互摩擦引起静电荷集聚，在电位发生变化时放电而产生的火花。如石油产品在装卸时因流动而产生的静电火花，工作人员穿着和更换化纤服装而产生的火花等。

(5) 化学热：是指因物质发生化学反应所产生的热量，这热量达到一定温度，引起物质的燃烧。如黄磷与空气发生氧化反应引起燃烧，金属钠与水反应引起燃烧，氧化剂与易燃液体或易燃固体发生反应引起燃烧等。

(6) 其他热源：如聚焦、辐射等作用产生的热量也能引起火灾。

5. 扑灭危险货物火灾应注意的事项

> **典型案例**
>
> **危险货物着火，采用不正确的灭火剂，反助火势蔓延**
>
> 2000年7月4日傍晚，湖北省某市工业区附近的一家化工原料仓库突然一声闷响，随后黑烟滚滚，瞬间火焰冲天。消防部门人员及时赶到现场，组织进行扑救，但由于不明着火原因，习惯性用水扑救，火势越来越大。此时，抢救人员立即停止用水扑救，采取其他办法，经过24h火势方被控制扑灭。4日这一天，该市全天是雨天，中午后倾盆大雨下至傍晚，据发现火情的人员反映，燃烧起火是从原料仓库内堆放着复合脱氧剂(用作钢水脱氧)的地点开始的。此次事故造成50t脱氧剂被烧毁，一栋库房坍塌，经济损失严重。
>
> 事故原因：
>
> (1) 事故的直接原因是易潮品脱氧剂(主要成分为电石，含量约50%以上)在库房漏雨情况下，电石和水发生反应 $[CaC_2+2H_2O=Ca(OH)_2+C_2H_2\uparrow 热]$，生成乙炔并放出大量热。这些生成的大量气体、热量积聚在堆放的脱氧剂中，不能及时排走。当热量大于乙炔的自燃点350℃后，导致脱氧剂燃烧，进而引燃库房。
>
> (2) 抢救人员赶赴现场时，在不明着火原因的情况下，盲目用水扑救，犹似火上加油，扩大了火势。这是造成整栋库房被烧毁、加重经济损失的主要原因。

施救危险货物火灾时，首先要弄清楚是什么种类物质燃烧，然后根据危险物质的理化性质采取相应的灭火方法和灭火剂，具体可根据该货物的联合国编号(UN No.)查阅《国际危规》补充本中的"EmS指南——索引"，也可在"危险货物一览表"第15栏中查得火灾应急措施表号，然后查到具体火灾应急措施表。一般来说，水是最有效、最方便(特别在船上)的灭火剂，但对某些危险物质则会加剧火势，因此在扑灭火灾时应注意如下事项：

(1) 禁止用水扑救的危险货物：遇水能生成可燃气体或有毒气体的物质，如钾、钠、钙、镁、钛、铝、碳化钙、三乙基铝等；遇水会放出大量热量的物质，如硫酸、氯磺酸、三氧化硫等；比水轻的易燃液体，如汽油、乙醚、丙酮等；没有切断电源的火灾现场，因水能导电，用水灭火时易造成触电等意外事故。

(2) 禁用泡沫、酸碱灭火剂扑救的危险货物：这两类灭火剂内既含有酸性物质又含有水分，毒害品中的氰化钠、氰化钾以及其他氰化物，遇酸能生成剧毒、易燃的氰化氢气体，故禁用酸碱灭火剂；对遇水能产生反应的物质也不能使用，并且不能扑救带电设备的火灾。

(3) 禁用二氧化碳灭火剂扑救的危险货物：遇水燃烧的物质，如金属锂、钠、钠汞齐等，因为这些金属性质十分活泼，在高温条件下能夺取二氧化碳中的氧而继续燃烧；过氧化钠、过氧化钾等与二氧化碳反应放出氧气，也不能用二氧化碳灭火。

(4) 禁用四氯化碳灭火剂扑救的危险货物：活泼的金属钾、钠、铝等，能在四氯化碳气体中继续燃烧，四氯化碳有毒，也不能扑救二硫化碳等一些有毒物质的火灾，以免增大空气的毒害作用。

(5)禁用"1211"灭火剂扑救的危险货物：活泼的金属，如钾、钠、镁等；本身是氧化剂的可燃物，如硝化纤维等。

(6)砂土不能用来扑救爆炸物质的火灾，否则会带来更大的危险。

(7)扑灭气体危险货物：堵塞气体来源是最主要的扑救方法，并用雾状水或二氧化碳喷射，切断火焰与喷出气体的接触，火焰即可扑灭，同时，应迅速将未着火的钢瓶移到安全地。

(8)虽然氧化剂与水会产生反应，但是使用大量的水是控制氧化剂火灾的最有效的方法。

【本章小结】

本章主要介绍了危险货物运输和应急的知识，首先介绍了危险货物的海运、航空、道路运输的要求；然后介绍了危险货物的洒漏处理；最后讲述了《船舶载运危险货物的应急反应措施》、航空危险事故的应急响应、危险货物灭火的方法及常用的灭火剂。重点是危险货物的运输和应急。

【课后练习】

一、判断题

1. 船舶装载危险货物应严格按照《危规》规定正确合理地积载与隔离。（ ）
2. 危险货物装船后，应编制危险货物清单，并在货物积载图上标明所装危险货物的品名、编号、分类、数量和积载位置。（ ）
3. 船舶载运危险货物进、出港口，或者在港口过境停留，应当在进、出港口之前12h，直接或者通过代理人向海事管理机构办理申报手续，经海事管理机构批准后，方可进、出港口。（ ）
4. 装载危险货物的集装箱箱壁的四周应用衬垫木板使货物与金属铁器部位隔离。（ ）
5. 曾装运过强酸、强碱类的集装箱在未彻底清刷干净之前，可以装入爆炸品。（ ）
6. 除客货船外，装运危险货物的船舶不准搭乘旅客和无关人员。若需搭乘押运人员时，需公安部门机构批准。（ ）

二、选择题

1. 装卸前应对装卸机械进行检查，装卸爆炸品、有机过氧化物、一级毒害品、放射性物品，装卸机械应按额定负荷降低（ ）使用。
   A. 15%　　　　B. 25%　　　　C. 35%　　　　D. 20%
2. 物质的燃烧不是随时都可以发生的，它必须具备（ ）条件。
   A. 可燃物　　　B. 引火物　　　C. 助燃物　　　D. 热量
3. 闪点低于（ ）℃的易燃液体在高温季节作业时应遵守当地有关部门规定的作业时间，夜间作业时应使用防爆型照明灯具。
   A. 30　　　　　B. 23　　　　　C. 25　　　　　D. 28

4. 使用航空的方式运输危险货物，应该使用特种货物机长通知单提供(　　)等信息。
   A. 运输专用名称
   B. 用数字表示的危险物品类或项及其次要危险性
   C. 包装等级
   D. 货物在飞机上准确的装载位置
   E. 目的站机场的名称
   F. 航空货运单号码
5. 运输危险货物的车辆在一般道路上最高车速为(　　)km/h，在高速公路上最高车速为(　　)km/h，并应确认有足够的安全车间距离。如遇雨天、雪天、雾天等恶劣天气，最高车速为(　　)km/h，并打开示警灯，警示后车，防止追尾。
   A. 80，60，20　　　B. 60，80，20　　　C. 80，20，60　　　D. 80，100，60
6. 灭火的基本方法有(　　)。
   A. 冷却法　　　　　B. 骤灭法　　　　　C. 隔绝法
   D. 化学中断法　　　E. 窒息法

三、简答题

1. 集装箱装载危险货物应当注意哪些事项？
2. 常用的灭火剂有哪些？
3. 扑灭危险货物火灾应当注意哪些事项？

附　录

◆ 附录内容包括：

- 附录1　危险货物标志
- 附录2　危险货物/污染危害货物安全适运申报单
- 附录3　船舶载运危险货物申报单
- 附录4　危险货物技术说明书
- 附录5　集装箱装运危险货物装箱证明书
- 附录6　特种货物机长通知单

附录 1　危险货物标志

第 1 类
爆炸性物质或物品

(1 号)
1.1 项、1.2 项和 1.3 项
符号(爆炸的炸弹)：黑色；底色：橙色；数字"1"写在底角

(1.4 号)　　　　　(1.5 号)　　　　　(1.6 号)
1.4 项　　　　　　1.5 项　　　　　　1.6 项

底色：橙色；数字：黑色；数字高约 30 毫米，宽约 5 毫米
(按标签尺寸为 100 毫米×100 毫米计算)；数字"1"写在底角

** 项号的位置——留着空白，如果爆炸性是次要危险性。
* 配装组字母的位置——留着空白，如果爆炸性是次要危险性。

第 2 类
气体

(2.1 号)　　　　　　　　　　　　　(2.2 号)
2.1 项　　　　　　　　　　　　　　2.2 项
易燃气体　　　　　　　　　　　　非易燃无毒气体
符号(火焰)：黑色或白色；　　　　符号(气瓶)：黑色或白色；
(5.2.2.2.1.6(d)规定的情况除外)　　底色：绿色；数字"2"写在底角。
底色：红色；数字"2"写在底角

第 3 类
易燃液体

(2.3 号)　　　　　　　　　(3 号)
2.3 项
毒性气体　　　　　　　符号(火焰)：黑色或白色；
符号(骷髅和两根交叉的大腿骨)：黑色；　底色：红色；数字"3"写在底角
底色：白色；数字"2"写在底角

第 4 类
易燃固体、易自燃物质和遇水放出易燃气体的物质

(4.1 号)　　　　　　　(4.2 号)　　　　　　　(4.3 号)
4.1 项　　　　　　　　4.2 项　　　　　　　　4.3 项
易燃固体　　　　　　　易于自燃物质　　　　　　遇水放出易燃气体的物质
符号(火焰)：黑色；　　符号(火焰)：黑色；　　　符号(火焰)：黑色或白色；
底色：白色，带有七条　　底色：上半部分为白色，　底色：蓝色
垂直的红色条纹；　　　　下半部分为红色　　　　　数字"4"写在底角
数字"4"写在底角　　　　数字"4"写在底角

第 5 类
氧化物质和有机过氧化物

(5.1 号)　　　　　　　　　　　　　(5.2 号)
5.1 项　　　　　　　　　　　　　　5.2 项
氧化性物质　　　　　　　　　　　　有机过氧化物
符号(圆圈上火焰)：黑色　　　　　　符号(火焰)：黑色或白色
底色：黄色　　　　　　　　　　　　底色：上半部红色；下半部黄色
数字"5.1"写在底角　　　　　　　　 数字"5.2"写在底角

第 6 类
有毒和感染性物质

(6.1 号)
6.1 项
毒性物质
符号(骷髅和两根交叉的大腿骨)：黑色；
底色：白色；数字"6"写在底角

(6.2 号)
6.2 项
感染性物质
标签下半部分可载明："感染性物质"，
和"如有破损或渗漏，立即通知公共卫生当局"；
符号(三个新月形重叠在一个圆圈上)和印文：黑色；
底色：白色；数字"6"写在底角

第 7 类
放射性物质

(7A 号)
I 类 - 白色
符号(三叶形)：黑色；
底色：白色；
文字(必须有)：黑色，在标签下半部分写上：
"放射性"
"内装物……"
"放射性强度……"
在"放射性"字样之后必须有一条红杆；
数字"7"写在底角

(7B 号)
II 类 - 黄色
符号(三叶形)：黑色；
底色：上半部分黄色带白边，下半部分为白色；
文字(必须有)：黑色，在标签下半部分写上：
"放射性"
"内装物……"
"放射性强度……"
在一个黑边框格内写上："运输指数"；
在"放射性"字样之后必须有
两条垂直红杆；
数字"7"写在底角

(7C 号)
III 类 - 黄色
符号(三叶形)：黑色；
底色：上半部分黄色带白边，下半部分为白色；
文字(必须有)：黑色，在标签下半部分写上：
"放射性"
"内装物……"
"放射性强度……"
在一个黑边框格内写上："运输指数"；
在"放射性"字样之后必须有
三条垂直红杆；
数字"7"写在底角

(7E 号)
第 7 类易裂变物质
底色：白色；
文字(必须有)：黑色，在标签上半部分写上："易裂变"；
在标签下半部分的一个黑边框格内写上：
"临界安全指数"；
数字"7"写在底角。

第 8 类
腐蚀性物质

(8 号)
符号(从两个玻璃器皿中溢出的液体
腐蚀着一只手和一块金属)：黑色
底色：上半部分为白色，下半部分为黑色带白边；
数字"8"写在底角

第 9 类
杂类危险物质和物品

(9 号)
符号(上半部分有七条垂直条纹)：黑色
底色：白色
数字"9"下边划线，写在底角

附录2 危险货物/污染危害性货物安全适运申报单

Declaration on Safety and Fitness of Dangerous Goods/Hazardous Goods
（包装货物/PACKAGED）

发货人：浩东电子科技有限公司 Shipper:	收货人： Consignee:	承运人： Carrier:
船名和航次：MOL MODERN 022E Ship's name & Voyage NO.:	装卸港：hong kong Port of Loading:	卸货港：Kansas City, Kansas, United States Port of Discharging:

| 货物标记和编号，如适用，组件的识别符号或登记号：
Marks & Nos. of the Goods, if applicable, identification or registration number(s) Of the unit | 正确运输名称*、危险类别、危规编号、包装类**、包件的种类和数量、闪点℃（闪杯）**、控制及应急温度**、货物为海洋污染物**、应急措施编号***
Proper shipping name*, IMO hazard class/ division, UN number, packaging group**, number and kind of packages, flash point (℃ c.c.),control and emergency temperature**, identification of the goods as MARINE POLLUTANT**, Ems No.***

烟雾剂（限量） AEROSOLS 2.1 1950 (1004) | 总重（kg）
净重/净量
Total weight (kg)
Net weight (kg)

4057kgs
3245.6kgs | 交付装运货物的形式：
Goods delived as：
□ 杂货 Break bulk cargo
□ 成组件 Unitized cargo box
□ 散货包装 Bulk packages
□散装固体 Solid in bulk
组件类型：Type of unit：
□集装箱 Container
□车辆 Vehicle
□罐柜 Portable tank
□开敞式 Open
□封闭式 Close
如适合，在方框内划"×"
Inset"×"in appropriate box |

*仅使用专利商标/商品名称是不够的.如适合：(1) 应在品名前加"废弃物"；(2)"空的未经清洁含有残余物—上一次盛装物"；(3)"限量"**如需要，见《国际危规》第2卷第3.4.6款 ***需要时
*Proprietary/trade names alone are not sufficient. If applicable：(1)the world "WASTE" should proceed name;(2)"EMPTY/UNCLEANED" or "RESIDUE-LAST CONTAINED";(3)"LIMITED QUANTITY" the should be added. **When required in item 3.4.6,volume 2 of the IMDG Code. ***When required

附送以下单证、资料：
The following documents(s) and information are submitted：
在某种情况下，需提供特殊资料证书，详见《国际危规》第1卷第5.4.4节。
In certain circumstances special information certificates are required, see paragraph 5.4.4,volume 1 of IMDG Code.

| 兹声明：
上述拟交付船舶装运的危险货物/污染危害性货物已按规定全部并准确地填写了正确运输名称、危规编号、分类、危险性和应急措施，需附单证齐全。包装危险货物，包装正确、质量完好；标记、标志/标牌正确、耐久。以上申报准确无误。
Declaration：
　　I hereby declare that the contents of this declaration are fully and accurately described above by the proper shipping name, UN No., Class and EmS No. The goods are properly packaged, marked, labeled/ placarded and are in all respects in good condition for transport by sea.

申报人员姓名：
Declarer (signature)：
申报人员培训备案编号：1400282
No.：
　　　　　　Seal of Declaration Unit
　　　　　　2014年08月8日
　　　　　　Authorized Signature
　　　　　　Year Month Date | 主管机关签注栏
Remarks by the Administration |

紧急联系人姓名、电话、传真、电子邮箱：
Emergency Contact Person's Name, Tel, Fax and E-mail：

此申报单一式三份，其中两份申报人留持和分送承运船舶，一份留主管机关存查。
This declaration should be made in tripartite, one is kept by the Administration for file, and two for the

附录 3 船舶载运危险货物申报单

Declaration Form Dangerous Goods Carried By Ship

(包装/固体散装危险货物)
(Packaged / Solid in Bulk)

船　名：Ship's name:	航　次：Voyage No.:	进　港：Arrival:	始发港：Port of Departure:	抵港时间：Time of Arrival:
国　籍：Nationality:	经营人：Manager:	出　港：Departure:	作业泊位：Berth:	装货时间：Time of Loading:

货物正确运输名称 Proper Shipping Name of the Goods	类别/性质 Class/Property	危规编号 UN No.	装运形式 Means of Transport	件　数 Number of Packages	总重量 Weight in Total	卸货港 Port of Discharging	装载位置 Location of Stowage	备注 Remarks

兹声明根据船舶装载危险货物安全和防污染规定，本轮具备装载上述货物的适装条件，货物配装符合要求，货物资料齐全，申报内容正确无误。
I hereby declare that, in accordance with the provisions of the safe transportation of dangerous goods by ships and pollution prevention, the ship has met the requirements of fitness for carrying the above declared goods; Cargo stowage is properly planned according to the requirements; The documentation of the cargo is complete and the contents of the declaration are true and correct.

附送以下单证、资料：
The following documents and information are submitted in addition.

船长/申报人员： Master/declarer: 船长证书编号/申报人员培训备案编号： Certificate No.:	船舶/代理人（盖章） Ship / Agent(Seal): 日期： Date:	主管机关签证栏 Remarks by the Administration

紧急联系人姓名、电话、传真、电子邮箱：
Emergency Contact Person's Name, Tel, Fax and E-mail:

此申报单一式三份，其中两份申报人留持和分送港口作业部门，一份留主管机关存查。
This declaration should be made in tripartite, one is kept by the Administration for file, and two for the declarer and port operator respectively.

附录 4 危险货物技术说明书

包 装 危 险 货 物 技 术 说 明 书
Technical description of Dangerous Goods in Packaged Form

货物正确技术名称 Correct technical of the goods	（中文） Chinese	吡虫啉	商业名称 Trade name	吡虫啉	生产单位签章（包括生产单位主管部门） Manufacturer's seal (including administrative department of manufacturer)
	（英文）IMIDACLOPRID				
联合国编号/国内危规编号 UN No.	UN 3077		主要成分（分子式） Main components (formula)	$C_9H_{10}ClN_5O_2$	
理化性质和主要危险性* Physical and chemical properties and main hazards	外观：无色晶体或米色粉末，有微弱气味，熔点 143.8℃（晶体形式 1）136.4℃（形式 2）。20℃ 时，水中溶解度为 0.061g/100mg。二氯甲烷中溶解度为 50~100g/L。危险特性：可燃，在火焰中释放出刺激性或有毒烟雾（气体），加热时可分解。				鉴定单位意见：（可附相关证明代替） Remarks by testing organization
产品用途 Purposes of the product	杀虫剂。主要用于防治水稻、小麦、棉花等作物上的刺吸式口器害虫，双翅目和鳞翅目也有效。对线虫和红蜘蛛无活性。对黑尾叶蝉、飞虱类（稻褐飞虱、灰飞虱、白背飞虱）、蚜虫类（桃蚜、棉蚜）和蓟马类（温室蓟马）有特异防效。特别适于种子处理和以颗粒剂施用。				
包装方法** Packaging	用 25 公斤纸板桶包装				
船舶装运安全措施与注意事项 Safety measures and precautions for carriage by ships	本品可燃，在运输、贮存过程中应禁止明火，储运时包装外应标有"有毒"、"防火"等标志。			托运单位： Shipper	
急救措施 Emergency medical treatment	若皮肤接触到本品，应立即用清水和肥皂清洗皮肤。若有人大量吸入本品，应将此人立即转移到通风的地方。若溅入到眼睛里，应立即用大量清水冲洗几分钟（如可能易行），摘除隐形眼镜，然后就医。				
灭火方法 Method for fire fighting	用干粉、雾状水、泡沫与二氧化碳灭火器灭火。应注意穿戴可靠的防毒、防护用品，防止人身中毒。			托运日期： Date of shipping	
撒漏处理方法 Method to deal with leakage	将泄漏物清扫进入容器中，小心收集残余物，然后转移到安全场所。不要让该化学品进入环境。个人防护用具：适用于有客颗粒物的 P2 过滤呼吸器。工作人员必须穿好防护服、护目镜等。				

注：*单一物质应注明分子式，混合物注明主要成分。
性质应包括状态、色、味、比重、熔点、闪点、爆炸极限、中毒最大浓度、致死氟及危险程度，并附技术检验部门的检查报告。
该种货物本身危害特性和与其他货物的相容性，说明在遇到某种货物时易发生的危险。
Formula should be indicated for a single substance and main components for a mixture.
Properties should include state, color, odour, melting point, flash point, explosion limits, poisonous concentration, LD_{50}/LC_{50}.
The testing reports issued by technical inspection organizations should be attached.
Compatibility between the cargo and others; description of the danger of the cargo in contact with others.
**包装方法应说明包装的材质、状态、厚度、封口、内部衬物、外部加固情况及单位重量等。
Packaging should include: material, state, thickness, closure, inner lining, outer securing and unit weight.

附录 5 集装箱装运危险货物装箱证明书

CONTAINER PACKING CERTIFICATE

船名： Ship's Name: MOL MODERN	航次： Voyage No.: 022E	目的港： Port of Destination: KANSAS CITY, KANSAS, UNITED STATES

集装箱编号： Container Serial No. BEAU2220233					
箱内所装危险货物 Dangerous Goods Packed Therein					
正确运输名称 Proper Shipping Name of the Goods	货物类别 IMDG Code Class	危规编号 UN No.	包装类 Packing Group	件数 Package Quantity	箱数 Total Container	总重 Total Weight
AEROSOLS	2.1	1950	II	807	6384	4057kgs

兹证明：装箱现场检查员已根据《国际海运危险货物规则》的要求，对上述集装箱和箱内所装危险货物及货物在箱内的积载情况进行了检查。并声明如下：

1. 集装箱清洁、干燥、外观上适合装货。
2. 如果托运货物中包括除第 1.4 类外的第 1 类货物，集装箱在结构上符合《国际危规》第 1 卷第 7.4.6 节的规定。
3. 集装箱内未装有不相容的物质，除经有关主管机关按第 1 卷第 7.2.2.3 节的规定批准者外。
4. 所有包件均已经过外观破损检查，装箱的包件完好无损。
5. 所有包件装箱正确，衬垫、加固合理。
6. 当散装危险货物装入集装箱时，货物已均匀地分布在集装箱内。
7. 集装箱和所装入的包件均已正确地加以标记、标志和标牌。
8. 当将固体二氧化碳（干冰）用于冷却目的时，在集装箱外部以门端明显处已显示标记或标志。
   注明："内有危险气体一二氧化碳（干冰），进入之务必彻底通风。"
9. 对集装箱内所装的每票危险货物，已经收到根据《国际危规》第 1 卷第 5.4.1 节所要求的危险货物申报单。

以上各项准确无误。

装箱现场检查员签字：
Signature of packing inspector:

装箱现场检查员证书编号：14004501
No. of certificate of packing inspector:

装箱日期：2014-08-08
Date of packing:

This is to certify that the above mentioned container, dangerous goods packed therein and their stowage condition have been inspected by the undersigned packing inspector according to the provisions of INTERNATIONAL MARTITIME DANGEROUS GOODS CODE and to declare that:

1. This container was clean, dry and apparently fit to receive the goods.
2. If the consignments includes goods of class 1 except division 1.4, the container is structurally serviceable in conformity with section 7.4.6, volume 1 of the IMDG Code.
3. No incompatible goods have been packed into container, unless approved by the competent authority concerned in accordance with section 7.2.2.3, volume 1 of the IMDG Code.
4. All packages have been externally inspected for damage, and only sound package have been packed.
5. All packages have been properly packed in container and secured, dunnaged..
6. When dangerous goods are transported in bulk, the cargo has been evenly distributed in the container.
7. The container and packages therein are properly marked, labelled and placarded.
8. When solid carbon dioxide (dry ice) is used for cooling purpose, the container is externally marked or labelled in a conspicuous place at the door and, with the words: "DANGEROUS CO_2-GAS (DRY ICE) INSIDE, VENTILATE THOROUGHLY BEFORE ENTERING".
9. The dangerous goods declaration required in subsection 5.4.1, volume 1 of the IMDG Code has been received for each dangerous goods consignment packed in the container.

For and on behalf of
深圳市合和信物流有限公司
SHENZHEN TOPCOVER LOGISTICS CO., LTD.

Authorized Signature

紧急联系人姓名、电话、传真、电子邮箱：
Emergency Contact Person's Name, Tel, Fax and E-mail:
JACKY   Tel: 86-13802580443

此证明书应由装箱现场检查员填写一式两份，一份于集装箱装船三天前向海事主管机关提交，另一份应于办理集装箱移交时交承运人。

Two copies of the certificate should be filled by the packing inspector. One should be submitted to Maritime Safety Administration three days prior to shipment and the other should be given to the carrier on container delivery. 中华人民共和国海事局监制

附录 6 特种货物机长通知单

SPECIAL LOAD NOTIFICATION TO CAPTAIN (NOTOC)

Station of Loading 装机站	Flight Number 航班号	Date 日期	Aircraft Registration 飞机注册号	Prepared by: 填表人						

DANGEROUS GOODS 危险品

Station of Unloading 卸机站	Air Waybill Number 货运单号码	Proper Shipping Name 专用运输名称	Class or Division For Class 1 compat. grp. 类别或项别 (第1类配装组)	UN or ID Number UN 或 ID 编号	Sub Risk 次要危险性	Number of Packages 包装件数	Net quantity or Transp. Ind per packages 每件净重 或运输指标	Radioactive Mat. Categ 放射性物品 等级分类	Packing Group 包装等级	Code (See reverse) 代码	CAO(X) 仅限货机	ERG Code 应急反应 代码	Loaded 装机	
													ULD D 集装器号	Position 位置

There is no evidence that any damaged or leaking packages containing dangerous goods have been loaded on the aircraft
本航空器所装载的危险物品的包装件均无损坏或渗漏现象

OTHER SPECIAL LOAD 其他特种货物

Station of Unloading 卸机站	Air Waybill Number 货运单号码	Contents and Description 货物品名	Number of Packages 包装件数	Quanity 数量	Supplementary Information 补充说明	Code (See reverse) 代码	TEMPERATURE REQUIREMENTS 温度要求 ☐ Heating required for ☐ ℃ (Specify) ☐ Cooling required for ☐ ℃ (Specify)	Loaded 装机	
								ULD ID 集装器号	Position 位置

Loading Supervisor's Signature 监装负责人签字	Captain's Signature 机长签字	Other Information 其他说明和要求

参 考 文 献

[1] 刘敏文,等.危险货物运输管理教程(2007版)[M].北京:人民交通出版社,2007.
[2] 肖瑞萍.民用航空危险物品运输(修订版)[M].北京:科学出版社,2011.
[3] 中国港口协会.国际海运危险货物规则培训教材[M].2版.上海:上海人民出版社,2010.
[4] 中国港口协会.国际海运危险货物规则培训参考教材[M].上海:上海人民出版社,2010.
[5] 于群利.国际海运危险货物规则(上)(2008修订版)[M].北京:知识产权出版社,2010.
[6] 于群利.国际海运危险货物规则(下)(2008修订版)[M].北京:知识产权出版社,2010.
[7] 钱大琳,等.国内外危险货物运输安全管理[M].北京:人民交通出版社,2011.
[8] 交通部公路司.道路危险货物实用手册[M].北京:人民交通出版社,2006.
[9] 马丽珠,吴卫锋.民航危险货物运输[M].北京:中国民航出版社,2008.
[10] 刘钧炎,等.集装箱运输实务[M].武汉:华中科技大学出版社,2012.
[11] 联合国.关于危险货物运输的建议书——规章范本.2011.
[12] IATA. *Dangerous Goods Regulation*. 55th edition, Montreal. 2014.
[13] 中国民用航空总局.民用航空危险品运输文件.2005年4月5日发布,2005年5月1日施行.
[14] 杨永中,牛惠民.国外交通运输管理体制及其对我国的启示[J].交通运输系统工程与信息.2009,9(1):19-23.
[15] 周杨.我国铁路管理体制改革探讨[J].郑州航空工业管理学院学报:2008,27(3):169-172.
[16] 姚宝松.危险货物道路运输管理体制的探讨[J].物理工程与管理:2009,31(8):110-112.
[17] 交通部水运司.国际海运危险货物规则培训教材[M].北京:人民交通出版社,2002.

北京大学出版社第六事业部高职高专经管教材书目

本系列教材的特色：

1. 能力本位。以学生为主体，让学生看了就能会，学了就能用；以教师为主导，授人以渔；以项目为载体，将技能与知识充分结合。

2. 内容创新。内容选取机动、灵活，适当融入新技术、新规范、新理念；既体现自我教改成果，又吸收他人先进经验；保持一定前瞻性，又避免盲目超前。

3. 精编案例。案例短小精悍，能佐证知识内容；案例内容新颖，表达当前信息；案例以国内中小企业典型事实为主，适合高职学生阅读。

4. 巧设实训。实训环节真实可行，实训任务明确，实训目标清晰，实训内容详细，实训考核全面，切实提高能力。

5. 注重立体化。既强调教材内在的立体化，从方便学生学习的角度考虑，搭建易学易教的优质的纸质平台，又强调教材外在的立体化，以立体化精品教材为构建目标，网上提供完备的教学资源。

物流管理系列

序号	书 名	标准书号	编著者	定价	出版时间
1	现代物流概论	978-7-81117-803-6	傅莉萍	40	201010 第 2 次印刷
2	现代物流管理	978-7-301-17374-9	申纲领	30	201205 第 2 次印刷
3	现代物流管理	978-7-5038-4854-4	沈 默	37	201107 第 4 第印刷
4	现代物流概论	978-7-301-20922-6	钮立新	38	201207
5	企业物流管理	978-7-81117-804-3	傅莉萍	32	201308 第 4 次印刷
6	物流专业英语	978-7-5655-0210-1	仲 颖	24	201205 第 2 次印刷
7	现代生产运作管理实务	978-7-301-17980-2	李陶然	39	201211 第 2 次印刷
8	物流市场调研	978-7-81117-805-0	覃 逢	22	201309 第 3 次印刷
9	物流营销管理	978-7-81117-949-1	李小叶	36	201205 第 2 次印刷
10	采购管理实务	978-7-301-17917-8	李方峻	28	201402 第 3 次印刷
11	采购实务	978-7-301-19314-3	罗振华	33	201306 第 2 次印刷
12	供应链管理	978-7-301-20639-3	杨 华	33	201205
13	采购与供应管理实务	978-7-301-19968-8	熊 伟	36	201308 第 2 次印刷
14	采购作业与管理实务	978-7-301-22035-1	李陶然	30	201301
15	仓储管理技术	978-7-301-17522-4	王 冬	26	201306 第 2 次印刷
16	仓储管理实务	978-7-301-18612-1	李怀湘	30	201209 第 2 次印刷
17	仓储与配送管理（第 2 版）	978-7-301-24598-9	吉 亮	36	201409
18	仓储与配送管理实训教程	978-7-81117-886-9	杨叶勇	24	201209 第 2 次印刷
19	仓储与配送管理实务	978-7-5038-4857-5	郭曙光	44	201009 第 2 次印刷
20	仓储与配送管理实务（第 2 版）	978-7-301-24597-2	李陶然	37	201408
21	仓储与配送管理项目式教程	978-7-301-20656-0	王 瑜	38	201205
22	仓储配送技术与实务	978-7-301-22673-5	张建奇	38	201307
23	物流运输管理	978-7-301-17506-4	申纲领	29	201109 第 3 次印刷
24	物流运输实务	978-7-301-20286-9	黄 河	40	201203
25	运输管理项目式教程	978-7-301-19323-5	钮立新	30	201108
26	物流信息系统	978-7-81117-827-2	傅莉萍	40	201205 第 2 次印刷
27	物流信息系统案例与实训	978-7-81117-830-2	傅莉萍	26	200908
28	物流成本管理	978-7-301-20891-5	傅莉萍	28	201207
29	第三方物流综合运营	978-7-301-21213-4	施学良	32	201209
30	物流市场营销	978-7-301-21249-3	张 勤	36	201209
31	国际货运代理实务	978-7-301-21968-3	张建奇	38	201301
32	物流经济地理	978-7-301-21963-8	葛颖波等	29	201301
33	运输组织与管理项目式教程	978-7-301-21946-1	苏玲利	26	201301